복 있는 사람

오직 여호와의 율법을 즐거워하여 그 율법을 주야로 묵상하는 자로다.
저는 시냇가에 심은 나무가 시절을 좇아 과실을 맺으며 그 잎사귀가
마르지 아니함 같으니 그 행사가 다 형통하리로다. (시편 1:2-3)

하나님 나라

D. MARTYN LLOYD-JONES

The Kingdom of God

하나님 나라

마틴 로이드 존스 지음 | 전의우 옮김

복 있는 사람

하나님 나라

2008년 5월 26일 초판 1쇄 발행
2023년 3월 6일 초판 16쇄 발행

지은이 마틴 로이드 존스
옮긴이 전의우
펴낸이 박종현

(주) 복 있는 사람
서울특별시 마포구 연남동 246-21 (성미산로 23길 26-6)
Tel 723-7183(편집), 723-7734(영업·마케팅) | Fax 723-7184
hismessage@naver.com
등록 1998년 1월 19일 제1-2280호

ISBN 978-89-90353-83-2

The Kingdom of God
by D. MARTYN LLOYD-JONES

Copyright ⓒ 1992 by Bethan Lloyd-Jones
Published by Crossway Books
a division of Good News Publishers
1300 Crescent Street, Wheaton, Illinois 60187, U.S.A.
This edition published by the arrangement with Good News Publishers
through KCBS Literary Agency, Seoul, Korea.
Korean Translation Copyright ⓒ 2008 by The Blessed People Publishing Inc., Seoul, Korea.
All rights reserved.

이 책의 한국어판 저작권은 KCBS Literary Agency를 통해 Crossway Books와 독점 계약한 (주) 복 있는 사람이 소유합니다. 저작권법에 의하여 한국 내에서 보호를 받는 저작물이므로 무단전재와 복제를 금합니다.

차례

독자들에게 9

추천의 글 11

1. 왕의 선포 15

2. 최고의 우선순위 47

3. 눈에 보이지 않는 나라 81

4. 의와 평강과 희락 111

5. 비밀 141

6. 능력	169
7. 세 사람	195
8. 하나뿐인 희망	221
9. 진정한 부	249
10. 아주 가깝고도 아주 먼 나라	279
11. 거듭남	307
12. 흔들리지 않는 나라	333

독자들에게

이 책은 로이드 존스 목사가 1963년에 웨스트민스터 채플에서 '하나님 나라'를 주제로 12주간 설교한 것을 모은 것이다. 설교가 한 시대에 매이지 않도록 하려고 당시 상황에 관한 언급들은 대부분 뺐다. 그러나 그 해, '프로퓨모 스캔들'이라 불리는 큰 사건(국방장관 존 프로퓨모John Profumo가 러시아 국방무관과 관련이 있는 여자와의 문제로 공직에서 물러난 일)이 있었다. 프로퓨모는 명예에 치명상을 입었다. 그러나 본래의 설교를 가능한 한 그대로 옮겨 놓은 8장에서 분명하게 알 수 있듯이, 로이드 존스는 그에 대해 그리스도인의 용서가 어떤 것인지 본보기를 보여주었다. 그는 죄를 꾸짖되 회개하는 죄인들을 위한 구원의 소망을 분명하게 제시했다.

늘 그렇듯이, 로이드 존스의 큰딸 엘리자베스 캐서우드의 모든 수고에 가장 깊이 감사한다. 엘리자베스는 나의 편집 원고를 꼼꼼히 검토해 주었고, 자신을 내세우지 않고 뒤에서 묵묵히 많은 수고를 아끼지 않았다. 원고를 타이핑해 준 피니 부인과 원고 교정을 봐준 앨리슨 월리 부인에게도 깊이 감사한다.

편집자 크리스토퍼 캐서우드

추천의 글

20세기가 낳은 최고의 설교가 로이드 존스의 「하나님 나라」 추천사를 쓰게 된 것은 하나님이 제게 주신 큰 특권이라고 생각합니다. 설교는 사실, 무엇을 그리고 어떻게 전할 것인가 하는 문제인데, 위대한 설교가의 특징은 바로 위대한 설교 주제를 붙잡고 설교한다는 것입니다.

그런 점에서 이 주제 '하나님 나라'는 정말 로이드 존스다운 선택이라고 할 수 있습니다. '하나님 나라'는 세상에 오신 주님이 복음을 선포하기 시작할 때부터 다룬 주제이며 신약성경 전체를 관통하는 주제이기 때문입니다. 마가에 따르면, 주님이 세상에 오셔서 맨 먼저 선포하신 주제가 바로 '하나님 나라'였습니다. "때가 찼고 하나님의 나라가 가까이 왔으니 회개하고 복음을 믿으라"(막 1:15). 동시에 '하나님 나라'는 마태, 마가, 누가 등 소위 공관복음서에 고루 나오는 예수님의 설교 주제입니다.

그리고 사도행전에 따르면, '하나님 나라'는 부활하신 주님께서 지상에 계신 마지막 40일 동안에 집중해서 선포한 주제이기도 합니다. "그가……사십 일 동안 그들에게 보이시며 하나님 나라의 일을 말씀하시니라"(행 1:3). 그뿐 아니라 사도 요한도 표현은 달리했지만, 역사의 궁극적인 성취로서 '하나님 나라'를 말하고 있습니다. "세상 나라가 우리 주와 그의 그리스도의 나라가 되어 그가 세세토록 왕 노릇 하시리로다"(계 11:15).

그러므로 로이드 존스가 마가복음 1:14-15을 본문으로 첫 번째 설교를 시작하는 것은 어쩌면 당연한 일입니다. 로이드 존스는 마가가 자신이 전하려는 메시지 전체를 요약한 말씀인 "때가 찼고 하나님의 나라가 가까이 왔으니 회개하고 복음을 믿으라"는 구절에서 '왕의 선포'라는 제목을 가져와 이 책의 첫 설교로 삼고 있습니다. 그의 설교가 늘 그렇듯이, 로이드 존스는 맨 먼저 이 본문의 본래적인 배경 속에서 '왕의 선포'가 무슨 의미인지 설명합니다. 동시에 그 설교를 듣고 있는 청중들의 삶의 정황을 상기시킴으로써 그들의 관심을 사로잡아 말씀 속으로 향하게 합니다.

로이드 존스는 분명한 성경말씀을 앞에 두고도 복음의 본질을 이해하지 못하는 청중의 처지를 안타까워하면서 하나님 나라를 선포합니다. 기독교에 대해 전체적으로 잘못 알고 있고, 필연적으로 세세한 부분까지도 잘못 알고 있는 현대인을 향해, 기독교의 복음은 인간이 탐구해 낸 것이 아니라 왕의 선포를 전달하는 것임을 처음부터 분명하고 명쾌하게 설명합니다. 그러므로 "성경의 메시지는 우리에게 진리를 찾아보라는 촉구"가 아니라 "하나님의 진리에 귀를 기울이라는 요구"이며, 비록 핵 시대를 살고 있는 현대인일지라도 왕의 선포에 귀를 기울여야 하는 입장은 2천 년 전과 아무런 차이가 없음을 하나하나 밝혀냅니다. 그리하여 하나님 나라에 들어갈 수 있는 유일한 방법은, 선포되는 말씀에 귀를 기울이고 그에 상응하는 반응을 보이는 것임을 역설합니다. 그의 설교를 읽고 있자니 우리가 그 나라에 들어가야만 하는 절박한 필요가 생생히 전달되어 옵니다. 예수께서 선포하신 '하나님 나라'의 메시지가 로이드 존스의 설교를 통해 다시 한번 우리 시대에 선포되는 것 같습니다.

그러면 이런 담대한 설교를 하는 로이드 존스는 누구입니까? 그는 영국, 아니 정확히 말하면 웨일스 태생으로 1899년에 태어나 1981년 3월 1일 그가 평생 사모하던 부흥의 발원지인 하늘나라로 돌아갔습니다. 본래 그는 의사로서 훈련을 받고, 26세에 영국왕실의 주치의가 될 정도로 장래가 보장된 촉망받는 의사였습니다. 그러나 그는 질병의 치료라는 신체적인 문제보다 사람답게 살지 못하는 영혼의 문제가 더 시급하다는 것을 깨닫고는, 많은 갈등 끝에 의사직을 포기하고 자기 고향인 남 웨일스 한 지역으로 내려가 전도목사로서 목회 사역을 시작했습니다.

첫 목회지에 부임한 직후부터 그가 섬기던 교회는 부흥하기 시작했습니다. 세상에서 복음과 전혀 상관없이 살던 사람들이 그의 설교를 듣고 회심하는 일이 줄을 이었고, 교회 내에 있던 이름뿐인 그리스도인들이 진정한 복음을 깨닫고 복음의 능력으로 변화되기 시작했습니다. 그 결과, 11년 반 만에 평균 50여 명 출석하던 교회가 850명 출석하는 교회로 성장하게 되었습니다. 물론 이런 수치는 우리에게는 그다지 큰 감동을 주지 못하겠지만, 쇠퇴해 가는 당시 영국교회의 상황 속에서는 이변임에 틀림없었습니다.

그의 제2기 사역은 1938년 런던 웨스트민스터 채플에 부임하면서 시작하여 1981년 은퇴할 때까지 계속되었습니다. 그가 사역하는 동안 웨스트민스터 채플은 런던에서 성도들이 가장 많이 모이는 교회로 자리 잡았습니다. 그는 웨스트민스터 채플을 섬기면서 주중에는 영국 전역을 다니며 복음을 전했고, 당대 최고의 강해설교자로서 세계적인 인정을 받았습니다. 그의 대표적인 책을 꼽으라면 「산상설교집」「에베소서 강해」「로마서 강해」 그리고 최근에 출간된 「사도행전 강해설교」와 「설교와 설교자」를 들 수 있을 것입니다.

그동안 복 있는 사람에서 출간한 로이드 존스의 「설교와 설교자」나 「부흥」, 그리고 이 책 「하나님 나라」가 이전에 출판된 책들과는 달리 성실한 번역과 함께 꼼꼼한 편집을 통해, 생전에 로이드 존스가 선호하던 양장본으로 여러분 앞에 새로 선보이게 된 것을 독자 여러분들과 함께 기뻐합니다. 이 세상을 살아가며 하나님 나라를 사모하고 그 나라에 들어가기를 힘쓰는 모든 분들에게 이 책 「하나님 나라」를 강력 추천합니다.

로이드 존스를 사랑하는 후학
정근두 목사

1

왕의 선포

요한이 잡힌 후 예수께서 갈릴리에 오셔서 하나님의 복음을 전파하여 이르시되 때가 찼고 하나님의 나라가 가까이 왔으니 회개하고 복음을 믿으라 하시더라. 마가복음 1:14-15

이 구절은 아주 특별합니다. 마가는 자신의 특별한 복음서 첫머리에 나오는 이 구절에서 이제 자신이 전개하려는 메시지 전체를 간략히 요약해서 제시합니다. 마가는 자신의 복음서를 소개하면서, 작가로서 그의 성격에 어울리게 매우 짧고 본질적인 서문을 씁니다. 이 서문에서 자신이 앞으로 이야기하고 싶은 핵심을 분명하게 제시합니다. 마가는 1절에서 "하나님의 아들 예수 그리스도의 복음의 시작"이라는 말로 그 핵심을 제시합니다. 그런 다음, 마가는 과거로 돌아가 주님의 선구자나 전령이라 할 수 있는 세례 요한의 사역을 간략히 들려줍니다. 세례 요한은 주님의 길을 준비하러 온 사람이며, 사람들에게 주님을 맞고 그분의 메시지를 들을 준비를 하라고 외치러 온 사람입니다. 그래서 세례 요한은 자신은 외치는 소리일 뿐이며, 자신보다 더 큰 분이 뒤에 오신다고 했습니다. 세례 요한은 "나는 그의 신발 끈을 풀기도 감당하지 못하겠노라"고 했습니다(눅 3:16). 세례 요한은 사실 이렇게 말한 것입니다. "나는 예비자일 뿐이며, 준비자일 뿐입니다. 이제 곧 그분이 오십니다."

마가는 그때 세례 요한이 감옥에 갇혔다고 말합니다. 세례 요한이 감옥에 갇힌 이유는 헤롯 왕에게 바른 소리를 했기 때문입니다. 세례 요한은 헤롯 왕의 불법 결혼을 신랄하게 꾸짖었습니다. 그래서 세례 요한은 감옥에 갇혔고, 그 후 예수님이 갈릴리에 오셔서 사역을 시작하셨습니다. 제가 여러분의 관심을 이 구절에 집중시키는 이유는, 이 구절이 기독교를 아주 완벽하게 요약해 주기 때문입니다. 다시 말해, 이 구절은 기독교가 무엇이며, 복음의 메시지가 무엇인지 보여줍니다. 또한 제가 여러분의 관심을 이 구절에 집중시키는 이유는, 현대 세계에 무엇보다도 절실히 필요한 것, 곧 복음이 무엇인지 보여주는 간단하면서도 직접적이고 꾸밈없는 한마디이기 때문입니다.

거의 한순간도 제 머릿속을 떠나지 않는 한 가지 의문이 있습니다. 어떻게 사람들이 성경을 펼쳐 놓고도 복음의 세세한 부분은 아니더라도 복음 전체를, 복음의 본질을 제대로 알지 못할 수 있단 말입니까? 진리에는 사람들이 분명하게 알지 못하는 부분이 있으므로, 사람마다 다른 견해를 취하는 것은 충분히 이해가 갑니다. 복음에는 다양한 면이 있기 때문에 이것은 놀랄 일이 아닙니다. 그러나 20세기 말에도 사람들이 여전히 복음이 무엇인지 잘못 알고 있다니 참으로 놀랄 일입니다. 사람들은 여전히 복음의 기초를 잘못 알고 있으며, 복음의 핵심 메시지를 잘못 알고 있으며, 복음의 목적을 잘못 알고 있으며, 복음에 접근하는 방법을 잘못 알고 있습니다. 이것이 바로 우리가 직면한 현실입니다.

저는 지금 현대인들을, 교회 밖에 있는 현대인들을 비난하려는 것이 아닙니다. 제가 이들이 교회를 멀리하고 복음을 이해하지 못하는 모습을 보면서도 이들을 비난하지 않는 데는 이유가 있습니다. 안타깝게도 우리는 교회가 이러한 혼란에 큰 책임이 있는 시대를 살고 있기 때문입니다. 그러므로 우리가 복음에 접근하는 방법을 분명히 하는 것이 너무나 중요합니다. 왜냐하면 복음을 향하는 우리의 첫걸음이 잘못되면 다른 모든 것이 잘못될 수밖에 없기 때문입니다. 이것은 너무나 분명한 사실 아닙니까? 여러분이 여행을 시작할 때 특정한 장소에 이르기를 원한다면 어떻게 해야 합니까? 엉뚱한 길로 들어서면 결코 목적지에 이르지 못할 것입니다. 처음, 첫걸음을 내딛는 순간이야말로 가장 주의를 기울여야 할 때입니다.

그러므로 제가 볼 때, 오늘날 아주 정직하고 진지한 사람들, 자신은 그리스도인이 아니라고 솔직하고 진지하게 말하는 수많은 사람들의 문제가 여기에 있습니다. 그들은 기독교에 대해 전체적으로 잘못 알고 있으며, 따라서 세세한 부분에 대해서도 잘못 알고 있을 수밖에 없습니다.

여러분의 이해를 돕기 위해 바로 이 부분과 관련된 우리 시대의 전형적인 예를 들어 설명해 보겠습니다. 최근에 케임브리지 대학의 몇몇 학자들이 함께 쓴 「측량 *Soundings*」이라는 책이 출판되었습니다. 그런데 한 비평가가 이 책을 평가하면서 중요한 말을 했습니다. 그는 먼저 이 책의 한 문장을 인용합니다. "지금은 해도海圖나 지도를 찾을 때가 아니라 수심水深을 측량해야 할 때다." 그런 다음, 그는 이렇게 말합니다. "이 말이 저자들 모두가 바다에 나가 있다는 뜻이라면, 우리도 모두 바다에 나가 있는 것이며 또한 마땅히 바다에 나가 있어야 한다." 이것이 그가 상황을 인식하는 방식입니다. 제 생각에, 여기서 "바다에 나가 있어야 한다"는 말은 우리 모두 해도에 나오지 않는 바다 어딘가에, 해변이 아닌 바다 위에 있어야 한다는 뜻일 것입니다!

그는 연이어 말합니다. "하나님에 대한 진리가 얼마나 깊은지 이미 전부 다 알려져 있다고 생각한다면, 책 몇 권을 들고 부두 끝에 앉아서 그 깊이를 알 수 있다고 생각한다면, 교회가 이 핵 시대에 살아남을 가능성은 전혀 없다." 그가 여기서 말하는 것에 주목하십시오. "우리 가운데 많은 이들이 이 책의 저자들의 인도에 따라 그들과 함께 깊은 곳으로 나아갈 믿음과 용기를 갖기 바란다."

제 생각에, 이 말은 현대인들의 입장을 잘 대변하는 것 같습니다. 달리 말한다면, 이 비평가는 이렇게 말하는 것입니다.

"이제 우리는 당신과 내가 핵 시대에 살고 있다는 사실에서 출발해야 한다. 이것이 기본이다. 우리는 1863년도 아니고, 1763년도 아니고, 1663년도 아니고, 63년도 아니고, 1963년에 살고 있다. 우리는 핵 시대에 살고 있으며, 핵 시대가 모든 것을 바꿔 놓았다! 과거에 진리였던 것이 이제 더 이상 진리가 아니다. 교회가 핵 시대에 살아남으려면, 진리가 이미 알려졌으며 인간이 모든 깊이를 이미 알고 있다는 생각을 버려야 한다. 당신이 바다 한가운데 있음을 깨달아야 한다. 당신에게는 지도도 없고 해도도 없으며, 당신은 자신이 어디 있는지 모른다. 당신이 할 수 있는 일이라고는 수심을 측량하고 자신이 어디 있는지 파악하는 것뿐이다. 당신은 육지에 가까이 있는가, 멀리 있는가? '지금은 수심을 측량해야 할 때다!'"

달리 표현하자면, 지식의 진보 때문에, 특히 과학 지식의 진보 때문에 모든 것이 다시 한번 혼돈 가운데 있으니, 지금 우리가 할 수 있는 일은 직접 체험하고 찾아내며 가능하다면 일종의 지도나 해도를 얻고자 노력하는 것뿐이라는 것이 이 시대의 전반적인 입장입니다. 그러나 오늘 우리가 듣는 이야기는, 그렇게 하는 것이 매우 어려운 일이며 지금은 그 일을 해야 할 때가 아니라는 것입니다. 지금은 "수심을 측량해야 할" 때라는 것입니다.

그렇다면 사람들이 할 수 있는 일은 무엇입니까? 사람들이 핵 시대에 할 수 있는 일은 위대한 철학자들과 과학자들을 다시 생각하고 연구하며 그들의 글을 읽기 시작함으로써 적어도 약간의 진리를 찾아내고 그 진리를 가능한 한 굳게 붙잡는 것입니다. 이것이 방법입니다. 그래서 비평가는 많은 이들이 이 책의 저자들의 인도에 따라 그들과 함께 깊은 곳으로 나아갈 용기와 믿음을 갖기를 바란다고 했습니다. 그러나 해도나 지도 없이 어떻게 항해를 하고 사람들을 인도할 수 있습니까? 항해사는 바다를 알고 해협을 아는 사람이어야 하지 않습니까?

저는 선착장이 있는 마을에서 살았던 적이 있는데, 그곳에서 두 종류의 사람을 보았습니다. 내부 도선사導船士와 외부 도선사였습니다. 배가 선착장을 빠져 나가면 외부 도선사가 배를 인도합니다. 강줄기를 어느 정도 따라 내려가야 바다에 이를 수 있었습니다. 그렇다면 외부 도선사가 왜 필요했습니까? 이유는 한 가지뿐입니다. 그는 수로를 잘 알고 있고, 수로를 꿰뚫고 있으며, 그의 머릿속에 지도가 고스란히 담겨 있었기 때문입니다. 그는 어디를 피해야 하는지, 언제 배를 한쪽으로 붙여야 하는지 알고 있었습니다. 그는 배가 바다로 나아갈 때 보이지 않는 모래톱이 어디에 숨어 있는지 알고 있었습니다. 도선사가 중요한 이유는 그가 이 모든 것을 알고 있기 때문입니다. 그는 전문가입니다. 그런데 사람들은 우리에게 해도도 없고 지도도 없이 그저 수심만 측량하라고 말하는 사람들의 인도를 따라 바다로 나아가라고 말합니다!

우리 시대에 이런 입장을 취하는 사람들이 아주 많습니다. 제가 여러분의 주의를 이 본문에 집중시키는 이유는, 이 본문이 바로 이러한 입장을 다루며 그 입장에 대해 답하고 있기 때문입니다. 우리는 틀림없이 위기의 시대, 혼란의 시대에 살고 있습니다. 우리는 누구라도 갑자기 재난을 당할 수 있는 세상에 살고 있습니다. 우리가 앞으로 50년을 더 살 것이라고 확신할 수만 있다면 이렇게 말할 수 있을 것입니다. "우리는 서두를 필요가 없습니다. 이것은 매우 재미있고 흥미진진한 문제입니다. 차근히 탐구해 봅시다. 수심을 측량해 봅시다!" 그러나 사랑하는 여러분, 우리의 인생 여정이 어느 순간에 끝날지 모릅니다. 우리에게는 아무것도 주어진 것이 없지 않습니까? 해도와 나침반도 없지 않습니까? 지식도 없지 않습니까? 우리를 영원한 하나님의 항구로 인도해 줄 항해사도 없지 않습니까? 저도 여러분도, 바로 이런 것들이 필요하지 않습니까? 그런데 감사하게도 좋은 소식이 있습니다. 함께 이 본문을 살펴봅시다. 저는 지금 "수심을 측량하고" 있는 것이 아닙니다. 제게는 해도가 있습니다. 지도가 있습니다. 여러분에게 최대한 간단하고 분명하게 그 지도를 설명하고 싶습니다.

본문이 이 모든 문제를 얼마나 분명하게 다루고 있는지 살펴봅시다. "요한이 잡힌 후 예수께서 갈릴리에 오셔서 하나님의 복음을 전파하여……." 열쇠가 되는 단어가 금방 나타납니다. "전파하여 preaching"로 번역된 단어가 매우 흥미롭습니다. 이 단어는 기독교나 교회에서만 사용되는 단어가 아닙니다. 이 단어는 마가복음이 기록될 당시 로마제국에서 매우 흔하게 사용되었습니다. 이 단어는 특히 당시 황제 숭배와 관련해서 사용되었습니다. 사람들이 항상 황제 숭배를 했던 것은 아닙니다. 언젠가부터 황제 숭배를 하기 시작했습니다. 우리는 그들을 비웃어서는 안됩니다. 왜냐하면 우리는 금세기에 독일의 히틀러에게서 황제 숭배와 매우 비슷한 모습을 보았기 때문입니다. 황제 숭배는 여러 나라에서 여러 방식으로 이루어졌습니다. 인간은 언제라도 인간을 숭배하기 쉽습니다. 그러므로 우리는 조심스럽게 판단해야 합니다.

'전파'라는 단어는 이렇게 등장했습니다. 황제에게 아들 곧 후계자가 태어나면 이 사실을 선포했는데, 바로 이 과정을 가리키는 단어가 '전파'(선포)로 번역되었습니다. 이것은 공표였습니다. 이러한 선포는 후계자가 태어났을 때, 그가 성인이 되었을 때, 그가 황제의 자리에 올랐을 때 있었습니다. 그러므로 본문이 우리에게 말하는 내용은, 요한이 감옥에 갇혔을 때 예수님이 갈릴리로 오셔서 공표하고 선포하고 알리셨다는 것입니다. 바로 이렇게 하는 것이 포고자의 특별한 의무였습니다.

그러므로 '전파'라는 단어가 흥미로운 이유는 이러한 개념과 사상을 전달하기 때문입니다. 포고자는 불확실한 내용을 공표하는 것이 아닙니다. 포고자는 그저 나팔을 불고 외치는 것이 아닙니다. "들으시오, 지금 무슨 일이 일어나고 있는지 앞으로 무슨 일이 일어날 것인지도 잘 모르지만 어떤 일이 일어나기는 할 것이오." 이것은 포고가 아닙니다! 포고자는 아주 구체적이고 분명한 메시지를 가지고 있습니다. 그가 일어나 나팔을 부는 것도 바로 그 메시지 때문입니다. 그는 이렇게 외칩니다. "들으시오, 여러분에게 전할 말이 있소." 마가가 주님이 하신 일을 가리키는 데 사용한 단어가 바로 이 단어입니다. 이 단어는 나중에 사도들이 한 일을 가리키는 데 사용되며, 그 후로 지금까지 교회가 하는 일을 가리키는 데 사용되어 왔습니다.

아시다시피, 우리는 황궁에서 나온 확실한 소식에서 시작합니다. 단순히 한 사람이 일어나 "제 생각으로는 머지않아 포고가 있을 것입니다"라고 말한 것입니까? 아닙니다! 포고자는 손에 포고문을 들고 말합니다. "이것은 황궁에서 어느 날 어느 시에 내린 포고요. 여러분에게 이 포고를 전하게 되어 영광이오……." 이것이 바로 선포입니다. 선포는 권위가 있으며 절대적으로 분명합니다.

선포는 사람들에게 탐구하거나 찾으라고 말하지 않습니다. 정반대로 말합니다. 그리스도인은 구하고 찾는 사람이며, 미지의 거대한 진리의 세계를 향한 여정을 시작하는 사람이라고 생각하는 것이 아주 일반적입니다. 그리스도인은 누구입니까? 사람들은 이렇게 말합니다. "글쎄요. 그리스도인은 그저 먹고 마시며 정욕에 빠져 시간을 허비하지 않는 사람이지요. 그리스도인은 진리 탐구를 시작한 지적인 사람이지요. 진리 탐구라! 정말 흥미진진하고 멋지지 않나요? 해도海圖에 없는 바다, 약속의 땅, 미지의 세계……. 그리스도인은 이러한 전율과 흥분 속에서 진리를 찾아가는 사람이 아닌가요?" 이것은 언제나 매우 대중적인 생각이었습니다. 사람들은 진리 탐구 같은 개념을 좋아합니다. 이런 개념은 사람들의 모험심을 자극합니다. 그렇게 주저 없이 말하는 사람들은 우리의 복음주의적 신앙을 비판하면서, 우리의 복음이 언제나 너무 확신에 차 있고 너무 독단적이라고 말합니다.

시인들이 이런 말을 하기를 좋아하지 않습니까? 모든 사람들 가운데서 시인들은 일반적으로 스스로를 많이 속입니다. 어떤 시인은 이렇게 말합니다. "희망을 품고 하는 여행 자체가 목적지에 이르는 것보다 낫지 않은가!" 멋지게 들리지 않습니까? 진리 탐구, 열띤 추구, 흥미진진한 연구! 여기에 비하면 목적지에 이르는 것은 너무나 지루하지 않습니까? 실제로 발견했을 때 너무나 실망스럽지 않습니까? 아시다시피, 이러한 시각을 가진 사람들은 진리에 전혀 관심이 없습니다. 이들은 진리를 찾고 추구하고 탐구하는 데만 관심이 있을 뿐입니다. 따라서 스스로를 속이고 있는 것입니다.

그러나 삶은 게임이 아닙니다. 삶은 놀이가 아닙니다. 삶은 연극이 아닙니다. 삶은 진지하고 엄숙합니다. 삶은 실재이며 신중한 것입니다. 이것이 우리가 사는 세상의 삶입니다. 그러므로 저는 오늘의 말씀을 보면서 하나님께 감사를 드립니다. 하나님은 대단한 실험이나 대단한 추구나 대단한 탐구의 여정으로 저를 초대하시는 것이 아닙니다. 제가 삶에서 실패하여 마음이 찢어지고 영혼이 피를 흘리며 절망 가운데 거의 포기할 때, 갑자기 나팔이 울립니다. 저는 순간 움찔하며 묻습니다. "도대체 무슨 일이지?" 감사하게도 권위 있는 선포가 들립니다. 한 사람이 외칩니다. "들으시오. 나는 포고자요. 황궁에서 전하는 메시지를 가져왔소. 이제 그 메시지를 여러분에게 전파(선포)하겠소." "전파!" 이것이 바로 복음의 시작입니다.

이 말을 좀 더 간단하고 일반적인 말로 옮겨 보겠습니다. 저의 의무는 이 모든 문제의 해답이 이 책, 곧 성경에 있음을 여러분에게 전하는 것입니다. 제가 포고자로서(감사하게도 저는 비록 자격이 없지만 포고자입니다) 여기에 선 목적은, 여러분에게 삶에 대한 저의 이론이나 사상을 전하려는 것이 아닙니다. 여러분이 이론이나 사상에 대해서라면 저보다 나을 것입니다. 제가 여기에 선 이유는, 제가 황궁의 메시지를 갖고 있기 때문입니다. 제가 여기에 선 목적은 여러분의 모든 의문이 이미 다 풀렸으며 여러분의 모든 문제가 이미 다 해결되었음을, 하나님이 주신 권세로 권위 있게 알리기 위해서입니다. 여러분은 이 선포를, 이 포고를 들어야 합니다. 그러면 여러분의 영혼에 평안과 안식이 찾아올 것입니다. 여러분이 오늘 이 순간에서 영원으로 자리를 옮겨야 한다면, 여러분은 자신이 어디로 가는지 알 것입니다. 그때 여러분은 혼자가 아닐 것입니다. 여러분은 사도 바울과 함께 이렇게 말할 수 있을 것입니다. "내가 믿는 자를 내가 알고 또한 내가 의탁한 것을 그날까지 그가 능히 지키실 줄을 확신함이라"(딤후 1:12). 전파와 선포, 권위 있는 포고를 우리에게 주신 하나님께 감사를 드립시다!

지금까지 첫 번째 단어를 살펴보았습니다. 이제 복음과 기독교의 선포에 관련된 두 번째 단어를 살펴봅시다. 복음은 계획과 목적을 알려 줍니다. 어떤 사람은 "그런 내용이 어디 있습니까?"라고 묻습니다. 14-15절을 보십시오. "예수께서 갈릴리에 오셔서 하나님의 복음을 전파하여 이르시되 때가 찼고 하나님의 나라가 가까이 왔으니." 지금껏 말해 온 그때가 이제 이르렀다는 뜻입니다. 여기서 말하는 "때"는 무엇입니까? 성경 전체의 큰 메시지가 여기 있습니다. 간단히 말해, 하나님에게는 죄와 부끄러움으로 가득한 이 세상을 위한 계획과 목적이 있다는 것입니다.

이 부분에서 우리는 실패와 불행과 극심한 혼란 가운데 있습니다. 우리는 노력했고 애썼으며 최선을 다했으나 아무것도 이루지 못했습니다. 세상은 점점 더 나빠지고 우리도 점점 더 나빠지고 있습니다. 우리는 점점 더 희망을 잃고 점점 더 절망에 빠져들고 있습니다. 우리는 산더미 같은 문제에 숨이 막힙니다. 모든 과학적인 발견은 이런 상황을 호전시키는 것이 아니라 악화시킬 뿐입니다. 그래서 우리는 극한 불행 가운데 허덕이고 있습니다. 우리는 철학자들의 글을 읽지만 그들이라고 우리보다 더 많이 아는 것은 아닙니다. 그들은 사색하고 자신만의 주장을 내놓습니다. 그러나 그들의 주장은 입증되지 않았고 쉽게 바뀝니다. 우리가 무엇을 할 수 있고, 어디로 갈 수 있습니까? 구원의 희망이 있습니까? 빠져나갈 길이 있습니까?

여기 메시지가 있습니다. 구원의 길이 있습니다. 하나님에게는 이 세상을 향한 계획과 목적이 있습니다. 그것은 우리와 같은 사람들을 늪에서 건져 내려는 계획입니다. 해도에도 없는 바다 한가운데서 우리에게 지도와 해도와 나침반과 방향타와 항해사와 필요한 모든 것을 주시려는 계획입니다. 하나님이 친히 이 계획을 세우셨습니다. "때가 찼고"라는 말은 하나님의 계획이 실행될 때가 실제로 이르렀다는 뜻입니다.

성경은 이것을 이렇게 표현합니다. 성경은 하나님이 세상의 기초를 놓기도 전에 이 계획을 세우셨다고 말합니다. 사도 바울은 고린도전서 2:7에서 이렇게 말합니다. "오직 은밀한 가운데 있는 하나님의 지혜를 말하는 것으로서 곧 감추어졌던 것인데 하나님이 우리의 영광을 위하여 만세 전에 미리 정하신 것이라." 바로 이것입니다. 이것이 선포의 핵심입니다. 이것이 기독교 선포의 본질입니다. 선포할 때 선포자는 이렇게 말하지 않습니다. "해도에 나타나지 않는 바다에 진리가 있소. 그러니 그곳으로 가 보시오. 수심을 측량하고 뭔가를 캐내고 찾아보시오. 작지만 뭔가를 찾을 수도 있을 것이오. 하지만 몇 주를 뒤져도 아무것도 찾지 못할 수도 있을 거요. 몇 달, 몇 년을 뒤져도 여전히 모든 게 희미할 수도 있을 것이오. 결국……당신의 세대에는 이루어지 않을 수도 있을 것이오. 어쩌면 당신의 손자 세대에 이루어질지도 모르오. 그보다 훨씬 후에 이루어질 수도 있소. 그러나 계속 찾아보시오. 조상들처럼 당신도 엉뚱한 곳을 뒤졌음을 알게 될 수도 있을 거요. 그러나 어쨌든 계속 찾아보시오!"

이것이 아닙니다! 기독교의 선포는 이와는 정반대입니다. 성경의 메시지는 우리에게 진리를 찾아보라고 촉구하지 않습니다. 성경의 메시지는 우리에게 진리에 귀를 기울이라고, 하나님의 진리에 귀를 기울이라고 요구합니다. 성경의 전체적인 핵심은 자신을 아시고 인간을 아시며 모든 것을 아시는 하나님이 인간을 실패와 죄에서 구해 내어 하나님 나라의 시민으로, 귀한 시민으로 삼을 계획을 세우셨다는 것입니다. 이것이 하나님의 계획입니다!

그러나 성경은 하나님이 계획을 가지고 계시며 세상의 기초를 놓기도 전에 그 계획을 세우셨다고 말할 뿐 아니라, 하나님이 그 계획을 알리셨다고 말합니다. 히브리서는 이렇게 말합니다. "옛적에 선지자들을 통하여 여러 부분과 여러 모양으로 우리 조상들에게 말씀하신 하나님이 이 모든 날 마지막에는 아들을 통하여 우리에게 말씀하셨으니"(히 1:1-2). 구약성경의 핵심은 다름이 아니라 하나님이 자신의 계획과 목적을 계시하셨으며, 특별한 방법으로 그 계획을 이루셨다는 것입니다. 하나님은 아브라함을 부르시고 그로 한 민족이 되게 하셨으며, 그 후 그 민족에게 말씀하셨습니다. 하나님은 그 민족에게 자신의 말씀을 주셨고, 그들은 그 말씀을 한데 모아 "하나님의 계시"라 불렀는데 우리는 이것을 "구약성경"이라 부릅니다. 하나님은 모세를 부르시고 그에게 자신이 세상과 인간을 어떻게 창조하셨는지, 죄가 어떻게 세상에 들어왔고 무슨 일이 있었는지, 자신이 어떻게 이 큰 계획과 목적을 세우고 이루셨는지 말씀해 주셨습니다. 하나님은 이 모든 것을 계시하셨고, 성경의 메시지는 이러한 그분의 계획과 목적을 우리에게 말해 줄 뿐입니다. 하나님은 인간을 도구로 사용하셔서 이러한 그분의 계획과 목적을 계시하셨습니다. 그것은 그 계시를 통해 우리가 해야 할 바를 알고 구원을 알게 하기 위해서입니다.

그 다음에 이어지는 내용은 이것이 하나님이 이미 하신 일이라는 것입니다. 하나님이 이미 이루셨습니다. 그분이 이미 이루셨기 때문에 저는 진리를 찾으려고 단 1초도 허비할 필요가 없습니다. 제가 해야 할 일이라고는 하나님이 선지자들을 통해, 구약의 선생들을 통해, 그분의 아들을 통해, 신약성경의 사도들을 통해 이미 계시해 놓으신 진리에 주목하는 것뿐입니다. 모든 것이 여기에 있습니다. 저는 새롭게 무언가를 할 필요가 없습니다. 제게 필요한 모든 것이 이미 주어졌습니다.

물론, 선포(전파)가 가능한 것도 이 때문입니다. 만약 선포가 다른 것이라면, 그것은 선포가 아니라 일종의 철학적 가르침이거나 반쯤 정치적이거나 윤리적인 가르침일 것입니다. 그렇다면 저는 이렇게 말해야 할 것입니다. "우리는 지금 혼란 가운데 있습니다. 우리가 할 수 있는 것이 무엇이겠습니까?" 그런 다음 저는 온갖 이론과 사상을 여러분 앞에 내놓고 말할 것입니다. "여러분이 생각하시기에 어떤 것 같습니까? 한번 시험해 볼까요? 우리에게 얼마나 잘 맞는지 알아볼까요?" 이런 것은 이 메시지와 전혀 상관이 없습니다. 여기 선포가 있습니다. "주께서 말씀하신다. '이것이 내 방법이요, 이것이 내 계획이다. 이것을 믿어라. 그러면 이것이 참되다는 것을 알리라.'" 이것이 메시지이며, 하나님의 계획입니다. 다른 것은 중요하지 않습니다.

물론, 여기에 비춰 보면 "핵 시대"에 대한 모든 말은 부질없는 소리요 난센스입니다. 하나님의 계획과는 전혀 무관합니다! 왜 그렇습니까? 하나님은 2천 년 전이나 지금이나 동일하시기 때문입니다. 하나님은 변하지 않으십니다. 원자가 쪼개졌다고 그분에게 달라진 것은 없습니다. 하나님의 성품은 여느 때와 조금도 다르지 않습니다. 그분은 모세를 통해 십계명에 자신의 성품을 계시하셨습니다. 그분은 거룩하신 하나님입니다. 그분은 죄를 미워하시며 죄를 벌하십니다. 하나님은 결코 변하지 않으실 것입니다. 그분은 "빛들의 아버지……변함도 없으시고 회전하는 그림자도 없는" 분이십니다(약 1:17). 그뿐만이 아닙니다. 하나님은 변하실 수 없습니다. 불가능합니다. 그분은 영원부터 영원까지 동일하십니다. 그분은 영원히 절대적인 하나님이시며, 만유의 하나님이시며, 만유 속에 계시는 하나님이십니다. "나는 영원한 하나님이라. 나는 스스로 있는 자니라."

그러나 그와 동시에 인간이 변하지 않는다는 말도 똑같이 참입니다. 앞에 살펴본 비평가는 "교회는 핵 시대에 희망이 없다"고 말합니다. 왜 희망이 없습니까? 사람들은 이렇게 말합니다. "인간이 달라졌기 때문이다. 이제 인간은 자신이 백 년 전에 몰랐던 것을 알기 때문이다." 정말 그렇습니까? 맞습니다! 물론, 인간은 원자를 쪼갤 수 있다는 것을 압니다. 제가 과학을 공부했을 때에는 원자보다 작은 것은 없으며, 원자는 쪼갤 수 없다고 배웠습니다. 물론, 이제 이런 주장이 틀렸다는 것이 드러났습니다! 당시 사람들은 대단한 확신을 가지고 원자는 쪼갤 수 없다고 말했습니다. 그러나 이제는 이 주장이 틀린 것으로 드러났습니다. 또한 사람들이 지금 말하는 것이 백 년 쯤 후에는 틀린 것으로 드러날 수 있습니다! 저는 알지 못합니다. 그러나 그것이 중요한 것은 아닙니다. 제가 말하고 싶은 것은 이것뿐입니다. 이 모든 것이 저와 무슨 상관이 있습니까? 사람들이 예전과 다릅니까? 사람들이 도덕적으로 달라졌습니까? 원자를 쪼갰기 때문에 사람들이 더 이상 술을 마시지 않습니까? 인간을 우주에 보낼 수 있기 때문에 사람들이 부도덕한 행위를 버렸습니까? 이 모든 것이 엄청난 진보이기 때문에 사람들이 모든 정욕과 악한 열정을 버렸습니까?

그 대답은, 물론 엄청난 과학적 진보가 있었지만 우리와 전혀 무관하다 할 정도로 우리 삶에 아주 작은 변화도 일으키지 못했다는 것입니다. 예전이나 지금이나 인간의 문제는 그대로입니다. 문제는 처음부터 있었습니다. 가인과 아벨이라는 형제가 있었습니다. 가인은 아벨을 질투했고 마침내 동생을 죽였습니다! 사람들은 지금도 이와 같습니다. 구약성경에 나오는 인물들을 보십시오. 그들은 술주정뱅이들이며, 간음자들이며, 도둑들이며, 질투와 시기와 악의와 앙심과 탐욕으로 가득한 사람들입니다. 우리라고 다를 바 없습니다. 이것이 인생의 문제입니다. 원자는 이 문제와 아무런 상관이 없습니다. 문제는 인간, 도덕적 존재인 인간입니다. 다른 모든 문제는 여기에 비할 것이 못 됩니다.

그러므로 우리는 핵 시대에 살기 때문에 무언가 새로운 것이 필요하다는 생각을 버려야 합니다. 우리에게는 새로운 것이 필요하지 않습니다. 앞에서 비평가가 이것을 어떻게 표현했는지 기억하실 것입니다. 그는 이렇게 말했습니다. "하나님에 대한 진리가 얼마나 깊은지 이미 전부 다 알려져 있다고 생각한다면, 책 몇 권을 들고 부두 끝에 앉아서 그 깊이를 알 수 있다고 생각한다면, 교회가 이 핵 시대에 살아남을 가능성은 전혀 없다." 터무니없는 말입니다. 하나님의 진리는 모두 알려졌습니다! 하나님의 진리는 하나님께서 직접 계시하셨습니다. 하나님을 아는 지식이 구하고 찾는 사람들에게 달려 있다면, 다음 세대가 이전 세대보다 분명히 이점이 있을 것입니다. 그러나 우리는 어느 시대 어느 때 하나님을 찾는다고 해도 찾을 수 없습니다. 그래서 전적으로 그분의 계시에 의존합니다. 하나님이 이미 그분의 계시를 주셨기 때문에 그 계시를 처음 받은 사람들도 여러분과 제가 아는 만큼 알았으며, 그 누구도 그들이 알았던 것보다 많이 알지 못할 것입니다.

이것은 절대적으로 중요하고 기본적인 사실입니다. 다른 주장에 따르면, 여러분과 저는 하나님을 사도 바울보다 더 많이 알아야 합니다. 우리는 주 예수 그리스도에 대해 사도들보다 더 많이 알아야 합니다. 왜 그렇습니까? 우리는 20세기, 핵 시대를 살고 있기 때문입니다. 우리가 그동안 쌓아 놓은 엄청난 지식을 보십시오! 그러나 이런 지식은 아주 작은 변화도 일으키지 못합니다. 전혀 변한 것이 없습니다! 교회는 "사도들과 선지자들의 터 위에" 세워집니다(엡 2:20). 왜 그렇습니까? 하나님이 사도들과 선지자들에게 계시를 주기로, 인간에게 필요한 지식을 주기로 선택하셨기 때문입니다. 이들은 특별한 사람들이었습니다. 구약 시대에, 하나님이 선지자라고 부른 사람들이 있었습니다. 하나님은 이들을 취하셨고, 이들을 선택하셨습니다. 하나님이 한 사람을 취하실 때, 하나님은 그에게 메시지를 주고, 성령으로 그를 인도하시며, 그에게 영감을 주어 그 메시지를 정확히 기록하게 하셨습니다. 하나님이 이 모든 것을 하셨습니다. 그러나 인간은 수동적인 기록자가 아니었습니다. 인간의 개성이 들어갔으나 메시지와 그 속에 담긴 진리는 전적으로 인간이 아닌 하나님에게서 왔습니다. 사도들의 경우도 마찬가지입니다. 세상이 앞으로 10억 년간 계속된다 하더라도, 인간은 하나님이나 그리스도나 천국이나 지옥이나 구원에 대해, 지금 영적인 눈으로 성경을 읽을 때 알 수 있는 것보다 결코 더 많이 알지 못할 것입니다.

우리는 1세기 사람들보다 더 유리한 위치에 있는 것이 아닙니다. 어떤 현대인이 하나님을 바울만큼 안다고 말합니까? 이것은 대단한 오만이며 난센스입니다. 이것은 지식에 지식을 더하는 문제가 아닙니다. 이것은 하나님이 주시는 계시를 받는 문제입니다. 그런데 하나님은 그 계시를 단번에 주셨습니다.

그러므로 우리가 그 다음으로 듣는 말은, 하나님의 계획이 역사 속에서 일하시는 하나님을 통해 이루어졌다는 것입니다. 이것 또한 핵심입니다. 기독교는 일차적으로 가르침이 아니라 기록된 역사입니다. 기독교는 사람들에게 생각하고 신비를 탐구하여 하나님에 관한 진리를 찾아내라고 촉구하는 것이 아닙니다. 기독교는 "들으시오. 이것이 바로 하나님이 이루어 놓으신 것이오"라고 말합니다. 이것이 오순절에 예루살렘에서 일어난 일이 아닙니까? 이것이 사도들이 각기 다른 방언으로 말하기 시작했을 때 사람들이 사도들에 대해 말한 것이 아닙니까? 사람들은 어떻게 된 일이냐고 물었습니다. "우리가 다 우리의 각 언어로 하나님의 큰일을 말함을 듣는도다"(행 2:11). 사도들은 하나님의 생각이 아니라 하나님의 일, 하나님께서 하신 일을 말했습니다.

이것이 기독교의 메시지입니다. 본문에 "요한이 잡힌 후"라고 나옵니다. 줄리어스 시저가 주전 55년에 영국에 상륙한 것처럼, 요한이 잡힌 것도 역사적 사실이며 시간 속에서 일어난 한 사건입니다. 그러므로 시간 속의 어느 때에 세례 요한이 감옥에 갇혔고, 그 순간 "예수께서 갈릴리에 오셔서 하나님의 복음을 전파하여 이르시되 때가 찼다"고 하셨습니다. 그분은 이렇게 말씀하셨습니다. "내 말을 들어라. 그 일이 이루어졌으며, 그때가 왔다." 이 말이 무슨 뜻입니까? 이것은 여러분과 저의 구원이 우리의 생각에 달려 있지 않으며 우리가 진리를 발견하느냐에 달려 있지도 않다는 것입니다. 전적으로, 궁극적으로 2천 년 전에 이 세상에서 실제로 일어난 사건에 달려 있다는 뜻입니다.

그러므로 우리는 핵 시대를 향해 선포합니다. 하지만 우리는 이렇게 외치지는 않습니다. "여러분, 와서 우리와 함께 해도海圖에 없는 바다로 나아가, 마침내 이를 수 있도록 수심을 측량합시다." 대신에 우리는 이렇게 외칩니다. "돌아보시오. 뒤를 돌아보시오. 2천 년 전, 1세기를 돌아보고 귀를 기울이시오. '요한이 잡힌 후 예수께서 갈릴리에 오셔서 하나님의 복음을 전파하여…….'" 바로 이것입니다. 바꾸어 말하면, 우리의 구원은 우리의 이해에 달려 있는 것이 아니라 하나님께서 그리스도 안에서 이루신 일에 달려 있습니다.

감사하게도 우리 모두가 철학자는 아닙니다. 우리 모두가 두뇌가 뛰어나고 명철하지는 않습니다. 그렇지만 우리는 한 가지 사실을 듣고 그것을 믿을 수 있습니다. 서서 외치는 사람이 있습니다. "나는 황궁에서 왔소. 황제의 뒤를 이을 왕자님이 태어나셨소." 저는 철학자가 아니지만 이 말을 이해할 수 있습니다! 그래서 저는 이렇게 말합니다. "좋은 소식이군요! 놀랍습니다! 왕자님을 보고 싶습니다!" 그때 이런 선포가 들립니다. "때가 차매 하나님이 그 아들을 보내사 여자에게서 나게 하시고"(갈 4:4). 여러분이 이 사실을 받아들이고 의지하면 여러분은 구원받습니다. 이것은 유일무이한 사건입니다.

우리가 "핵 시대"를 다시 말하지 않는 데는 또 다른 이유가 있습니다. "시대"는 그 어떤 것도 바꿔 놓지 못합니다. 역사의 전환점은 2천 년 전이었기 때문입니다. 그때에 시간을 초월하는 결정적인 사건, 유일무이한 사건, 하나님의 사건, 하나님의 역사가 있었습니다. "요한이……예수께서 갈릴리에 오셔서." 이것은 역사입니다! 유일하게 중요한 시대는 바로 그 순간, 새 시대, 하나님의 시간입니다.

이렇게 해서 복음이 우리에게 선포됩니다. 복음은 우리에게 힘써 진리를 탐구하라거나 그 과정에서 놀라운 흥분을 맛보라고 말하지 않습니다. 복음은 이렇게 말합니다. "여러분의 모습 그대로, 뒤를 돌아보십시오. 하나님이 여러분의 모든 필요를 채워 놓으셨고 여러분의 구원에 필요한 모든 것을 이미 이루어 놓으셨습니다." 이것이 무엇입니까? 이것이 바로 "복음"입니다. 그분이 오셔서 "하나님의 복음을 전파하여 이르시되 때가 찼고 하나님의 나라가 가까이 왔으니 is at hand"라고 하셨습니다. 이것은 좋은 번역이 아닙니다. 더 좋은 번역이 있습니다. "때가 찼고 하나님의 나라가 이미 곁에 왔으니 has drawn near"입니다. 그분의 말씀은 하나님 나라가 오리라는 뜻이 아닙니다. 그분은 하나님 나라가 이미 왔다고 말씀하십니다. 하나님 나라가 이미 가까이 와 있습니다. 그분은 "하나님의 나라가 이미 이르렀으며, 너희들 가운데 있다"고 말씀하십니다.

주님은 사실 이렇게 말씀하신 것입니다. "너희가 알듯이, 하나님은 중요한 일을 하시겠다고 오랫동안 약속하셨다. 구약을 읽어 보고, 하나님이 에덴동산에서 뭐라고 말씀하셨는지 보라. 그분은 이렇게 말씀하셨다. '너희가 죄를 지었으니 벌을 받을 것이다. 그러나 여자의 후손이 사탄의 머리를 상하게 할 것이다(창 3:15 참조).'" 바로 이것입니다. 이 일이 이루어질 것입니다. 이 약속은 구약에서 거듭거듭 주어졌습니다. 이제 이 일이, 모든 선지자들이 고대하던 이 일이 이루어질 것입니다.

이사야 40:1을 보십시오. "너희의 하나님이 이르시되 너희는 위로하라. 내 백성을 위로하라." 이사야 선지자는 그리스도가 태어나기 8백 년 전에 이렇게 말했습니다. 그러나 그는 사실 "모든 육체가 하나님의 구원하심을 보리라"고 말하고 있었습니다(사 40:5 참조). 선지자는 우리가 지금 보지는 못하지만 "골짜기마다 돋우어지며 산마다, 언덕마다 낮아"질 것이라고 했습니다(사 40:4 참조). 대로를 준비하라. 예비하라. 메시아, 구원자가 오신다. 그분이 오신다! 모든 선지자가 똑같이 말했으며, 사람들은 그분을 간절히 기다렸습니다.

그때 주님께서 갑자기 나타나 전파하기 시작하셨습니다. "때가 찼고 하나님의 나라가 가까이 왔느니라." 하나님은 그분이 오랫동안 약속하신 것을 이제 이루셨습니다. 주님은 "이것이 좋은 소식이며, 이것이 복음이다"라고 말씀하셨습니다. 왜 그렇습니까? 이것은 왕의 선포이며 하나님 나라의 선포이기 때문입니다. 그분은 "하나님의 나라"를 전파하셨습니다. 하나님 나라는 하나님의 통치를 의미합니다. 세상이 지금 같은 이유는 하나님을 배반했기 때문입니다. 사람들이 지금처럼 고통과 절망 가운데 있는 이유는 하나님을 배반했기 때문입니다. 스스로 행한 악의 열매를 거두고 있기 때문이며, 하나님이 그들을 벌하고 계시기 때문입니다.

성경은 "사악한 자의 길은 험하니라"고 말합니다(잠 13:15). "내 하나님의 말씀에 악인에게는 평강이 없다 하셨느니라"고 말합니다(사 57:21). 핵 시대의 똑똑한 현대인들이 고통 가운데 있습니다. 하나님께 등을 돌리는 한, 이들의 고통은 커질 것입니다. 그러나 하나님 나라는 정반대입니다. 하나님 나라는 하나님의 통치이며, 하나님의 다스림입니다. 이것은 의義가 도래하며 평안이 온다는 뜻입니다. 악이 제어되고 패배한다는 뜻입니다. 하나님의 축복이 그리스도인들에게 부어진다는 뜻입니다. 우리가 하나님의 사랑의 빛을 쬔다는 뜻입니다. 우리가 하나님의 상속자가 되며 우리에게 영원한 복락의 소망이 있다는 뜻입니다. 이것이 하나님 나라입니다. 이것을 아주 잘 표현하는 찬송이 있습니다.

> 기뻐 외쳐라, 구주께서 오시니
> 오래전에 약속된 구주시라.

이것이 전파입니다.

> 모든 마음은 보좌를 준비하라.
> 모든 소리여, 노래하라.

무엇 때문입니까?

    그분이 오시니
    사탄에게 결박된 자들이 놓임을 받고
    그분 앞에서
    놋문이 부서지고
    쇠사슬이 끊어지네.

인간은 죄의 노예입니다. 인간은 비참하게 결박당해 불행 가운데 있지만 스스로 결박을 끊을 수 없습니다. 그러나 쇠사슬을 끊고 놋문을 부술 수 있는 분이 오십니다. 그분이 포로를 자유하게 하실 수 있습니다!

    그분이 오시네, 두꺼운 악의 장막을 뚫고.
    밝은 마음의 빛으로 임하시니
    눈먼 자의 눈에
    천상의 빛이 비치네.

    그분이 오시네, 상한 마음 붙드시고.
    피 흘리는 영혼 치유하며
    은혜의 보화로
    비천하고 가난한 자 부유케 하시네.
    —필립 다드리지 Philip Doddridge

이것이 "하나님의 나라"가 의미하는 것입니다.

주님은 고향 나사렛 동네로 돌아가 여느 때처럼 안식일에 회당에 가셨습니다. 사람들이 그분에게 책을 건네주었고 그분은 읽기 시작하셨습니다. 바로 이 말씀이었습니다. "주의 성령이 내게 임하셨으니 이는 가난한 자에게······." 철학자들이 아니고, 핵 시대의 위인들도 아니고, 모든 세대의 가난한 자들에게 "복음을 전하게 하시려고 내게 기름을 부으시고 나를 보내사 포로된 자에게 자유를, 눈먼 자에게 다시 보게 함을 전파하며 눌린 자를 자유롭게 하고 주의 은혜의 해를 전파하게 하려 하심이라 하였더라. 책을 덮어 그 맡은 자에게 주시고 앉으시니 회당에 있는 자들이 다 주목하여 보더라. 이에 예수께서 그들에게 말씀하시되 이 글이 오늘 너희 귀에 응하였느니라 하시니"(눅 4:18-21). 그분은 이렇게 말씀하셨습니다. "하나님의 나라가 임하였다. 하나님의 은혜가 임하였다. 해방의 날, 용서의 날, 갱신의 날, 새로운 생명의 날이 임하였다. 하나님을 거역하지 않고 그분과 그분의 통치를 기뻐하는 날이 임하였다. 그날이 왔다. 전능자의 사랑의 날, 은혜의 날이 임하였다. 이것이 좋은 소식이다!"

그렇습니다. 특히 그날이 어떻게 임했는지 생각해 보면 더욱 그렇습니다. 아시다시피, 그날이 그분에게서 임했습니다. 그래서 마가는 "예수 그리스도의 복음의 시작"이라고 말하며 "요한이 잡힌 후 예수께서 갈릴리에 오셔서 하나님의 복음을 전파하셨다"고 말합니다. 그러므로 예수 그리스도의 복음은 하나님 나라의 복음입니다. 하나님 나라는 그분에게 임했습니다. 하나님은 오랫동안 "내가 구원자를 보내리라" 말씀하셨습니다. 이제 그분이 오셨습니다. 어디에 오셨습니까? 베들레헴 마구간에 오셨습니다. 거기서 어린 아기의 모습으로 말구유에 누워 계셨습니다. 그분은 왕이십니다. 하나님 나라가 왕과 함께 임했습니다. 그분이 오셨고 이제 선포하고 계십니다. 그분이 누구십니까? 하나님의 아들이십니다. "하나님의 아들 예수 그리스도의 복음의 시작이라"(막 1:1).

이것이 복음입니다. 여러분과 저는 하나님의 존재와 성품의 신비를 탐구하면서 곤경에서 벗어날 길을 찾으려 애쓸 필요가 없습니다. 그러지 않아도 됩니다. 여기 메시지가 있습니다. 하나님이 그분의 백성을 찾아오셔서 그들을 속량하셨습니다(눅 1:68). 여러분과 제가 살고 있으며, 우리가 본성적으로 그 일부를 이루는 저주받고 어리석으며 악한 이 세상을 하나님이 사랑하신 것입니다. "하나님이 세상을 이처럼 사랑하사 독생자를 주셨으니 이는 그를 믿는 자마다 멸망하지 않고 영생을 얻게 하려 하심이라"(요 3:16).

핵 시대는 잊어버리십시오! 뒤를 돌아보십시오. 구유의 아기를 보십시오. 육체로 오신 하나님, 하나님의 구원자가 거기 계십니다. 하나님이 여러분을 구원하러, 여러분을 해방하러 오셨습니다. 그분은 자신과 자신의 가르침과 자신의 일을 통해 여러분을 구원하십니다. 마가는 그의 복음서에서 이 부분을 들려줍니다. 그분은 무엇보다도 갈보리 언덕의 십자가에서 죽으심으로 구원을 이루셨습니다. 이것이 핵심입니다. 왜냐하면 여러분과 저는 이대로의 모습으로 하나님 나라에 들어갈 수 없기 때문입니다. 우리는 배반자이며, 우리는 죄인이며, 우리는 악인입니다. 우리가 자격 있는 시민이 아니라면 하나님 나라에서 살 수 없습니다.

그렇다면 우리가 어떻게 하나님 나라에 들어갈 수 있습니까? 그분이 해답입니다. 이것이 복된 소식입니다. 그분이 "친히 나무에 달려 그 몸으로 우리 죄를 담당하셨으니 이는 우리로 죄에 대하여 죽고 의에 대하여 살게 하려 하심이라"(벧전 2:24). 메시지는 이것입니다. "하나님께서 그리스도 안에 계시사 세상을 자기와 화목하게 하시며 그들의 죄를 그들에게 돌리지 아니하시고 화목하게 하는 말씀을 우리에게 부탁하셨느니라.……하나님이 죄를 알지도 못하신 이를 우리를 대신하여 죄로 삼으신 것은 우리로 하여금 그 안에서 하나님의 의가 되게 하려 하심이라"(고후 5:19, 21). 십자가에서 죽으심으로써 그분은 하나님 나라의 문을 여셨고, 이제 이렇게 말씀하십니다. "오늘이 구원의 날이니 들으라." "수고하고 무거운 짐 진 자들아, 다 내게로 오라. 내가 너희를 쉬게 하리라"(마 11:28).

"때가 찼습니다." 오래전에 약속된 시간이 이르렀으며, 하나님 나라가 가까이 왔고 임했습니다. 그분은 이렇게 말씀하십니다. "나는 왕이다. 너희 모습 그대로 내게 오라." 감사하게도 여러분은 먼저 자신을 의롭게 할 필요가 없습니다. 여러분은 먼저 심오한 사상을 알 필요가 없습니다. 여러분은 먼저 대단한 추구를 할 필요가 없습니다. 여러분은 머지않아 죽을 것입니다. 그래서 이것이 궁금해질 것입니다. "내가 어떻게 하나님 앞에 설 수 있는가? 내가 천국과 영원한 복락에 들어간다는 것을 어떻게 알 수 있는가?"

해답은 이렇습니다. "때가 찼고 하나님의 나라가 임했다." 주 예수 그리스도가 왕이시며, 그분은 여러분을 너무나 사랑하셔서 여러분과 여러분의 죄를 위해 죽으셨으며, 이제 그분은 여러분에게 그저 이렇게 말씀하십니다. "회개하라. 다시 생각하라. 나의 메시지를 믿으라." 회개하고 복음을 믿으십시오. 여러분의 어리석음과 죄를 인정하십시오. 여러분의 수치와 무능력을 인정하십시오. 탐구를 멈추십시오. 여러분의 대단한 지성으로 이해하려는 노력을 멈추십시오. 그저 이렇게 말하십시오. "저는 할 수 없습니다. 저는 힘이 없습니다. 하나님은 하나님이시며 저는 유한하고 죄악된 인간입니다. 저는 할 수 없습니다. 당신이 하나님의 아들이시며 내 영혼의 구주이심을 믿습니다." 이것이 전부입니다. 그저 믿기만 하면 됩니다.

믿기만 하면 보게 되리라,
그리스도가 너의 모든 것 중에 모든 것 되심을.
—존 몬셀 John Monsell

사랑하는 여러분, 어리석은 짓을 하지 마십시오! 여러분은 삶을 이해하지 못합니다. 죽음도 이해하지 못합니다. 자신도 이해하지 못합니다. 여러분은 내일에 대해 아무것도 모릅니다. 그런데 어떻게 하나님을 이해할 수 있겠습니까? 포기하십시오. 항복하십시오. 주 예수 그리스도를 믿고 의지하십시오. 그러면 빌립보의 간수처럼 믿음으로 구원받을 것입니다(행 16장). 인간은 처음부터 믿음으로 구원받았습니다. 이제 주 예수 그리스도를 믿으십시오. 이것이 하나님의 계획이심을 믿으십시오. 하나님은 우리를 구속하려고 그분의 외아들을 세상에 보내셨습니다. 왜 그렇게 하셨습니까? 오직 그 아들만이 그렇게 하실 수 있었기 때문입니다. 그 아들만이 우리의 죄와 형벌을 담당할 수 있었기 때문입니다. 그럼에도 그분은 승리하시고 하늘에 오르사 지존하신 분의 우편에 앉아 계십니다.

"주 예수를 믿으라. 그리하면 너와 네 집이 구원을 받으리라"(행 16:31). 여러분에게는 이것이 복된 소식으로 다가옵니까? 아시겠지만, 이것이 시금석입니다. 여러분은 복음에 전율을 느낍니까? 진심으로 복음을 노래하고 싶은 마음이 있습니까? 참으로 다음과 같이 하고 싶습니까?

> 많은 면류관 드리세,
> 보좌에 앉으신 어린양께.
> 들어라! 하늘의 찬송 울려 퍼지니
> 오직 그 찬송만 들리도다.
> 깨어라, 내 영혼아!
> 노래하라, 너를 위해 죽으신 분을.
> 너의 왕께 환호하라,
> 영원히.
> ―매튜 브리지스 Matthew Bridges, 고드프리 트링 Godfrey Thring*

여러분은 이렇게 하기를 원하십니까? 여러분이 이렇게 하지 않는다면, 죄와 사탄 때문에 눈이 멀어 자신이 잃어버린 영혼이라는 사실을 알지 못하는 것입니다. 자신이 이렇게 죽으면 지옥에, 영원한

---

* 찬송가 25장 1절 참조.

비극에 떨어진다는 사실을 알지 못하는 것입니다.

그러나 여러분이 자신의 필요와 실패를 자각한 적이 있다면, 죽어서 하나님을 대면하는 것이 두렵다면, 의식 있는 여느 사람처럼 이렇게 말할 것입니다. "이것은 내가 들은 가장 놀라운 소식이다, 하나님이 나와 화해하시려고 그분의 아들을 보내셨다니! 나는 전혀 능력이 없지만 내가 해야 할 일이라고는 내 죄를 그분께 맡기고, 내 자신을 그분께 맡기며, 내 모습 이대로 그분을 붙드는 것뿐이다." 하늘에서든 땅에서든 이와 같은 소식은 없습니다. 이것은 역사상 가장 영광스러운 복된 소식입니다. 이것만이 기독교 복음의 메시지입니다. 한번도 회개한 적이 없습니까? 그렇다면 회개하십시오. 복음을 믿고 구원받으십시오. 여러분은 구원받을 것입니다. 여러분이 곧 죽든 한참 후에 죽든 상관이 없습니다. 여러분은 하나님과 바른 관계를 맺고 그분과 화해하게 될 것이며, 여러분의 영원한 미래는 절대적으로 안전할 것입니다.

2

최고의 우선순위

그런즉 너희는 먼저 그의 나라와 그의 의를 구하라. 그리하면 이 모든 것을 너희에게 더하시리라. 마태복음 6:33

오|한 구절에서, 주님은 '산상설교'에서 제자들을 비롯한 청중에게 하실 다양한 말씀을 한마디로 요약하십니다. 주님은 여기서 그분의 나라가 무엇이며, 그분이 왜 이 세상에 오셨는지 전체적으로 보여주려 하십니다. 사역을 시작하는 시점에서, 주님은 자신이 하려는 일을 사람들에게 쉽고 분명히 밝히려 하십니다. 주님은 산상설교를 통해 다양한 문제를 다루시지만, 설교 중에 본문 구절과 같이 전체적인 입장과 가르침을 요약하는 말씀을 자주 하십니다.

이제 살펴볼 구절이 바로 이러한 요약의 한 예입니다. 이 한 구절에 기독교 메시지의 본질이, 기독교의 복음이 담겨 있습니다. 그래서 저는 주님께서 이 구절을 통해 기독교의 본질적 특징을 어떻게 제시하고 강조하시는지 보여드리려 합니다. 특히 이 구절의 정황과 문맥을 살펴볼 때, 주님이 제시하시고 강조하시는 바가 더 분명해집니다.

제가 여러분의 주의를 또다시 한 구절에 집중시키는 이유는, 이 한 구절을 통해 복음의 본질을 완벽히 알 수 있으리라 생각하기 때문입니다. 우리는 앞 장에서 똑같은 이유로 비슷한 말씀—주님의 사역 시작에 관한 선포—을 살펴보았습니다. 우리는 왕이신 주님이 그분의 나라에 대해 위대한 선포를 하시는 것을 보았습니다. 우리는 주님의 사역과 가르침의 본질이 우리 앞에 분명하게 제시되는 것도 보았습니다.

그러므로 우리는 여기서도 비슷한 말씀을 살펴볼 것입니다. 왜냐하면 우리 시대는 기독교가 실제로 무엇인지를 제대로 알지 못하는 비극적이고 끔찍한 혼란 속에 있기 때문입니다. 이러한 극한 혼란 속에서 사람들은 당혹스러워합니다. 앞에서 말씀드렸듯이, 저는 이렇게 당혹스러워하는 사람들이 너무나 안타깝고 불쌍합니다. 누군가 신문이나 대중적인 책에서 기독교의 개념을 끌어내려 한다면 그는 결국 혼란에 빠지고 말 것입니다.

그러나 감사하게도 우리는 신문이나 책에서 기독교에 관한 정보를 얻을 필요가 없습니다. 우리에게는 인증된 복음서가 있고, 초대교회의 문헌이 있습니다. 이런 자료가 없다면 우리는 주님에 관해 아무것도 알 수 없을 것입니다. 다른 모든 것은 추측에 불과하며 상상과 가정일 뿐입니다. 우리가 해야 할 일은 단 하나입니다. 우리는 과거로 돌아가 최초의 설교자들이 무엇을 전했는지 확인하고, 곧바로 주 예수 그리스도께로 돌아가야 합니다. 산상설교의 이 부분에서, 예수님은 그분의 메시지와 선포의 명확한 본질을 분명하고 확실한 방법으로 우리에게 제시하십니다.

이제 이 말씀을 살펴볼 때 단번에 드러나는 전체적인 요점이 있고, 그에 못지않게 분명한 강조점이 있음을 알게 될 것입니다. 첫 번째 요점은, 주 예수 그리스도의 메시지인 복음이 이전에 있던 다른 모든 메시지와 전혀 다르며, 인간이 본능적으로 생각하고 본성적으로 믿는 모든 것과도 전혀 다르다는 것입니다. 그러므로 처음에는 이 복음이 우리에게 하나의 도전으로 다가오며, 우리가 습관적으로 믿는 바를 비난하는 것처럼 보입니다.

주님은 이것을 이렇게 표현하십니다. 그분은 마태복음 6:31에서 이렇게 말씀하십니다. "그러므로 염려하여 이르기를 무엇을 먹을까 무엇을 마실까 무엇을 입을까 하지 말라." 그리고 32절에서 "이는 다 이방인들이 구하는 것이라"고 말씀하십니다. 우리는 예수께서 유대인들―구약성경을 아는 사람들―에게, 자신들이 하나님의 백성이라고 생각하며 하나님과 의에 관심 있는 사람들에게 말씀하고 계셨다는 사실을 기억해야 합니다. 물론, 이들에게 당시 세계는 유대인과 이방인, 즉 유대교에 속한 사람들과 그렇지 않은 사람들로 양분되었습니다.

유대인과 이방인의 구분은, 우리 시대와 우리 세대에도 동일하게 적용될 수 있습니다. "이방인"은 계시를 모르는 사람들이며, 자신의 생각과 사상을 의지하는 사람들이며, 마치 하나님이 그분에 관해 계시하기를 원치 않으신 것처럼 사는 사람들입니다. 그러므로 이러한 구분은 전과 다름없이 지금도 적절합니다. 제가 말하려는 핵심은, 주님은 그분의 가르침이 이방인들의 시각과는 전혀 다르다는 엄청난 사실을 강조하신다는 것입니다. 그분의 가르침은 인간이 고안해 낸 것이나 상상 속에서 만들어 낸 것과 완전히 다릅니다.

다시 강조합니다. 이것은 절대 놓쳐서는 안되는, 매우 중요한 요점입니다. 기독교의 입장, 기독교의 생활방식은 다른 것들과 조금 다른 것이 아니라 본질적으로 다릅니다. 기독교는 독특하고 유일무이하며 다른 것과 구별됩니다.

두 번째 요점을 이렇게 표현해 보겠습니다. 주님의 가르침에 따르면, 인간의 본질적인 문제, 인간이 속한 세상의 문제, 질병과 고통의 문제, 이 모든 문제의 원인은 피상적이지 않다는 것입니다. 이러한 문제의 원인은, 매우 깊고 매우 근본적이며 매우 심각합니다. 이 점을 강조하는 이유는 주님께서 하신 말씀 때문입니다. "너희는 먼저……구하라." 여러분은 무엇을 강조합니까? 주님은 말씀하십니다. "첫째가 무엇인가?" 바꾸어 말하면, 그분은 첫 번째 우선순위에 관심이 있으십니다.

기독교가 몇 가지 점에서만 육에 속한 사람—원래의 인간, 철학자요 사상가인 인간—의 잘못을 비판하는 것처럼, "어느 부분은 모자라고 어느 부분은 약간 보완이 필요하지만 근본적으로 잘못된 것은 아니다"라고 말한다고 생각하는 이들이 많습니다. 그리스도인들은 비그리스도인들보다 조금 낫다는 점에서만 다를 뿐이라고 생각하는 이들이 아주 많습니다. 그들은 몇 가지 일은 더하고 몇 가지 일은 하지 않을 뿐이지, 심오하고 본질적인 변화가 생기는 것은 아니라고 생각합니다. 그러나 주님의 가르침에 따르면, 이것은 완전히 잘못된 생각입니다.

주님이 계속해서 사용하시는 단어에 주목하십시오. "먼저"라는 단어는 이미 살펴보았습니다. 그러나 "마음"이라는 단어도 있습니다. 주님은 마태복음 6:21에서 "네 보물 있는 그 곳에는 네 마음도 있느니라"고 말씀하십니다. 다시 말해서, 주님의 요지는 이것입니다. "나의 가르침은 마음에 적용된다는 점에서 다른 가르침들과 다르다." 마음은 삶과 존재의 중심으로서, 겉으로 드러나는 것이 아니라 인간의 가장 깊은 곳, 가장 중심된 곳에 있는 것입니다.

주님은 더욱 분명히 하시려고 눈을 예로 들어 설명하십니다. 그분은 이렇게 말씀하십니다. "눈은 몸의 등불이니 그러므로 네 눈이 성하면 온몸이 밝을 것이요 눈이 나쁘면 온몸이 어두울 것이니 그러므로 네게 있는 빛이 어두우면 그 어둠이 얼마나 더하겠느냐?"(마 6:22-23) 주님은 눈에 관심을 두십니다. 눈은 중심되는 지체이며, 눈을 통해 빛이 몸의 모든 지체로 들어갑니다. 다시 말해, 문제는 작은 손가락이나 몸의 하찮은 지체에 있는 것이 아니라 중심에 있다는 말씀입니다.

그러므로 이것은 가장 중요한 원리가 분명합니다. 기독교는 인간의 문제가 인간의 마음에, 보고 이해하는 궁극적인 능력에 있다고 말합니다. 인간은 부분적으로 잘못된 것이 아니라 전체적으로 잘못되었습니다. 인간은 잘못된 방향을 주시하고 있으며, 가장 중요한 부분이 어두워졌습니다. 인간으로 하여금 계속 나아가게 하는 바로 그 부분, 즉 마음에 문제가 있습니다. 그래서 주님은 "먼저"와 "마음"과 "눈"을 크게 강조하십니다. 이 강조 방식은 인간이 단지 여기저기 조금 고치면 되는 것이 아니라는 사실을 생생하게 표현해 줍니다. 사람들은 사회적·정치적 법률과 조례를 통해 세상의 질서를 잡을 수 있다고 생각합니다. 그러나 이러한 생각은, 특히 지난 백 년 동안 반복되어 온 치명적인 오류입니다.

기독교는 이러한 가르침과 정반대입니다. 기독교의 가르침은 인간의 문제가 너무나 깊고 너무나 근원적이며 너무나 심각하다고 말합니다. 인간의 문제는 단순히 어느 부분을 깁는다고 해결되는 것이 아닙니다. 인간의 문제는 화려한 코트로 속을 가리거나 여기저기 손보기만 하면 되는 것이 아닙니다. 인간은 철저히 변해야 합니다. 인간은 심령 깊은 곳에서부터, 근본에서부터, 기초에서부터 새로워져야 합니다. 물론, 이것은 "거듭나야" 한다는 신약성경의 큰 가르침을 또 다른 방식으로 표현한 것입니다(요 3:7).

주님이 말씀하시는 세 번째 요점은 이것입니다. 그분은 우리에게 큰 헌신의 행위를 요구하십니다. "너희는 먼저……구하라." 그분의 말씀은 기독교가 단순히 시각의 문제나 논쟁의 문제가 아니라는 뜻입니다. 기독교는 생활방식입니다. 기독교는 전적인 헌신을 요구하는 생활방식이며, 따라서 우리의 전부를 요구합니다. 기독교는 단지 우리에게 기독교를 생각해 보고 이렇게 말하라고 요구하지 않습니다. "그래. 이 가르침은 따를 수 있겠어. 참 좋은 부분을 강조한 것 같아. 저 부분은 내게 적용할 수 있겠어!" 기독교는 이런 것이 아닙니다. 기독교는 우리가 생각하는 곳에, 우리가 생각하는 때에 적용되는 것이 아닙니다. 주님은 "너희는 먼저……구하라"고 말씀하십니다.

바꾸어 말하면, 이렇게 설명할 수 있습니다. 인간은 기독교의 진리에 자신을 완전히 헌신하기 전에는 결코 기독교의 진리를 알 수도 없고, 그 진리가 주는 축복도 경험할 수 없습니다. 여러분이 기독교를 밖에서 살펴볼 수는 있겠지만, 그렇게 해서는 기독교를 결코 알지도 이해하지도 못할 것입니다. 주님은 이렇게 말씀하십니다. "사람이 하나님의 뜻을 행하려 하면 이 교훈이 하나님께로부터 왔는지 내가 스스로 말함인지 알리라"(요 7:17). 여기 기독교의 생활방식에 관한 크고 근본적인 원리가 있습니다. "너희는 여호와의 선하심을 맛보아 알지어다"(시 34:8). 주님을 맛보기 전에는, 그분을 만나보기 전에는 그분이 선하시다는 사실을 결코 알지 못할 것입니다. 우리 가운데 과수원에 서서 사과나무나 배나무를 멀찍이서 쳐다보고 살피기만 하는 사람들이 아주 많습니다. 누군가 이렇게 말합니다. "이 과일은 향기가 아주 좋습니다. 과일을 따서 먹어 보면 평생 이렇게 맛있는 과일을 먹어 본 적이 없다고 말할 것입니다." 그러나 과일을 바라보고만 있어서는 만족을 얻지 못합니다. 원하는 시간 동안 거기 머물며 이야기할 수는 있어도 그 맛을 확신하지는 못합니다. 그가 과일을 따서 입에 넣고 씹어 보기 전에는 결코 그 맛을 알 수 없습니다. "너희는 여호와의 선하심을 맛보아 알지어다"(시 34:8).

기독교를 이론적으로 고찰해서는 결코 아무것도 얻을 수 없습니다. 주님은 언제나 헌신을 요구하십니다. 그분은 이렇게 말씀하십니다. "누구든지 나를 따라오려거든 자기를 부인하고 자기 십자가를 지고 나를 따를 것이니라"(마 16:24). "나를 따르라." 이것은 주님의 놀라운 명령입니다. 이 말씀은 사복음서 어디서나 볼 수 있습니다. 주님을 따르는 삶은 우리 자신을 포기하고 드리며, 우리 앞에 서 계시는 복되신 분께 귀를 기울이며 사는 것입니다.

그 다음에 이 메시지의 일반적인 특징 세 가지가 나옵니다. 우리는 이 특징들을 항상 기억해야 합니다. 이를 분명히 하지 않으면 발전이 없을 것입니다. 이것은 하늘로부터 왔습니다. 주님은 자신이 하나님의 아들이며, 모든 예언의 성취라고 말씀하십니다. "때가 찼고 하나님의 나라가 가까이 왔느니라." 하나님 나라가 왔습니다. 하나님 나라가 이르렀습니다. 이것이 그분의 외침입니다. 그분은 이렇게 말씀하십니다. "세상에 나와 같은 자는 절대로 없다. 내 말을 들으라. 나를 따르라." 이것은 그 누구도 생각하지 못한 말씀이며, 그 누구도 상상하지 못한 말씀입니다. 이 말씀은 우리의 모든 사상을 무색하게 합니다. 이것은 전혀 다른 말씀입니다.

그러므로 주님이 특별하고 세밀한 방법으로 세 가지 일반적 원리를 어떻게 시행하셨는지 살펴보겠습니다. 그것은 주님이 본문에서 말씀하시고자 하는 것이기 때문입니다.

주님이 우리에게 가장 먼저 세밀하게 하시는 말씀은, 모든 인간의 문제가 잘못된 인생관에서 비롯된다는 것입니다. 왜 세상이 문제에 빠졌습니까? 왜 세상이 지금과 같습니까? 왜 우리가 지금과 같습니까? 왜 세상 모든 사람들이 완전히 행복하고 편안하고 만족하지 못하며 삶을 온전히 누리지도 못합니까? 무엇이 문제입니까? 이 세상에 슬픔과 고통과 불행이 가득하다는 사실은 누구도 부인할 수 없습니다. 왜 그렇습니까? 이것이 첫 번째 의문입니다.

주님의 대답은 아주 간단합니다. 주님은 이 모든 문제가 본질적으로 인간의 잘못된 인생관 때문이라고 말씀하십니다. 주님은 잘못된 인생관이 사실은 "이방인"의 문제라고 말씀하십니다. 이방인들은 끔찍한 삶을 살고 있었습니다. 신약성경에, 특히 서신서에 이들의 비참한 삶을 보여주는 장면이 많이 나옵니다. 물론, 사도행전에도 이들의 모습이 나옵니다. 그렇다면 왜 이들이 이렇게 살고 있었습니까? 그 대답은 "인간이 생각하는 대로 행동하기" 때문입니다.

아시다시피, 우리의 인생관이 우리의 생활방식을 결정합니다. 따라서 우리의 인생관이 잘못되면 다른 모든 것도 틀림없이 잘못됩니다. "네게 있는 빛이 어두우면 그 어둠이 얼마나 더하겠느냐?" (마 6:23) 렌즈의 초점이 잘못되면 무엇이 제대로 보이겠습니까? 빛과 관련해서는 눈이 모든 것을 지배합니다. 눈의 초점이 맞지 않으면, 사물이 둘로 보이거나 선명하게 보이지 않으면, 눈으로 보는 모든 것이 영향을 받습니다.

이것이 주님의 가르침입니다. 주님은 세상의 모든 비극은 세상의 인생관이 완전히 잘못되었기 때문이라고 말씀하십니다. 인간이 본질적으로 잘못된 것에 우선순위를 두기 때문이라고 말씀하십니다. 우리는 항상 우리의 우선순위에 따라 우리 자신을 말합니다. 사람들의 말은 중요하지 않습니다. 사람들의 항의나 다른 모든 것은 별로 가치가 없습니다. 사람들이 실제로 하는 일, 사람들이 실제로 하는 행동이야말로 그들이 정확히 무엇을 믿는지 말해 줍니다. 중요한 것은 우선순위입니다. 여러분은 자신의 우선순위를 말할 수 있지만, 여러분의 진정한 우선순위는 여러분의 행동을 보면서 알 수 있습니다. 우리는 무엇을 붙잡습니까? 우리가 가장 우선시하는 것은 무엇입니까?

우리의 우선순위를 보여주는 예는 얼마든지 있습니다. 예를 들어, 교회에 다니는 사람들을 보십시오. 저는 지금 비판을 하려는 것이 아닙니다. 단지 자신을 손쉽게 시험해 볼 수 있는 방법을 소개할 뿐입니다. 우리는 다양한 일 때문에 하나님의 집에 가기를 미루지 않습니까? 그러나 우리가 똑같은 일 때문에 극장이나 영화관에 가는 일도 미룰까요? 여러분은 이런 방법으로 자신의 우선순위를 시험해 볼 수 있습니다. 우리의 우선순위는 우리의 관점을 보여줍니다.

그 다음으로, 주님의 말씀에 따르면 사람들의 문제는 잘못된 것을 앞에 두는 데 있습니다. 이 때문에 오늘날 세상의 많은 사람들이 그리스도를 믿지 않으며, 많은 사람들이 예배의 자리에 나오지 않습니다. 사람들은 자신에게 필요한 것을 자신이 잘 안다고 생각합니다. 사람들은 인생이 무엇이며 어떻게 하면 행복할 수 있는지 안다고 생각합니다. 그래서 자신이 해야 할 일은 스스로를 섬기는 것이며, 그렇게 하면 모든 것이 잘 될 것이라고 생각합니다!

그렇다면 사람들에게 필요한 것이 무엇이며, 그들의 우선순위는 무엇입니까? 주님은 우리의 필요와 우선순위를 우리에게 제시해 주셨습니다. 이것들은 2천 년 전과 다름없이 오늘날에도 그대로 적용됩니다. 주님은 "너희를 위하여 보물을 땅에 쌓아 두지 말라"고 말씀하십니다(마 6:19). 그러나 2천 년 전이나 지금이나 사람들은 보물을 땅에 쌓아 두고 있습니다. 돈! 돈은 사람들이 거의 예외 없이 최우선순위를 두는 것 가운데 하나입니다. 돈만 있으면 무엇이든 얻을 수 있다고 믿기 때문입니다! 돈이 힘입니다! 돈 있는 사람들은 세상을 지배합니다. 돈 있는 사람들은 무엇이든 원하는 것을 살 수 있습니다. 돈 있는 사람들은 행복도 살 수 있다고 믿습니다. 돈으로 무엇이든 살 수 있습니다. 돈이 최고입니다! 그런데 주님은 이것이 이방인들이 사는 방식이라고 말씀하십니다. 이방인들은 자신을 위해 보물을 땅에 쌓아 둔다는 것입니다. 주님은 이어서 이렇게 말씀하십니다. "네 보물 있는 그 곳에는 네 마음도 있느니라"(마 6:21). 여기에 대해서는 의문의 여지가 없습니다.

사람들의 또 다른 우선순위는 무엇입니까? 6장 25절에서 주님은 먹을 것과 마실 것에 대해 말씀하십니다. 세상은 먹을 것과 마실 것을 생각하느라 많은 시간을 허비합니다. "내가 너희에게 이르노니 목숨을 위하여 무엇을 먹을까 무엇을 마실까 몸을 위하여 무엇을 입을까 염려하지 말라." 그러나 인간은 먹고 마실 것을 염려하며 이것들에 대해 끊임없이 이야기합니다. 그래서 주님은 똑같은 말씀을 다시 한번 하십니다. "그러므로 염려하여 이르기를 무엇을 먹을까 무엇을 마실까 무엇을 입을까 하지 말라"(마 6:31). 주님은 사람들이 여기에 우선순위를 둔다고 말씀하시며, 이 부분을 중요하게 여긴다고 말씀하십니다. "뭘 먹고 뭘 마시지? 물론이지, 나는 먹거나 마시지 않으면 행복할 수 없어!" 오늘밤에도 순전히 먹을 것과 마실 것에서, 특히 마실 것에서 행복을 찾고 있는 수많은 사람들을 보십시오!

그 다음으로, 입는 문제가 있습니다. "뭘 입지? 사람들이 나를 어떻게 볼까?" 여기서 행복에 이르는 길은 여러분의 아름다움이나 위대함이나 이런저런 것으로 사람들에게 감동을 주는 것입니다. 여러분의 우아한 모습을 보여주는 것입니다! 그러면 즉시 모든 사람이 여러분을 보면서 감탄할 것이며, 여러분은 완전히 행복해져 흐뭇한 상태로 잠자리에 들 것입니다. 여러분의 목표를 이루었기 때문입니다. 그러나 주님은 사람들이 돈과 먹을 것과 마실 것과 입을 것을 위해 산다고 말씀하십니다.

바꾸어 말하면, 주님은 인생의 비극은 사람들이 자신들을 마치 육체에 불과한 존재로 생각하며 사는 데서 비롯된다고 말씀하십니다. 사람들은 생각과 주의와 계획을 육체에만 집중시킵니다. 사람들은 마치 자신들이 동물일 뿐인 것처럼 생각합니다. 동물이 바로 이렇게 합니다. 동물은 그저 먹고 마실 뿐입니다. 그런데 사람들도 이렇게 합니다. 사람들은 먹고 마시는 것에 대해 말합니다. 공작이 멋을 부리며 우쭐대듯이 사람들도 그렇게 합니다. 우리가 입는 옷에 따라 우리의 인상이 달라집니다! 주님은 사람들이 먹고 마시고 입는 것을 위해 살며, 모든 문제의 원인이 여기에 있다고 말씀하십니다.

물론, 주님은 사람들에게 또 다른 우선순위가 있다고 말씀하십니다. 이 세상에서 자신의 생명을 연장시키는 것입니다. 주님은 이것을 이렇게 표현합니다. "너희 중에 누가 염려함으로 그 키를 한 자라도 더할 수 있겠느냐?"(마 6:27) 이 말씀은 이런 뜻입니다. "너희 중에 누가 생각만으로 너희 생명을 한 자라도 더할 수 있겠느냐?" 그러나 사람들은 생명을 연장하는 데 관심을 둡니다. 그래서 모든 관심과 생각과 주의를 여기에 집중합니다! 이것이 잘못이라고 말하는 것이 아닙니다. 우리는 의술을 주시는 하나님께 감사드려야 합니다. 질병에 대한 치료책을 주시는 하나님께 감사드려야 합니다. 생명을 연장시키시는 하나님께 감사드려야 합니다. 그러나 주님은 물으십니다. 너희가 여기에 우선순위를 두느냐? 너희가 이것을 위해 살고 있느냐? 아니면, 너희가 오직 사는 문제에만 매달리느냐?

주님은 이방인들이 그렇게 한다고 말씀하십니다. 그런데 오늘날 대다수의 사람들이 이방인들과 같은 삶을 살고 있다는 데는 의심의 여지가 없습니다. 사람들의 행복은 돈과 먹을 것과 마실 것과 입을 것과 수명의 길이에 있습니다. 이것이 사람들의 행복이며 삶입니다. 사람들은 다른 것은 전혀 생각하지 않습니다. 그러나 주님의 말씀에 따르면, 이것은 잘못된 태도입니다. 그 첫 번째 이유는, 이런 태도를 취하면 노예가 되기 때문입니다. 주님은 이것을 이렇게 표현하십니다. "한 사람이 두 주인을 섬기지 못할 것이니"(마 6:24). 바꾸어 말하면, 동시에 두 주인의 노예가 될 수 없다는 말씀입니다. "혹 이를 미워하고 저를 사랑하거나 혹 이를 중히 여기고 저를 경히 여김이라. 너희가 하나님과 재물을 겸하여 섬기지 못하느니라"(마 6:24).

이 부분에서 복음은 언제나 검으로 다가옵니다. 왜냐하면 복음은 이것이 아니면 저것이라고 말하기 때문입니다. 복음은 돈을 철저히 정죄하지 않습니다. 그러므로 여기에 대해 오해하지 말아야 합니다. 인간은 청지기이며, 돈을 바르게 사용할 수 있습니다. 돈 그 자체는 아무 잘못이 없습니다. 잘못은 인간이 돈을 섬기며, 돈을 위해 살며, 돈의 지배를 받으며, 모든 것을 돈과 연결시켜 돈의 노예가 되는 데 있습니다. 우리는 하나님과 재물을 겸하여 섬길 수 없습니다.

그러나 문제는, 우리가 그러한 인생관을 가지면 언제나 노예가 된다는 것입니다. 오늘날 세상은 노예로 살고 있습니다. 돈에 대한 욕구, 돈의 힘을 손에 넣으려는 욕구가 강합니다! 사회 전체가 먹고 마시고 입는 것의 노예가 되어 있습니다! 이 얼마나 비참한 모습입니까? 저만 이렇게 생각하는 것이 아닙니다. 의학 잡지에서도 얼마든지 확인할 수 있는 사실입니다. 현재 미국이 이 문제에 깊이 빠져 있습니다. 미국인들은 이 문제를 "교외병" 또는 "교외 콤플렉스"라고 부릅니다. 미국에서 교외에 사는 여성들은 이웃 사람들에 뒤지지 않을 만큼 먹고 마시고 입고 집을 꾸미고 차를 타느라 엄청난 스트레스를 받습니다. 이러한 스트레스 때문에 우울해지고 정신적인 문제까지 일어납니다. 이것이 노예의 삶입니다. 성경은 처음부터 끝까지 사람이 먹고 마시고 입는 것에 몰두하면 언제나 그것의 노예가 되며, 그것의 지배를 받는다고 가르칩니다. 이런 사람들은 더 이상 자유인이 아니며 속박당합니다. 먹고 마시고 입는 것이 이들의 모든 삶을 결정합니다.

그 다음으로, 주님은 이런 삶의 태도와 관련해 또 한 가지를 말씀하십니다. "목숨을 위하여……염려하지 말라"(마 6:25). 물론 이것도 노예의 삶의 일부이며, 그 삶은 항상 근심과 걱정과 두려움을 낳습니다. "염려하지 말라"는 말씀은 '걱정하지 말고, 근심하지 말라'는 뜻입니다. "목숨을 위하여 무엇을 먹을까 무엇을 마실까 몸을 위하여 무엇을 입을까 염려하지 말라. 목숨이 음식보다 중하지 아니하며 몸이 의복보다 중하지 아니하냐? 공중의 새를 보라……." 주님은 물으십니다. 너희는 왜 이 모든 것을 염려하느냐?

주님은 다시 물으십니다. "또 너희가 어찌 의복을 위하여 염려하느냐? 들의 백합화가 어떻게 자라는가 생각하여 보라"(28절). 여기서 주님은 "염려하지 말라"는 가르침을 반복하고 계십니다. 근심하지 말라. 걱정하지 말라. 고민하지 말라. 그러나 먹고 마시고 입는 것을 위해 사는 사람들은 항상 근심합니다. 이들은 항상 염려하며 두려워합니다. 이들은 자신이 남만큼 훌륭하지 못한 것을 걱정하고 자신이 남만큼 갖지 못한 것을 걱정합니다. 이들은 자신이 가진 것을 잃을까봐 두려워합니다. 오늘날 세상에는 돈을 잃으면 모든 것이 끝나 버릴 사람들이 많다는 것을 아십니까? 돈을 잃으면 이들은 즐거움을 살 수 없을 것입니다. 쾌락을 살 수 없다면, 집을 팔아야 한다면, 자동차 없이 살아야 한다면, 더 이상 좋은 옷을 입을 수 없다면, 이들에게는 모든 것이 끝입니다! 이들이 추구했던 모든 것이 사라져 버리고, 이들은 두려움과 염려와 근심에 휩싸입니다. 전쟁이 일어나면 어쩌지? 건강을 잃으면 어쩌지? 이들은 끊임없는 두려움과 불안 가운데 살아갑니다.

이 시대가 수면제와 신경안정제의 시대가 되어 버린 이유가 여기 있습니다. 제가 알기로, 이 시대는 풍성한 시대입니다. 그러나 동시에 근심의 시대이며, 긴장의 시대이며, 신경쇠약의 시대이며, 콤플렉스의 시대입니다. 이것은 필연적인 결과입니다. 현대는 주님의 가르침이 옳다는 것을 증명하고 있습니다. 여러분은 먹고 마시고 입는 것을 위해 살아서는 안됩니다. 여러분이 이런 것에 우선순위를 둔다면 틀림없이 노예가 될 수밖에 없습니다. 노예의 삶은 긴장과 염려와 걱정과 두려움으로 나타날 것입니다.

이런 것은 절대로 만족을 줄 수 없으며, 편안함을 줄 수도 없습니다. 셰익스피어는 "왕관을 쓴 머리는 불안하다"고 했습니다. 그렇습니다. 너무나 옳은 말입니다. 왕관을 쓴 사람은 안전하지 못합니다. 항상 그 왕관을 빼앗으려는 사람들이 있기 때문입니다. 저는 큰 사업을 하는 사람들이 느끼는 스트레스에 관한 글을 읽은 적이 있습니다(이번에도 의학 잡지에서 읽었습니다). 이들의 스트레스는 결국 자신 외에 그 누구도 믿을 수 없는 지경에까지 이릅니다. 이들은 사람들이 자신을 이용하고 있으며, 자신을 칠 기회를 엿보고 있다는 생각에 두려워합니다. 그러므로 여러분이 이런 것을 위해 산다면, 야망의 지배를 받고 자신의 인생관의 지배를 받는다면, 여러분의 "머리는 불안할" 것입니다. 안식이나 평안이 없을 것입니다. 궁극적인 만족도 없을 것입니다.

그러므로 첫 번째 요지는 이것입니다. 인간의 문제는 잘못된 인생관에서 기인합니다. 우선순위가 잘못된 데서 기인합니다. 그러므로 인간에게 가장 필요한 일은 바르고 참된 인생관을 갖는 것입니다. "너희는 먼저……구하라." 바로 이것입니다. 이 말씀은 "그러나"로 시작합니다(개역개정에는 "그런즉"). 주님은 이렇게 말씀하십니다. "저것을 하지 말라. 그러나 먼저 구하라." 이것이 바른 시각이며, 진정한 우선순위입니다. 이러한 강조는 주님의 가르침의 핵심일 뿐 아니라 성경 전체의 큰 가르침이기도 합니다. 그렇다면 우선순위란 무엇입니까? 먹을 것과 마실 것과 돈과 입을 것과 다른 모든 것들 대신에 생각해야 할 것이 무엇입니까? 여기에 대해 살펴봅시다.

주님은 사실 이렇게 말씀하십니다. "자신을 생각하기를 그쳐라." 인간이란 무엇입니까? 인간은 단지 동물에 불과하며, 이 세상에서 먹고 마시는 피조물에 불과합니까? 주님은 말씀하십니다. "목숨을 위하여 무엇을 먹을까 무엇을 마실까 몸을 위하여 무엇을 입을까 염려하지 말라. 목숨이 음식보다 중하지 아니하며 몸이 의복보다 중하지 아니하냐?" 목숨(생명)입니다! 저는 목숨을 생각해야 합니다. 저는 제 자신을 세상의 인생관과 우선순위에 내어주기 전에 이렇게 말해야 합니다. "잠깐만! 내가 누구지? 난 동물일 뿐인가?" 주님은 말씀하십니다. "절대로 아니다." 여러분 속에는 육체보다 더 중요한 것이 있습니다. 생명(목숨)입니다. 생명은 생존과 동일한 것이 아닙니다. 인간 속에는 '영혼'이라는 것이 있습니다. 인간이 이 세상에 존재하는 목적은 단지 먹고 마시며, 돈으로 쾌락을 사고 유명 인사가 되며, 사람들의 갈채를 받기 위해서가 아닙니다. 인간에게는 영혼이 있습니다. 따라서 인간은 영원에 속한 존재이며, 하나님의 형상으로 창조된 존재입니다. 여러분은 바로 여기서 출발해야 합니다.

여러분은 자신에게 첫 번째 질문을 던지는 데서 출발해야 합니다. 인간이란 무엇인가? 성경은 창세기에서 하나님이 이렇게 말씀하셨다고 기록합니다. "우리의 형상을 따라 우리의 모양대로 우리가 사람을 만들고"(창 1:26). 인간은 피조 세계의 통치자입니다. 인간은 이성과 큰 능력과 기질을 부여받은 피조물이며, 전능하신 하나님의 형상입니다. 인간은 단순한 피조물이 아닙니다. 동물과도 같지 않습니다. 동물의 통치자이며, 동물과는 확연히 다르게 구분됩니다. 이것이 인간입니다. 그러므로 여러분은 더 이상 먹는 것과 마시는 것과 돈으로 살 수 있는 것과 입는 것에 우선순위를 두어서는 안됩니다. 절대로 안됩니다. 우리 속에는 보이지 않고 숨겨진 것이 있습니다. 롱펠로H. W. Longfellow는 "'너는 흙이니 흙으로 돌아가라'는 것은 영혼에게 하신 말씀이 아니었다"고 했습니다. 우리 안에는 더 크고, 더 거대한 것을 갈망하는 그 무엇이 있습니다. 우리는 여기서 시작해야 합니다.

그러나 주님은 여기에다 한없이 중요한 것을 덧붙이십니다. 그것은 인간과 하나님의 관계, 인간과 하나님 나라의 관계입니다. 주님은 우리에게 "너희는 먼저 그[하나님]의 나라와 그의 의를 구하라"고 말씀하십니다. 이것이 여러분의 우선순위여야 합니다. 이 말씀이 무슨 뜻입니까? 저는 제 자신이 제 육체보다 크다는 것을 깨닫습니다. 제가 발을 딛고 살아가는 세상보다 더 크다는 것을 깨달으며, 티끌보다 본능보다 욕망보다 크다는 것을 깨닫습니다. 제 안에는 제 바깥에 어떤 힘이 있다는 의식이 있습니다. 이 땅에 태어난 모든 사람들에게는 이런 의식이 있습니다. 가장 원시적인 사람들에게도 이런 의식이 있었습니다. 다시 말해, 가장 높으신 하나님에 대한 믿음이 있었습니다. 2천 년 전, 아테네 사람들에게도 또 다른 알지 못하는 신Another, the Unknown God에 대한 의식이 있었습니다(행 17:23). 그들은 그 신을 신전에 모셔 섬겼습니다. 그 신이 바로 하나님입니다.

먼저 우리 주 하나님을 생각해 봅시다. 하나님은 만물의 창조자이시며 만물을 유지하시는 분입니다. 주님은 공중의 새도 하나님이 지으셨다고 말씀합니다. "공중의 새를 보라. 심지도 않고 거두지도 않고 창고에 모아들이지도 아니하되 너희 하늘 아버지께서 기르시나니"(마 6:26). 이것은 우주의 지탱자이자 위대한 공급자이신 하나님, 영원한 능력과 영광 중에 거하시는 섭리의 하나님에 대한 놀라운 가르침입니다.

그러나 현대인들은 하나님을 생각하지 않으며, 하나님에게 관심이 없습니다. "뭘 먹지? 뭘 마시지? 뭘 입지? 쾌락과 돈이 최고야." 이들은 어리석은 자들입니다. 이들은 늘 하나님을 무시하고 소홀히 여기며 자신을 신으로 삼습니다. 그러나 인간은 하나님 없이 아무것도 할 수 없습니다. 이들은 먹을 것과 마실 것과 입을 것과 자신과 자신의 성취와 소유와 돈을 섬깁니다. 이들은 재물을 숭배하며 섬깁니다. 인간은 언제나 예배자인데 이들은 어리석게도 자신이 만든 거짓 신을 예배합니다. 그러므로 이들은 하나님을 예배하지 않습니다. 공중의 새와 들의 백합화와 아름다운 꽃을 지으셨으며 세상의 모든 놀라운 것을 설계하고 형태를 부여하신 하나님을 예배하지 않습니다. 이들은 하나님을 전혀 생각하지 않습니다! 주님은 이것이야말로 어리석은 짓이라고 말씀하십니다.

여러분 자신을 바로 생각하십시오. 그런 다음에 여러분 자신과 하나님의 관계를 생각하십시오. 주님은 여러분이 이렇게 할 때 자신이 전적으로 하나님께 의존하는 존재임을 깨달을 것이라고 말씀하십니다. 왜냐하면 모든 동물과 만물이 하나님을 의지하기 때문입니다. "그는 우리를 지으신 이요 우리는 그의 것이니"(시 100:3). 우리의 시간과 우리의 호흡이 그분의 손에 있습니다. 하나님은 우리를 존재하게 하셨습니다. 그분은 한순간에 우리를 존재하지 않게 하실 수도 있습니다. 우리 가운데 그 누구도 생명을 다스릴 수 없습니다. 하나님이 생명을 다스리십니다. 그런데도 인간은 여전히 생명에 대한 걱정을 그치지 않습니다. 사람들은 말합니다. "오늘 밤은 뭘 입지? 내일은 또 뭘 입지?" 내일이면 관 속에 있을지도 모르는데 말입니다! 그러나 사람들은 하나님이 생명을 다스리신다는 생각을 하지 않습니다. 사람들의 삶에는 하나님이 전혀 없습니다. 그들은 하나님을 전혀 생각하지 않습니다.

주님은 세상이 지금과 같은 이유가 바로 여기 있다고 말씀하십니다. 모든 인간이 하나님을 믿기만 한다면 하나님 앞에서 겸손하게 자신을 낮출 것입니다. 온 세상이 하나님을 믿기만 한다면 전쟁 준비가 없을 것이며, 질투와 시기와 경쟁심도 없을 것입니다. 왜냐하면 모든 인간이 하나님 앞에 엎드려 그분을 예배하며 그분께 영광과 찬송을 돌리며 살 것이기 때문입니다. 그러나 사람들은 이렇게 하지 않습니다. 그래서 사람들은 자신을 높이고 스스로 신이 되어 자신을 예배하며 하나님을 대적합니다. 그 결과 나라들 사이에 장벽이 생기며 서로 "우리가 더 큰 것을 만들 거야!"라고 말하고 더 큰 폭탄을 제조합니다. 그러면 다른 나라가 "우리가 더 큰 것을 만들 거야!"라고 말하고 더 큰 폭탄을 제조합니다. 이런 일이 반복되고 반복되고 또 반복되면서 상황은 악화됩니다. 야고보 사도도 말합니다. "너희 중에 싸움이 어디로부터, 다툼이 어디로부터 나느냐? 너희 지체 중에서 싸우는 정욕으로부터 나는 것이 아니냐?……구하여도 받지 못함은……"(약 4:1, 3). 여러분은 자신의 신을 결코 만족시키지 못할 것입니다. 그래서 성경은 우리가 세상에서 온갖 문제를 겪는다고 말합니다. 개인적인 문제, 집단적인 문제, 국가적인 문제, 국제적인 문제를 겪는다고 말합니다. 이런 문제를 겪는 것은 우리가 전능하신 하나님의 눈 아래 살지 않기 때문입니다.

우리는 "너희는 먼저……구하라"는 말씀의 의미를 살펴보았습니다. 그렇다면 "하나님의 나라"는 무엇을 의미합니까? 하나님 나라는 하나님의 통치, 하나님의 다스림을 의미합니다. 하나님 나라는 하나님이 이 세상의 창조자이실 뿐 아니라 이 세상의 통치자이시기도 하다는 뜻입니다. 하나님은 세상의 주관자이시기도 합니다. 그러므로 우리가 하나님의 통치와 다스림, 곧 "그의 나라와 그의 의"에 관해 깨닫기 시작하는 것이 아주 중요합니다. 주님이 말씀하신 "그의 나라와 그의 의"가 의미하는 바는, 하나님이 공의로우시며 거룩하시다는 것입니다. 하나님은 의로우십니다. "하나님은 빛이시라. 그에게는 어둠이 조금도 없으시다는 것이니라"(요일 1:5). 하나님의 모든 길은 완전합니다. 그분은 세상을 완전하게 창조하셨고 세상이 완전하도록 하셨으나 세상은 그릇된 길로 갔습니다. 그러나 하나님은 변하지 않으시며, 결국 이 세상을 바로잡으실 것입니다. 하나님은 그분의 나라가 임하게 하실 것입니다. 이것이 바로 그리스도께서 하신 말씀입니다. "하나님의 나라가 가까이 왔다. 때가 찼고 그 나라가 임했다. 내가 그 나라가 임하게 했으며 그 나라가 가까이 오게 했다. 그 나라는 의의 나라다."

우리가 좋아하든 좋아하지 않든, 이것은 우리 모두가 하나님의 눈 아래 있으며 그분의 통치 아래 있다는 뜻입니다. 하나님은 우리가 이해할 수도 묘사할 수도 없는 방법으로 우리에게 복을 주실 수 있습니다. 그렇다면 왜 우리가 이러한 복을 경험하지 못하고 있습니까? 하나님은 의로운 자에게만 복을 주시기 때문입니다. 하나님은 거역하는 자들을 벌하십니다. "하나님의 진노가 불의로 진리를 막는 사람들의 모든 경건하지 않음과 불의에 대하여 하늘로부터 나타나나니"(롬 1:18). 성경을, 특히 구약성경을 보면 이런 사실을 거듭 확인할 수 있습니다. 하나님은 그분을 섬기는 자들에게, 그분께 복종하는 자들에게, 그분이 보시기에 의로운 자들에게 복을 주십니다.

그리스도께서는 "그[하나님]의 나라와 그의 의"야말로 우리가 가장 먼저 구해야 할 것이라고 말씀하십니다. 하나님 나라가 오고 있습니다. 하나님은 그분의 나라를 세우기 위해 그분의 아들을 세상에 보내셨습니다. 하나님은 그분의 나라로 사람들을 불러들이고 계시며, 하나님의 아들이 다시 돌아와 마침내 온 세상을 의로 심판할 날이 다가오고 있습니다. 그분은 자신의 원수들을 멸하시며, 자신에게 복종하지 않는 자들과 의롭지 않은 자들을 모두 멸하실 것입니다. 그들은 "주의 얼굴과 그의 힘의 영광을 떠나 영원한 멸망의 형벌을" 받을 것입니다(살후 1:9).

"그의 나라와 그의 의"입니다. 하나님 나라에는 악이 들어올 여지가 없습니다. 전혀 없습니다. 하나님 나라가 주 예수 그리스도 안에서 완전히, 최종적으로 임할 때, 악은 완전히 사라지고 전혀 남지 않을 것이며, 악에 속한 모든 자들은 악과 함께 멸망할 것입니다. 하나님 나라에는 의인만 남을 것입니다. 그리스도께서는 이렇게 말씀하십니다. "그때에 의인들은 자기 아버지 나라에서 해와 같이 빛나리라"(마 13:43). 의인만이, 오직 의인만이 복을 받을 것입니다.

주님은 그 다음으로 우리에게 우선순위가 있어야 한다고 말씀하십니다. "너희는 먼저 그의 나라와 그의 의를 구하라." 우리는 인간이기 때문에 책임이 있음을 깨달아야 한다는 뜻입니다. 우리가 하나님의 통치 아래 살고 있음을 깨달아야 한다는 뜻입니다. 우리의 먹을 것과 마실 것은 사라질 것이며, 우리의 옷이 중요하지 않음을 깨달아야 한다는 뜻입니다. 우리가 죽어가고 있다면 이런 것에 관심을 두지 않을 것입니다. 우리는 언제라도 죽음을 맞을 수 있습니다. 먹을 것과 마실 것과 입을 것을 죽어가는 사람에게, 중병에 걸린 사람에게 주어 보십시오. 본 척도 하지 않을 것입니다! 주님은 이렇게 말씀하십니다. "너희는 이렇게 살라. 너희와 하나님의 관계 외에 그 무엇도 중요하지 않다. 그분께서 의롭고 거룩한 하나님이시며, 온 세상의 심판자이시며, 그분께서 그의 나라를 세우시리라는 것을 깨달으라." 그리스도의 말씀에 귀를 기울이십시오. 하나님의 아들이 말씀하십니다. "내가 너희에게 온 것은, 내가 그 나라를 소개하며 시작하고 있음을 너희에게 알리기 위해서다. 나의 나라로 들어오라. 다가올 진노를 피하라. 회개하고 복음을 믿으라." 왜 이렇게 말씀합니까? 우리는 하나님의 의와 그 나라의 도래와 온 세상에 대한 그분의 통치를 피할 수 없기 때문입니다.

이것이 진정한 우선순위입니다. 이것이 기독교입니다. 오늘날 세상의 다른 어떤 가르침도 이렇게 말하지 않습니다. 제가 처음부터 기독교는 유일무이하며 절대적으로 다르다는 점을 강조한 것도 바로 이 때문입니다. 세상은 먹고 마시고 입고 생명을 연장하라고 부추깁니다. 그러나 기독교는 단호하게 "아니오!"라고 말합니다. 삶은 온통 불확실합니다. 우리는 내일 무슨 일이 생길지 전혀 알지 못합니다. 그럼에도 주님은 이렇게 말씀하십니다. "괜찮다. 그 문제는 걱정하지 말라. 하나님과 바른 관계를 갖고, 그분을 믿으라. 그의 나라에 들어가며, '그의 나라와 그의 의'를 구하라. 그러면 너희의 우선순위가 바로 된 것이다."

그렇다면 그 다음으로 궁금한 것이 있습니다. 바른 우선순위를 어떻게 얻습니까? 내가 하나님 나라에 있다는 것을 어떻게 알 수 있습니까? 내가 어떻게 의로울 수 있습니까? 내가 어떻게 하나님이 복을 주실 위치에 있을 수 있습니까? 그리스도께서는 "그의 나라와 그의 의를 구하라"고 말씀하십니다. 하나님 나라와 그의 의를 맨 위에 두고 다른 모든 것은 옆으로 치워 버리십시오. 이렇게 하기 전에는 책도 보지 말고 영화도 보지 마십시오. 이렇게 하기 전에는 아무것도 하지 마십시오. 하나님 나라와 그의 의를 먼저 구하십시오. 하나님 나라와 그의 의를 갈망하십시오. "좁은 문으로 들어가기를 힘쓰"십시오(눅 13:24). 하나님이 보시기에 의롭기 위해 힘을 다해 노력하십시오. 아주 분명하지 않습니까? 하나님 나라와 그의 의는 그저 논리에 불과한 것이 아닙니다.

그러나 여러분은 노력한 지 얼마 되지 않아서 그것이 전혀 불가능한 일임을 깨닫게 될 것입니다. 처음에 여러분은 잔뜩 고무되어 이렇게 말합니다. "나는 동물이 아니야. 내게는 영혼이 있어. 난 육체에 불과한 존재가 아니야. 나는 하나님이 거룩하시다는 것과 내가 거룩해야 한다는 것을 알아. 하나님과 거룩하지 못한 것은 함께 할 수 없어. 빛과 어둠은 섞일 수 없어. 나는 완전해야 돼. 나는 죄를 끊어야 돼. 경건하고 거룩하게 살아야 돼." 그래서 여러분은 그렇게 살려고 노력하기 시작합니다. 그러나 노력하면 할수록 자신이 더 추해 보입니다. 여러분은 전에 없던 새롭고 예민한 감각을 갖게 됩니다. 여러분은 새로운 분별력을 갖게 됩니다. 자신이 비열하며, 자신의 생각이 악하며, 자신은 아무것도 할 수 없으며, 소망이 없다는 것을 깨닫습니다. 여러분은 상실감과 자괴감에 사로잡힙니다.

그러나 괜찮습니다. 계속하십시오. 구하고, 구하고, 또 구하십시오. 여러분이 완전히 절망하고 어떻게 해야 할지 모를 때까지 구하십시오. 그런 후에 돌아와 복되신 분의 말씀에 다시 귀를 기울이십시오. 처음에 그분은 여러분에게 "너희는 먼저 그의 나라와 그의 의를 구하라"고 말씀하셨습니다. 이제 그분이 "그러면 모든 것이 잘 될 것이다"라고 말씀하십니다. 여러분은 하나님 나라와 그의 의를 힘써 구했지만 그 나라와 의는 오히려 처음보다 더 멀게 느껴집니다. 그렇다면 그분께로 돌아오십시오. 돌아와서 그분의 음성을 들으십시오. 여러분이 돌아올 때, 그분은 말씀하십니다. "수고하고 무거운 짐 진 자들아, 다 내게로 오라. 내가 너희를 쉬게 하리라"(마 11:28). 여러분의 끔찍한 죄 때문에, 거듭나지 못한 캄캄한 마음의 무거운 짐 때문에 괴로워하며 애써 보았지만 헛수고였습니까? 그렇다면 그분의 음성에 귀를 기울이십시오. "나의 멍에를 메고 내게 배우라. 그리하면 너희 마음이 쉼을 얻으리니"(마 11:29).

그분은 말씀하십니다. "절망에 빠졌느냐? 내게 오라. 네 자신을 의롭게 하려고 애쓰고 있느냐? 네가 하나님 안에 있고 그분의 영원한 나라에 있기를 원한다면 의로워야 한다. 그러나 너는 스스로 의로울 수 없다. 너는 지금 이것을 깨닫고 있다. 그러니 내 말을 들으라. 내가 하늘에서 이 세상에 내려온 것은, 너희 스스로는 결코 이룰 수 없는 의를 너희에게 주기 위해서다. 내가 이 땅에 있는 것은 바로 이 때문이다. 내가 너희에게 먼저 하나님 나라와 그의 의를 구하라고 촉구한 것은 너희를 깨워야 했기 때문이다. 너희의 시각이 잘못되어 있고, 너희의 우선순위가 잘못되어 있다. 너희 시각과 우선순위를 바르게 해야 한다. 너희 힘으로는 결코 바르게 할 수 없음을 깨달아야 한다. 그러나 내가 이 세상에 왔다. 내가 너희를 위해 온전히 율법을 지켰다. 내가 너희를 향한 하나님의 거룩한 법의 모든 요구를 만족시켰다. 내가 갈보리 십자가에서 너희가 받을 형벌을 대신 받았다. 너희의 죄가 사해졌고, 너희의 의가 폐기되었다. 너희의 의는 나의 피로 완전히 씻기어 사라졌다. 오라. 와서 나의 의의 옷을 입으라."

주님이 여러분에게 이렇게 말씀하십니다. 그러나 주님은 그분을 진정으로 찾는 자들에게만 이렇게 말씀하십니다. 주님은 하나님 나라와 그의 의, 자신의 영혼과 구원에 필사적인 사람들에게만 이렇게 말씀하십니다. 여러분은 의를 구했습니까? 여러분은 하나님 나라에 들어가기를 구했습니까? 일어나 하나님 나라를 구하십시오. 마르틴 루터처럼 그분의 나라를 구하십시오. 그러나 모든 것을 버리고 수도사가 되어 금식하고 땀 흘리고 기도하며 낙타털옷을 입고 성자들이 했던 모든 것을 하더라도, 여러분은 아무 곳에도 이르지 못할 것입니다. 노력하는 것은 전혀 문제가 되지 않습니다. 노력하십시오. 구하지 않으면 결코 받지 못할 것입니다. 찾지 않으면 결코 찾지 못할 것입니다. 두드리지 않으면 결코 열리지 않을 것입니다. 그러나 여러분이 구하면, 그분의 음성과 그분의 은혜로운 초대를 들을 것입니다. 그분은 여러분에게 말씀하실 것입니다. "누구든지 나를 따라오려거든 자기를 부인하고 자기 십자가를 지고 나를 따를 것이니라"(막 8:34). "내가 너희를 어디로 인도하든지 나를 따르라. 필요하다면 모든 것을 버리며, 모든 생각과 계산을 버리고 그저 나를 따르라."

이것이 주님의 말씀이라면 그 결과는 무엇입니까? 주님은 "너희는 먼저 그의 나라와 그의 의를 구하라. 그리하면 이 모든 것을 너희에게 더하시리라"고 말씀하십니다. 이 말씀은 여러분이 하나님 나라와 그의 의를 구하면, 여러분이 주 예수 그리스도를 하나님의 아들로 믿고 여러분의 구주와 여러분에게 의를 주시는 분으로 믿으면, 여러분의 영혼이 곧 만족을 얻으리라는 뜻입니다. 여러분의 헛되고 무익한 노력이 끝날 것이며, 여러분은 참으로 영혼의 안식과 평안을 얻을 것입니다. 여러분은 자신의 모든 죄가 용서되었으며 "진홍같이 붉을지라도 양털같이 희게" 되었음을 알게 될 것입니다(사 1:18). 여러분은 자신이 지옥의 가장 깊은 곳에 들어갈 죄를 지었더라도 그리스도의 피가 그 모든 죄를 용서하셨음을 알게 될 것입니다. 너무나 놀랍지 않습니까? 여러분은 하나님과 화평하게 됩니다. "우리가 믿음으로 의롭다 하심을 받았으니 우리 주 예수 그리스도로 말미암아 하나님과 화평을 누리자"(롬 5:1).

그뿐만이 아닙니다. 그분을 통해 또는 "그로 말미암아 우리가 믿음으로 서 있는 이 은혜에 들어감을 얻었"습니다(롬 5:2). 이것은 여러분의 죄가 용서받았을 뿐 아니라 여러분이 하나님의 자녀가 되었다는 뜻입니다. 여러분이 참으로 하나님 나라의 시민이 되었으며, 그 나라의 모든 의를 갖게 되었다는 뜻입니다. 하나님은 더 이상 여러분의 심판자가 아니라 여러분의 아버지이십니다. 하나님은 아버지의 사랑으로 여러분을 사랑하십니다. 그분은 여러분의 머리

털까지 다 세십니다. 그분은 여러분에게 하나도 남김없이 주실 것이며, 그분의 복을 먼저 여러분에게 부어 주실 것입니다.

그러나 이 구절에 가장 놀라운 사실이 있습니다. 이제 여러분은 이 구절의 "이 모든 것"을 아주 다른 시각으로 보게 되었다는 것입니다. 전에 여러분은 먹고 마시고 입기 위해 살았습니다. 지금도 여전히 먹고 마시고 입지만 이제는 더 이상 이런 것을 위해 살지 않습니다. 여러분이 먹고 마시고 입는 이유는, 다만 생명을 유지하는 데 중요하기 때문입니다. 여러분의 바람은 크게 줄었습니다. 여러분은 바라는 모든 것을 받았으며, 원하는 것보다 많이 받았습니다. 여러분은 이런 것에 관심이 없습니다. 여러분은 이제 넘치게 받은 것을 다른 사람들에게 기꺼이 나눠 줍니다. 여러분은 한때 이런 것을 위해 살았으나 이제는 "그게 그렇게 중요한가?"라고 말합니다. 여러분의 인생관이 새로워졌습니다. 이제 여러분은 그 무엇보다 하나님을 더 알기를 원합니다. 자신이 하나님의 자녀이므로 가난해도 개의치 않습니다. 여러분에게 기독교를 말해 줄 수 있는 사람이라면, 세상에서 가장 비천한 사람들과 함께 있어도 행복합니다. 여러분은 이 찬송가 작사자처럼 고백할 것입니다.

> 사람이 주는 고생 근심
> 나 주님 품에 달려가게 만들 뿐,
> 시련의 삶 고되게 짓눌러도
> 더 달콤한 천국 안식 있도다.
> —헨리 프랜시스 라이트 Henry Francis Lyte

이제 먹는 것과 마시는 것과 입는 것은 중요하지 않습니다. 사람들이 하나님 나라에 들어가고 예수 그리스도 안에서 의를 받는다면 이들의 인생관 전체가 변한 것입니다. 이 낡은 세상은 이제 이들이 통과해야 할 순례지가 되었습니다. 이들은 인간의 죄와 하나님을 거역하는 이 세상을 추하다고 생각합니다. 이들은 더 이상 "사는 게 멋지고 흥미진진하지 않아?"라고 말하지 않습니다. 이들은 이렇게 말합니다. "'인간에 대한 인간의 잔인함과 무자비함'이 너무 끔찍하다! 인간은 정욕과 욕망과 악으로 가득한 추한 존재구나!" 그렇습니다. 인생은 눈물의 골짜기지만, 이들은 이 골짜기를 통과해야 하며 통과할 준비가 되어 있습니다. 그러나 이들은 이 세상을 위해 살지 않습니다. 이들은 말합니다. "우리의 시민권은 하늘에 있는지라. 거기로부터 구원하는 자 곧 주 예수 그리스도를 기다리노니, 그는 만물을 자기에게 복종하게 하실 수 있는 자의 역사로 우리의 낮은 몸을 자기 영광의 몸의 형체와 같이 변하게 하시리라"(빌 3:20-21).

우리는 이 세상에서 "거류민과 나그네"일 뿐입니다(벧전 2:11). 이 세상은 우리가 통과해야 할 땅이며, 우리는 여행자입니다. 우리 모두는 오늘 이곳에 있지만 내일이면 이곳에 없을 것입니다! 그러나 우리가 하나님 나라에 있고 우리에게 그의 의가 있다면, 우리에게 죽음은 영광스러운 주 예수 그리스도 앞으로 즉시 옮겨지는 것일 뿐입니다. 거기서 우리는 그분을 온전히 보며 그분과 함께 영원히 살 것입니다.

그러므로 하나님의 나라 안에 있고 그의 의가 있는 사람들은 이 땅에서 크게 기대할 것이 없음을 잘 압니다. 하나님께서 그의 나라의 모든 시민에게 주시며 그의 의를 가진 모든 자들에게 주시는 "썩지 않고 더럽지 않고 쇠하지 아니하는 유업"(벧전 1:4)이 자신들을 기다리고 있음을 잘 압니다. 그러므로 이런 사람들은, 이 세상에서 어떤 일을 만나도 찬양하며 전진합니다.

> 영원한 하늘의 사랑 안에 있으니
> 그 어떤 변화도 나 두렵지 않네.
> 내 안전 너무도 확실하니
> 세상 그 무엇도 내 마음 바꿀 수 없네.
> 밖에서 폭풍이 몰아쳐도
> 내 마음 흔들리지 않네.
> 하나님이 나를 감싸시니
> 내 어찌 낙심하리요?
> —안나 리티셔 웨어링 Anna Laetitia Waring*

물론 낙심할 수 없습니다!

> 나를 지극히 사랑하시는 이에게서
> 그 무엇이 내 영혼을 끊을 수 있으리?
> 생명이나 죽음이랴? 세상이나 지옥이랴?
> 절대 끊을 수 없으리. 나 영원히 그의 것일세.
> —제임스 그린드레이 스몰 James Grindlay Small

여러분이 하나님 나라에 있고 여러분에게 하나님의 의가 있다면, 죽음을 두려워하지 않을 것입니다. 그 무엇도 두려워하지 않을 것입니다. 하나님의 자녀인 여러분은 하나님이 계신 그곳, 천국에 영원한 영광이 예비되어 있음을 알기 때문입니다. "먼저 그의 나라와 그의 의를 구"함으로 아버지께서 주시는 복을 누리시기 바랍니다.

---

* 찬송가 454장 1절 참조.

3

눈에 보이지 않는 나라

바리새인들이 하나님의 나라가 어느 때에 임하나이까 묻거늘, 예수께서 대답하여 이르시되 하나님의 나라는 볼 수 있게 임하는 것이 아니요 또 여기 있다 저기 있다고도 못하리니 하나님의 나라는 너희 안에 있느니라.

누가복음 17:20-21

이 구절의 마지막 부분을 "하나님의 나라는 너희 가운데 among you 있느니라"로 번역하는 사람들이 있습니다. 둘 중에 어떤 번역이 옳다고 잘라 말할 수는 없습니다. 저로서는 두 가지 번역을 모두 받아들이는 것이 지혜롭다고 믿습니다.

우리는 지금 기독교 신앙의 기본 요소와 본질을 살펴보고 있습니다. 우리가 이렇게 하는 것은 기독교의 실체에 대해 너무나 비극적인 혼란이 있기 때문입니다. 세상은 엄청난 문제에 빠져 있습니다. 인간의 모든 사상으로 이 문제를 해결해 보려고 시도했지만, 부족한 것으로 드러났습니다. 인간의 모든 사상은 기회를 얻었지만 아무런 결과도 내지 못했습니다. 사람들은 마침내 묻기 시작합니다. "희망이 있는가? 우리가 할 수 있는 것이 있는가?" 바로 이때 교회가 나타나 세상 앞에 서서 말합니다. "우리가 하는 말을 들으시오." 여기 교회의 메시지가 있습니다. 저는 많은 면에서 세상은 오래전보다 들을 준비가 더 잘 되어 있다고 믿습니다. 그러나 불행히도 귀를 기울일 때 세상은 혼란스러운 소리를 듣습니다. 사도 바울이 고린도 사람들에게 "만일 나팔이 분명하지 못한 소리를 내면 누가 전투를 준비하리요?"(고전 14:8)라고 말한 것과 같습니다. 우리가 분명한 소리를 내지 못하면 우리는 세상에 더 큰 혼란을 줄 것입니다. 기독교의 메시지가 정말 무엇인지를 분명히 해야 하는 이유가 여기 있습니다. 기독교는 사람들에게 무엇을 제시합니까? 기독교란 무엇입니까? 우리가 어떻게 그리스도인이 될 수 있습니까?

이것은 우리가 반드시 대답해야 하는 질문입니다.

더 나아가, 우리가 이 끔찍한 혼란에 대해 책임을 피할 수 없는 이유는, 우리가 이해할 수 있는 언어로 된 성경이 우리에게 있기 때문입니다. 만약 우리에게 성경이 문자화되지 않고 구전口傳으로만 내려오는 것이었다면 이러한 혼란에 대해 다소간 변명할 수 있을 것입니다. 만약 성경이 우리가 이해할 수 없는 언어로 되어 있다면 상당한 변명을 할 수 있을 것입니다. 그러나 우리의 상황은 전혀 이렇지 않습니다. 그렇다면 왜 혼란이 있습니까? 이 질문에 대한 대답은 하나뿐입니다. 사람들이 성경의 메시지를 있는 그대로 받아들이지 않고 자신의 메시지를 성경에 끼워 넣기 때문입니다. 사람들은 자신의 철학과 이론과 사상과 이해의 수단을 가지고 성경에 접근합니다. 결국 모두가 이해할 수 있는 언어로 분명하게 제시된 성경의 메시지를 지나쳐 버립니다.

그러므로 우리는 무엇보다도 성경으로 돌아가야 합니다. 성경 속에 초대교회의 문헌이 있습니다. 성경 속에 기독교가 어떻게 존재하게 되었고, 기독교가 처음에 무엇을 가르쳤으며, 그 결과 어떤 일이 일어났는지에 관한 기록이 있습니다. 우리는 성경으로 무엇을 하든지 성경에 귀를 기울여야 합니다. 이것이 신약성경의 분명한 메시지라고 말해야 합니다. 특히 우리는 주 예수 그리스도의 말씀과 가르침과 메시지로 돌아가야 합니다.

우리는 지금 그렇게 하고 있습니다. 그 결과 우리는 이미 몇 가지를 확인했습니다. 하나님 나라가 가까이 왔다는 것이 분명한 메시지이며, 왕께서 직접 선포하신 메시지라는 것을 확인했습니다.

우리가 살펴보았듯이, 그런 다음에 그분은 다른 무엇보다도 하나님 나라를 먼저 구하고 그 나라에 최우선순위를 두라고 촉구하십니다. 그분은 이렇게 말씀하십니다. "유일한 희망은 하나님 나라에 들어가는 것이다."

그러므로 이제 우리가 살펴보아야 할 질문이 있습니다. 주님이 말씀하신 하나님 나라는 무엇입니까? 사복음서는 하나님 나라 또는 천국을 매우 강조합니다. 주님은 항상 하나님 나라를 전파하셨습니다. 그분은 하나님 나라를 여러 방법으로 선포하셨고 하나님 나라는 그분의 핵심 주제였습니다. 그러므로 우리가 예수님이 말씀하신 하나님 나라의 의미를 분명하게 깨닫지 못하면 그분의 메시지를 제대로 이해할 수 없습니다. 주님은 먼저 하나님 나라를 구하라고 말씀하셨습니다. 우리가 먼저 하나님 나라를 구하면 다른 모든 것을 우리에게 더하시겠다고 말씀하셨습니다.

그러므로 우리는 하나님 나라가 무엇인지 알아야 합니다. 이와 관련하여 사람들은 엄청난 혼란을 겪고 있습니다. 우리가 누가복음 17장에 나오는 본문을 함께 살펴보아야 하는 것은, 바로 이 구절이 하나님 나라가 무엇인지 구체적으로 다루고 있기 때문입니다. 이것은 기독교 신앙의 본질적인 메시지에 접근할 때 그 다음으로 밟아야 할 단계로서, 저는 이것을 다음과 같이 세분해서 살펴보고자 합니다. 주 예수 그리스도는 그의 나라를 어떻게 세우시는가? 하나님 나라는 어떻게 임하시는가?

누가복음 17:20에서 바리새인들은 예수께 "하나님의 나라가 어느 때에 임하나이까?"라고 묻습니다. 이 질문은 바리새인들이 예수께 끊임없이 던졌던 질문입니다. 이 질문에 대해 예수님은 이렇게 대답하십니다. "하나님의 나라는 볼 수 있게 임하는 것이 아니요. 또 여기 있다 저기 있다고도 못하리니 하나님의 나라는 너희 안에 있느니라." 여기 첫 번째 요점이 있습니다. 처음부터 사람들은 하나님 나라가 임하는 방식을 오해했습니다.

우리는 여기서 이 사실을 확인할 수 있습니다. 바리새인들은 예수께 사실상 이렇게 말한 것입니다. "선생께서는 항상 한 나라를 말씀하십니다. 선생께서는 자신이 온 것은 하나님 나라가 가까이 왔다는 뜻이라고 말씀하십니다. 그렇다면 선생이 말씀하시는 하나님 나라라는 것이 무엇입니까? 그 나라가 언제 어떻게 임합니까? 선생께서 말씀하시는 그때가 지금인가요?" 그러자 주님은 즉시 바리새인들의 말을 수정해 주십니다. 주님은 하나님 나라의 도래에 대한 바리새인들의 전체적인 생각이 완전히 잘못되었음을 아셨기 때문입니다.

정확히 똑같은 사실을 보여주는 예가, 요한복음 6:30-31에도 나옵니다. 여기서도 바리새인들이 예수님을 찾아와 묻습니다. "우리가 보고 당신을 믿도록 행하시는 표적이 무엇이니이까? 하시는 일이 무엇이니이까?—선생께서는 계속해서 그 나라를 말씀하는데, 우리에게 표적을 보여주시지요—기록된바 하늘에서 그들에게 떡을 주어 먹게 하였다 함과 같이 우리 조상들은 광야에서 만나를 먹었나이다." 이들은 이렇게 물은 것입니다. "선생께서는 무엇을 하고 계십니까? 모세는 하나님의 지도자였고, 우리에게 율법을 주었으며, 만나를 줌으로써 표적을 행했습니다. 그렇다면 선생의 표적은 무엇입니까? 선생은 계속해서 한 왕에 대해 말씀하면서 자신이 실제로 그 왕이라고 하고, 선생께서 한 나라를 세우리라고 말씀하는데, 그 증거를 우리에게 제시할 수 있겠습니까?"

바리새인들과 서기관들은 바로 이 문제를 놓고 계속해서 예수님과 논쟁했습니다. 사복음서 중에 특히 요한복음을 읽어 보면 주님이 바리새인들과 서기관들과 율법 선생들과 함께 참으로 많은 시간을 논쟁하신 사실에 놀라지 않을 수 없습니다. 왜 논쟁하셨습니까? 하나님 나라의 도래에 대한 이들의 모든 개념과 생각이 완전히 잘못되었기 때문입니다. 이들은 예수님의 말씀을 들었지만 끊임없는 질문으로 그분을 집요하게 공격했습니다. 이들은 이렇게 말했습니다. "그러면 그 나라가 언제 옵니까? 우리는 눈에 보이는 증거를 원합니다. 우리는 현실적인 사람들입니다. 그저 설교에 그친다면 받아들일 수 없습니다. 언제 선생의 나라를 우리에게 보여 주겠습니까?"

그러나 이것은 바리새인들과 서기관들만의 모습은 아니었습니다. 로마 총독 빌라도의 모습도 다르지 않았습니다. 요한복음 18:33-37에 빌라도의 모습이 나옵니다. 여기서 주님은 재판정에서 빌라도 앞에 서 계십니다. "이에 빌라도가 다시 관정에 들어가 예수를 불러 이르되, 네가 유대인의 왕이냐? 예수께서 대답하시되, 이는 네가 스스로 하는 말이냐 다른 사람들이 나에 대하여 네게 한 말이냐? 빌라도가 대답하되, 내가 유대인이냐? 네 나라 사람과 대제사장들이 너를 내게 넘겼으니 네가 무엇을 하였느냐? 예수께서 대답하시되, 내 나라는 이 세상에 속한 것이 아니니라. 만일 내 나라가 이 세상에 속한 것이었더라면 내 종들이 싸워 나로 유대인들에게 넘겨지지 않게 하였으리라. 이제 내 나라는 여기에 속한 것이 아니니라. 빌라도가 이르되, 그러면 네가 왕이 아니냐? 예수께서 대답하시되, 네 말과 같이 내가 왕이니라. 내가 이를 위하여 태어났으며 이를 위하여 세상에 왔나니, 곧 진리에 대하여 증언하려 함이로라. 무릇 진리에 속한 자는 내 음성을 듣느니라."

아시다시피, 빌라도도 문제에 빠져 있었습니다. 그는 사실 이렇게 말한 것입니다. "사람들은 네가 왕이라고 말하고 너도 자신이 왕이라고 말하는데, 그렇다면 네 나라는 어디 있는가? 나는 땅 위의 나라를 대표하는 로마 황제의 대사다. 나는 이런 것을 이해할 만한 사람이다. 그런데 네가 스스로 왕이라고 말한다면 네 나라는 어디 있는가?" 주님은 이렇게 대답하십니다. "내 나라는 이 세상에 속한 것이 아니니라." 이것은 동일한 오해에 대한 답변입니다.

그런데 더 놀랍고 주목할 만한 사실이 있습니다. 예수님의 형제들까지도 그분의 말씀을 이해하지 못했습니다. 요한복음 7:2-7은 초막절 때 있었던 일입니다. "그 형제들이 예수께 이르되, 당신이 행하는 일을 제자들도 보게 여기를 떠나 유대로 가소서. 스스로 나타나기를 구하면서 묻혀서 일하는 사람이 없나니 이 일을 행하려 하거든 자신을 세상에 나타내소서 하니, 이는 그 형제들까지도 예수를 믿지 아니함이러라. 예수께서 이르시되, 내 때는 아직 이르지 아니하였거니와 너희 때는 늘 준비되어 있느니라. 세상이 너희를 미워하지 아니하되 나를 미워하나니 이는 내가 세상의 일들을 악하다고 증언함이라."

이것은 아주 심각한 일입니다. 한 뱃속에서 난 형제들까지도 예수님을 조롱하고 비웃었습니다. 이들은 이렇게 말했습니다. "형님은 자신이 대단한 사람이라고 하는데, 형님이 정말 자신의 말처럼 대단한 사람이라면 예루살렘으로 올라가세요. 명절 때 예루살렘에 가면 사방에서 사람들이 몰려듭니다. 그때 사람들 앞에 서서 선포하고 자신을 나타내세요. 지금 도대체 뭐하는 겁니까? 형님은 자신이 대단한 사람이라고 하면서 어째서 기껏 여기서 가난하기 짝이 없는 사람들과 어울려 시간이나 보내고 있습니까? 왜 그 나라에 대해서는 뭔가를 하지 않습니까?" 이들은 하나님 나라가 눈에 보이게 임할 것이라고 기대했습니다.

가장 주목할 만한 점은, 바로 하나님 나라의 형태가 제자들에게 걸림돌이 되었다는 사실입니다. 실제로 예수님이 부활하신 후에도, 이 점은 제자들에게 걸림돌이 되었습니다. 사도행전 1:4-7을 읽어 봅시다. "〔주께서〕 사도와 함께 모이사 그들에게 분부하여 이르시되 예루살렘을 떠나지 말고 내게서 들은바 아버지께서 약속하신 것을 기다리라. 요한은 물로 세례를 베풀었으나 너희는 몇 날이 못 되어 성령으로 세례를 받으리라 하셨느니라. 그들이 모였을 때에 예수께 여쭈어 이르되 주께서 이스라엘 나라를 회복하심이 이때니이까?" 이것은 부활 후에 있었던 일입니다! 이들은 예수님의 십자가의 죽음을 보았습니다. 이들은 예수님의 죽음과 장사葬事를 보았습니다. 이들은 예수님의 부활을 보았습니다. 이들은 예수님이 부활하신 주님임을 알고 있었으나, 여전히 하나님 나라는 그분이 이스라엘 나라를 회복할 때 이루어진다고 생각했습니다. "이르시되 때와 시기는 아버지께서 자기의 권한에 두셨으니 너희가 알바 아니요."

예수님이 직접 택하신 사도들조차 하나님 나라를 정확히 알지 못했습니다. 이들은 이렇게 말합니다. "죽음과 무덤을 이기시고 죽은 자 가운데서 다시 살아나셨으니 이제 틀림없이 그분의 나라를 세우실 거야. 여기에 대해서는 우리에게 많이 가르쳐 주시지 않았는가?" 이들은 주님께 이렇게까지 물었습니다. "지금이 그때입니까?" 하나님 나라에 대한 오해는 보편적이었습니다.

제가 보기에 가장 중요한 증거를 여러분에게 보여드렸습니다. 아시다시피, 사람들의 공통된 오해는, 하나님 나라가 눈에 보이는 외형을 가지고 온다고 생각하며, 어떤 획기적인 행동의 결과로 온다고 생각했다는 점입니다. 사람들은 위대한 구원자이신 하나님의 메시아가 오시면, 그분은 무엇보다도 먼저 군사적이며 정치적인 인물일 것이라고 생각했습니다!

당시 유대인들은 로마제국의 지배 아래 있었습니다. 이들은 절망과 불행에 사로잡혀 있었고 해방을 원했습니다. 이들은 과거가 화려한 애국적인 유대인이었으며, 그 화려한 과거가 회복되기를 원했습니다. 비록 지금은 하찮은 존재가 되었으나 이스라엘이 세상에서 강한 나라가 되기를 원했습니다. 이들은 구원자 메시아가 오면 큰 군대를 이끌고 원수를 물리칠 것이라고 생각했습니다. 그때 예루살렘은 온 세계의 수도가 될 것이며, 그 구원자 메시아는 온 세계를 다스리는 왕이 될 것이라고 말입니다! 이들은 하나님 나라를 이렇게 생각했습니다. 주님이 이런 나라를 세울 것이라고 기대했습니다.

요한복음 6:15에 특별한 구절이 나오는 것도 이 때문입니다. 주님은 방금 5천 명을 먹이는 엄청난 기적을 행하셨고, 사람들은 모두 크게 놀랐습니다. 14절은 이렇게 말합니다. "그 사람들이 예수께서 행하신 이 표적을 보고 말하되 이는 참으로 세상에 오실 그 선지자라 하더라." 그 다음을 주목하십시오. "그러므로 예수께서 그들이 와서 자기를 억지로 붙들어 임금으로 삼으려는 줄 아시고 다시 혼자 산으로 떠나가시니라." 예수님은 사람들의 마음을 아셨습니다. 예수님은 사람들이 서로 수군거리는 소리를 들었습니다. "이분은 선지자가 틀림없어. 이런 기적은 처음이다. 이분은 우리가 고대하는 바로 그 선지자야. 그러니 이분을 여기서 모시고 나가자. 이분은 예루살렘에 계셔야 해. 거기서 왕이 되셔야 한다!" 사람들은 예수님을 강제로 붙잡아 예루살렘으로 데려가 왕을 삼으려 했습니다. 그러나 예수님은 이것을 아시고 이들을 피하셨습니다.

여기에서 우리는 하나님 나라에 대한 일반적인 오해를 볼 수 있습니다. 그런데 불행히도, 이러한 오해가 지금까지도 계속되고 있습니다. 아주 분명하면서도 간단하게 설명해 보겠습니다. 우리는 끔찍한 시대에 살고 있습니다. 지금은 핵폭탄의 시대입니다. 어쩌면 지금이 세상의 마지막 때일지도 모릅니다. 이를 알려 주는 표적과 징조들이 많습니다. 우리의 영원한 운명은 우리가 복음을 믿느냐 믿지 않느냐에 달려 있습니다. 그러므로 분명하게 말하는 것이 중요합니다. 로마 가톨릭 교회는 스스로를 하나님 나라라고 말하면서 하나님 나라에 대한 잘못된 이해를 조장하고 있습니다. 로마 가톨릭 교회가 스스로 하나님 나라라고 말하는 데는 이유가 있습니다. 로마 가톨릭 교회는 영적인 곳인 동시에 정치적인 곳입니다. 교황은 정치적인 인물로서, 많은 나라들이 교황청과 대사를 교환하고 있습니다. 로마제국 때처럼, 교회와 국가가 연합하고 있습니다. 로마 가톨릭 교회가 자행한 모든 박해는 바로 이러한 연합에서 비롯된 것이었습니다.

그러나 아주 솔직하게 말하자면, 개신교도 동일한 오류를 범한 적이 때때로 있었습니다. 세계사에서 그리스도인들이 군대를 모으고 칼로 생명을 위협하면서, 사람들을 강제로 믿게 하려고 했던 시대가 있었습니다. 이것은 바로 하나님 나라에 대한 오해에서 비롯된 것입니다.

불행히도, 이러한 오해는 우리 시대에도 사라지지 않고 있습니다. 20세기에 하나님 나라에 관한 가장 일반적인 오해 가운데 하나는, 세상을 바꾸고 개혁할 때 하나님 나라가 임한다는 것입니다. 저는 20세기의 첫 13년을 기억하는 세대이기 때문에 소위 '사회복음'의 시대를 기억하고 있습니다. 당시 사람들은 사회복음을 믿었습니다. 사람들은 이렇게 말했습니다. "예전에는 복음을 전파하면 하나님 나라가 임한다고 생각했었지. 그러나 이것은 잘못된 생각이야. 자유당은 의회법을 통과시킴으로써 하나님 나라가 오게 할 거야." 사람들은 실제로 1906년에 들어선 자유당 정부가 입법을 통해 하나님 나라를 도래시켰다고 믿었습니다.* 사람들은 그렇게 생

---

* 자유당 정부는 1906-1915년 집권하면서 복지국가의 틀을 마련했다.

각했습니다. 정부가 가난한 사람들을 돌보았습니다. 병원을 지었습니다. 더 나은 주택을 공급했습니다. 복지국가를 만들었습니다. 사회가 풍요로워졌습니다. 세상이 훨씬 더 나아졌습니다. 그래서 사람들은 하나님 나라가 왔다고 생각했습니다. 아직도 이렇게 믿는 사람들이 많습니다.

어떤 사람들은 하나님 나라가 임하게 하려면 저항해야 한다고 말합니다. 조직적인 운동과 캠페인을 벌이고, 불의와 핵폭탄과 전쟁을 규탄하라고 외칩니다. 이들은 이처럼 사회정치적 문제를 부각시킬 때 하나님 나라가 온다고 말합니다. 이들은 예수님을 사회적·정치적 스승으로 생각합니다!

이것은 지금까지 수세기 동안 계속되어 온 비극입니다. 사람들은 교회가 텅 비었다고 불평합니다. 왜 비었습니까? 저는 "토리당은 기도하는 영국 국교회일 뿐이며, 비국교도는 기도하는 자유당일 뿐"이라는 1차 세계대전 이전의 말에서 그 주된 이유 중 하나를 찾아볼 수 있다고 생각합니다.* 이 말에는 상당한 진리가 담겨 있습니다. 사람들은 하나님 나라가 경쟁관계에 있는 이 두 정당 사이에 있다고 보았습니다. 모든 것이 물질화되었고, 사람들은 "우리는 더 이상 교회나 성경이 필요 없어. 모든 것이 이루어졌어! 가시적인 하나님 나라가 우리 눈앞에 이루어졌어! 우리가 입법을 통해 그 나라를 오게 한 거야! 더 이상 뭐가 필요하지?"라고 말하기 시작했습니다. 저는 현 시대 사람들이 예배에 무관심한 이유도 여기에 있다고

---

* 제1차 세계대전(1914-1918년) 이전이라 함은 앞에 나온 "사회복음" 시대에 해당된다. 당시 야당인 토리당은 영국 국교주의를 표방했다.

생각합니다.

　이것이 바로 주님이 다루신 오해입니다. 주님은 이러한 생각이 잘못되었다고 말씀하십니다. "하나님의 나라는 볼 수 있게 임하는 것이 아니요." 그렇다면 하나님 나라는 어떻게 옵니까? 하나님 나라는 어떤 형태입니까? 이것은 우리가 지금까지 말한 내용에서 필연적으로 도출되는 질문입니다. 이 질문에 대해서는 크게 세 가지 답이 있는데, 세 가지 모두 신약성경의 복음서에 나와 있습니다.

　첫째, 하나님 나라는 주 예수 그리스도의 임재와 능력과 함께 임하며comes, 임했습니다came. 누가복음 11:14-20이 이것을 잘 보여줍니다. "예수께서 한 말 못하게 하는 귀신을 쫓아내시니 귀신이 나가매 말 못하는 사람이 말하는지라. 무리들이 놀랍게 여겼으나 그중에 더러는 말하기를 그가 귀신의 왕 바알세불을 힘입어 귀신을 쫓아낸다 하고 또 더러는 예수를 시험하여 하늘로부터 오는 표적을 구하니, 예수께서 그들의 생각을 아시고 이르시되 스스로 분쟁하는 나라마다 황폐하여지며 스스로 분쟁하는 집은 무너지느니라. 너희 말이 내가 바알세불을 힘입어 귀신을 쫓아낸다 하니 만일 사탄이 스스로 분쟁하면 그의 나라가 어떻게 서겠느냐? 내가 바알세불을 힘입어 귀신을 쫓아내면 너희 아들들은 누구를 힘입어 쫓아내느냐? 그러므로 그들이 너희 재판관이 되리라. 그러나 내가 만일 하나님의 손을 힘입어 귀신을 쫓아낸다면 하나님의 나라가 이미 너희에게 임하였느니라."

　제 말이 바로 이런 뜻입니다. 하나님의 아들이 이 세상에 계셨을 때 하나님 나라가 임했습니다. 하나님 나라는 하나님의 능력이 나타나는 것이며, 하나님이 자연을 초월하신다는 사실이 나타나는 것이며, 하나님이 귀신들과 모든 악한 것들보다 강하시다는 사실이 나타나는 것입니다. 하나님 나라는 하나님의 통치입니다. 그러므로 그리스도께서 이 세상에 계시면서, 기적을 행하시고 놀라운 능력을 나타내실 때 "이것이 하나님 나라다"라고 말씀하셨습니다. 하나님 나라는 입법이 아니며 정복하는 군대도 아닙니다. 하나님 나라는 하나님의 능력이 나타나는 것입니다. 그리스도께서 무엇을 하셨는지 아십니까? 그분은 바다의 폭풍을 잠재우실 수 있었습니다. 그분은 눈먼 자를 고치시고, 저는 자를 고치시며, 듣지 못하는 자를 고치실 수 있었습니다. 그분은 죽은 자까지 살리실 수 있었습니다! 그분은 창조주이셨습니다. 그분은 모든 귀신을 내쫓으셨습니다. 그분은 이것이 하나님 나라가 임했다는 분명한 증거라고 말씀하셨습니다.

그분은 옥에 갇힌 세례 요한에게 이 동일한 대답을 매우 극적인 방법으로 하셨습니다. 세례 요한조차 하나님 나라를 오해했습니다. 마태복음 11:1-5에 그 내용이 나옵니다. "예수께서 열두 제자에게 명하기를 마치시고 이에 그들의 여러 동네에서 가르치시며 전도하시려고 거기를 떠나가시니라. 요한이 옥에서 그리스도께서 하신 일을 듣고 제자들을 보내어 예수께 여짜오되 오실 그이가 당신이오니이까? 우리가 다른 이를 기다리오리이까?" 요한은 주님이 갈릴리에서 가난한 사람들에게 복음을 전하신다는 소식을 들었습니다. 이 소식을 들은 요한은 당황했습니다. 예수님은 예루살렘에 왕으로 계신 것이 아니었기 때문입니다. 예수님은 가난한 자들에게 둘러싸여 있었습니다. 그래서 감옥에서 고통과 아픔을 겪고 있는 요한은 두 사람을 보내 이렇게 말합니다. "선생님! 저는 당신이 메시아라고 생각했습니다. 저는 제 제자들에게 '보라, 세상 죄를 지고 가는 하나님의 어린양이로다'라고 말했습니다. 제 말이 정말 옳았는지 의문이 들기 시작합니다. 당신이 정말로 '오실 그이'입니까? 아니면 우리가 다른 사람을 기다려야 합니까?"

예수님은 이 질문에 이렇게 대답하십니다. "너희가 가서 듣고 보는 것을 요한에게 알리되 맹인이 보며 못 걷는 사람이 걸으며 나병환자가 깨끗함을 받으며 못 듣는 자가 들으며 죽은 자가 살아나며 가난한 자에게 복음이 전파된다 하라." 예수님은 사실 이렇게 말씀하십니다. "요한에게 돌아가서 너희가 본 것을 그대로 전하고 그에게 이렇게 물어라. '당신은 이것들이 하나님 나라가 왔다는 표시인 것을 알지 못합니까? 하나님의 능력이 임하는 것을 보지 못합니까? 이전에 이런 일을 한 사람이 있었습니까?'" 주님이 행하신 기적과 그분이 보이신 놀라운 권능이야말로 하나님 나라가 그분과 그분의 능력 가운데 임했다는 표시입니다.

그 다음으로, 주님은 "하나님의 나라가 어느 때에 임하나이까?"라는 바리새인들의 물음에 "하나님의 나라는 볼 수 있게 임하는 것이 아니요"라고 대답하십니다. 주님은 바리새인들에게 이렇게 말씀하십니다. "너희는 지금까지 하나님 나라를 기다렸고 지금 그 나라를 보고 있지 않느냐? 하나님 나라가 너희 가운데 있는데도 보이지 않느냐? 하나님 나라가 너희 가운데 이루어지고 있는데도 보이지 않느냐? 능력이 느껴지지 않느냐? 하나님 나라는 여기, 내 안에,

나의 아버지께서 성령을 통해 내게 주신 능력 가운데 있다." 이것이 주님의 대답입니다. 하나님 나라는 이처럼 벌써 임했습니다.

둘째로, 하나님 나라가 임하는 또 다른 방식이 있습니다. 하나님 나라는 하나님이 다스리시는 영역입니다. 그러므로 사람들이 하나님과 그 아들 주 예수 그리스도께 복종할 때 하나님 나라가 임합니다. 교회가 바로 그런 곳입니다. 하나님 나라가 교회로 나타나는 것입니다. 쉽고 분명하게 설명하겠습니다. 제가 말하는 "교회"는 외형적 기관이 아닙니다. 물론 외형적 기관이기도 하지만 그것이 전부는 아닙니다. 로마 가톨릭으로 알려진 체제는 교회가 아니며, 하나님 나라가 아니라는 점을 다시 한번 강조하는 바입니다. 로마 가톨릭은 화려함과 권세를 가진 세상의 나라입니다. 하나님 나라는 아직 화려하고 힘 있게, 눈에 보이게 임하지 않습니다. 국가 교회의 모습으로 임하지도 않습니다.

단순히 교인들이 곧 교회인 것도 아닙니다. 안타깝게도, 여러분은 교인이면서도 그리스도인이 아닐 수 있습니다. 슬프게도, 이런 사람들이 많습니다. 우리 가운데 많은 사람들이 전에 이와 같은 때가 있었습니다. 우리는 교인이었으나 기독교가 뭔지 몰랐습니다. 저는 열네 살 때 교인이 되었으나 기독교가 정확히 뭔지 몰랐습니다. 더 나아가 저는 성찬식에 참여할 수 있게 되었으나 성찬의 정확한 의미를 몰랐습니다! 그러므로 그리스도인이란 교회에 외형적으로 참여한다는 뜻이 아닙니다. 단순히 이름을 교인 명부에 올렸다는 뜻도 아니며, 교회에서 활동한다는 뜻도 아닙니다.

어떤 사람이 묻습니다. "그게 무슨 뜻입니까? 그렇다면 목사님 말은 최근에 인기 있는 사상인 '비종교적 기독교religionless Christianity'를 의미합니까? 교회를 폐쇄하고 종교 의식과 예배를 그치며 세상에 나가 사람들과 어울리면서 그들의 필요와 고통을 돌아볼 때 하나님 나라를 보게 된다는 디트리히 본회퍼와 같은 가르침을 의미합니까?" 어떤 사람은 여기서 더 나아가 우리가 정말로 하나님 나라를 보기 원한다면 교회에 가는 것이 아니라 엘지어의 창녀촌 같은 곳에 가서 술주정뱅이와 창녀들 가운데서 하나님 나라를 찾아야 한다고 말합니다. 실제로 그 사람은 기독교의 이름으로 이렇게 말했습니다. 그러나 제 말은 그런 뜻이 아닙니다.

그러므로 제가 의미하는 바는 외형적인 제도권 교회나 무교회적이며 비종교적인 기독교가 아닙니다. 제가 의미하는 교회는 주 예수 그리스도를 믿는 사람들, 그분이 하나님의 아들이심을 마음으로 믿는 사람들로 이루어진 몸입니다. 제가 의미하는 교회는 그분의 영광을 위해 사는 사람들, 그분을 알고 그분을 섬기는 사람들로 이루어진 몸입니다. 이것이 제가 말하는 교회입니다. 주님은 그분의 참 신자들의 마음에서, 그분의 사랑에 매인 사람들의 마음에서 왕으로 다스리십니다. 주님은 그 무엇보다도 그분을 알기 원하고 그분을 섬기기 원하며 그분의 능력을 깨닫기 원하는 사람들 가운데서 왕으로 다스리십니다. 이것이 교회입니다. 교회는 하나님 나라의 한 형태이며, 현세에 존재하는 하나님 나라의 주요 형태입니다.

주님이 육체로 세상에 계실 때 하나님 나라가 이 땅에 있었습니다. 주님은 지금 그분의 백성 속에 계십니다. 교회는 그리스도의 몸이며, 그리스도께서는 교회를 통해 일하십니다. 교회는 "그리스도의 몸이요 지체의 각 부분"입니다(고전 12:27).

그러나 이 가르침에 따르면, 하나님 나라의 세 번째 형태는, 앞으로 도래할 하나님 나라입니다. 누가복음 17장에서, 예수님은 바리새인들에게 이에 대해서 계속 말씀하십니다. 그분은 한 날에 "인자의 날"이 온다고 말씀합니다(22절). 그날에 하나님 나라가 가시적으로, 외형적으로, 누구나 볼 수 있고 누구도 회피할 수 없는 방법으로 임할 것입니다. 그날은 아직 오지 않았습니다. 이것이 하나님 나라의 세 번째 형태입니다. 이것은 교회 시대의 끝을 의미합니다. 그날에 그리스도께서 다시 오십니다. 눈에 보이는 육체의 형태로 천사들의 호위를 받으시며 구름 타고 이 땅에 다시 오실 것입니다. 그분은 자신이 이런 모습으로 오실 것이라고 말씀하셨습니다. "인자가……하늘 구름을 타고 오는 것을 너희가 보리라"(막 14:62). "각 사람의 눈이 그를 보겠고 그를 찌른 자들도 볼 것이요"(계 1:7). 하나님 나라는 아주 화려하고 영광스러운 모습으로 임할 것입니다. 그리스도께서는 영원한 신성神性의 위엄을 띠고 오실 것이며, 왕으로 다스리고 심판하시며 영원한 나라를 세우실 것입니다.

그분이 이에 관해 직접 하신 말씀을 들어 봅시다. "이에 베드로가 대답하여 이르되 보소서, 우리가 모든 것을 버리고 주를 따랐사온대 그런즉 우리가 무엇을 얻으리이까? 예수께서 이르시되 내가 진실로 너희에게 이르노니 세상이 새롭게 되어 인자가 자기 영광의 보좌에 앉을 때에 나를 따르는 너희도 열두 보좌에 앉아 이스라엘 열두 지파를 심판하리라"(마 19:27-28). 바로 이것입니다. 인자가 오셔서 그분의 영광의 보좌에 앉으실 것입니다. 주님은 이것이 '새롭게 되는 것'이며, 장차 임할 가시적 형태의 하나님 나라에 관한 놀라운 메시지라고 말씀하십니다. 이것은 택함 받은 모든 사람들을 불러 모을 때, 하나님의 아들이 이 세상에 다시 오신다는 뜻입니다. 그분은 심판의 보좌를 세우시고, 온 세상을 의義로 심판하실 것입니다. 그분을 믿지 않는 자들은 누구든지 마귀와 악한 천사들과 함께 영원한 형벌에 떨어질 것이며 그분 앞에서 추방당할 것입니다.

그때가 되면, 온 세상에서, 온 우주에서 악이 제거될 것입니다. 자연은 '약육강식'의 세계를 이루고 있지만, 그때는 그렇지 않을 것입니다. "그때에 이리가 어린양과 함께 살며 표범이 어린 염소와 함께 누우며 송아지와 어린 사자와 살진 짐승이 함께 있어 어린아이에게 끌리며"(사 11:6). 이것이 새롭게 되는 것입니다. 그때가 오고 있습니다. 그때에는 죄와 악이 제거될 것입니다. 영광의 나라가 설 것이며, 그리스도께서 그 영광 가운데 그분의 보좌에 앉으실 것이며, 그분을 믿는 모든 자들이 그분과 함께하게 될 것입니다. 이들은 그분과 영원 영원히 왕 노릇 할 것입니다. 그때가 오고 있습니다. 이것이 주님의 가르침이며, 신약성경 전체의 가르침입니다.

그러므로 이것이 두 번째 질문에 대한 답변입니다. 하나님 나라가 취하는 세 가지 형태가 이러합니다. 그 가운데 하나는 더 이상 존재하지 않습니다. 다른 하나는 지금 우리 가운데 있습니다. 나머지 하나는 아직 오지 않았습니다. 그리고 이것이 저를 세 번째이자 마지막 큰 원리이기도 한 우리와 하나님 나라의 관계로 이끕니다.

우리는 하나님 나라가 하나님이 다스리시는 영역, 그분이 모든 원수를 이기시는 영역, 그분이 모든 악을 제어하시고 마침내 제거하시는 영역임을 확인했습니다. 하나님의 교회에 중요한 한 가지는, 하나님 나라에 속하는 것입니다. 우리 모두는 바로 여기에 관심을 가져야 합니다. 그러므로 우리는 이렇게 물어야 합니다. "나는 이 나라에 어떻게 들어갈 수 있는가? 내가 이 나라에 속했다는 것을 어떻게 확인할 수 있는가?" 이 질문에 주님은 이렇게 대답하십니다. "하나님의 나라는 너희 안에 있느니라." "하나님의 나라는 너희 가운데 있느니라."

이 말씀이 의미하지 않는 바를 다시 한번 강조해야겠습니다. 이 말씀은 우리가 주님의 가르침 중에서 우리의 생각과 일치하는 부분만 받아들인다는 뜻이 아닙니다. 여러분은 이런 방법으로 하나님 나라에 들어갈 수 없습니다. 이렇게 하려는 사람들이 많습니다. 세상의 개선이나 개혁에 대한 아이디어를 가진 사람들이 있습니다. 이들은 가장 좋은 가르침과 가장 좋은 아이디어를 찾고 있으며, 세상이 더 나아지기를 원합니다. 이들은 자신이 더 행복하기를 원합니다. 이들은 철학자들의 글을 읽습니다. 이들은 위대한 종교 지도자들의 글을 읽습니다. 이들은 유교와 불교와 힌두교에 관한 책을 읽습니다. 이들은 밀교密敎에 관한 글을 읽고, 자신들이 "예수님의 가르침"이라고 말하는 것에까지 이릅니다. 그래서 이들은 산상설교를 읽으면서 이렇게 말합니다. "정말 좋은 사상이야! 활용해야겠어!" 그리고 이들은 이 말씀을 취하고 하나님 나라에 대해 무언가 알기 위해 수정합니다. 예를 들어, 마하트마 간디가 그렇게 했습니다. 간디는 여전히 힌두교에 남아 있으면서 그리스도의 가르침 가운데 일부를 취해 수정하곤 했습니다. 그러면서 그는 이것이 하나님 나라를 임하게 하는 방법이라고 생각했습니다. 그러나 하나님 나라는 그런 방법으로 오지 않습니다.

우리가 그리스도를 본받으려고 노력해도 하나님 나라를 오게 할 수는 없습니다. 그런 방법으로 하나님 나라를 오게 하려는 사람들이 많습니다. 심지어 현대 기독교를 대표한다는 이들 가운데도 우리에게 이렇게 하라고 촉구하는 사람들이 있습니다. 이들은 그리스도의 놀라운 비밀이 그분의 이타심이라고 말하며, 그분은 자신을 생각하지 않으셨다고 말합니다. 그분은 약하게 되셨고, 세상이 자신을 몰아내며 자신에게 무슨 짓이든 하도록 허락하셨다는 것입니다. 이들은 우리도 그분과 똑같이 하면 그분의 나라 안에 있다고 말합니다. 우리가 주님을 본받아 그분과 같이 된다면, 이것이 바로 우리가 자신을 구원하는 방법이라는 것입니다. 이들은 그리스도를 본받는 것, 이기심을 버리는 것, 대단한 자기희생의 행동을 보이는 것, 세상에서 선을 행하는 것, 세상을 더 낫게 만들려고 노력하는 것, 사람들을 돕는 것이 하나님 나라를 임하게 하는 방법이라고 말합니다. 우리가 그리스도를 본받을 때, 그분의 나라에 들어간다고 말합니다. 그러나 주님은 이러한 모든 생각과 가르침이 거짓이라고 말씀하십니다.

우리는 어떻게 하나님 나라에 들어갑니까? 주님은 "하나님의 나라는 너희 안에 있느니라"고 말씀하십니다. 그렇다면 어떻게 하나님 나라가 우리 안에, 우리 가운데 있을 수 있습니까? 하나님 나라는 이렇게 옵니다. 이것은 주님의 가르침입니다. 내가 그분이 누구신지 인정할 때 하나님 나라는 내 안에 있습니다. 이것이 절대적으로 필요한 첫 단계입니다. 나는 그분을 세상이 낳은 가장 위대한 정치 전문가로, 가장 놀라운 통찰력을 가진 분으로, 가장 위대한 사회 개혁가로 인정할 수 있습니다. 나는 그분을 이 모든 면에서 보았고 그분을 존경하고 찬양할 수 있습니다. 그러나 이렇게 한다고 해서 하나님 나라가 내 안에 있는 것은 아닙니다.

내가 그분이 성육하신 하나님의 아들이심을 깨달을 때, "때가 찼고 하나님의 나라가 가까웠다"는 그분의 말씀에 귀를 기울일 때, 그때에야 하나님 나라가 내 안에 들어옵니다. 주님은 사실 이렇게 말씀하십니다. "하나님 나라가 내 안에서 가까이 왔다. 왜냐하면 내가 하늘에서 온 하나님의 아들이기 때문이며, 내가 하늘 영광을 버리고 인간의 본성을 취했기 때문이다." 그리스도를 나를 구속하려고 육체로 오신 하나님으로 믿을 때, 그리스도와 하나님 나라가 내 안에 들어옵니다. 그러나 여기서 그치지 않습니다.

하나님 나라가 내 안에 있다는 것은, 내가 나에 대한 그분의 명령에 순종한다는 뜻입니다. 이것은 내가 그분의 의로운 가르침에 "아멘"이라고 말한다는 뜻입니다. 바리새인들은 결코 이렇게 하지 않았습니다. 바리새인들은 늘 예수님과 논쟁하고 교묘한 질문으로 그분을 함정에 빠뜨리려 하고 사사건건 그분과 언쟁했습니다. 문제는 예수님이 오셔서 바리새인들에게 율법을 설명하기 시작하셨다는 것입니다. 바리새인들은 율법 전문가였습니다. 바리새인들은 자신들이 율법에 대해서는 모르는 것이 없다고 생각했습니다. 그런데 예수님이 율법을 설명하기 시작하셨습니다. 예수님은 사역을 시작하면서 이렇게 말씀하셨습니다. "내가 너희에게 이르노니 너희

의가 서기관과 바리새인보다 더 낫지 못하면 결코 천국에 들어가지 못하리라"(마 5:20).

이 말씀은 지금도 변함없이 절대적으로 적용됩니다. 바리새인들은 한 주에 두 번 금식했으며, 소유의 십분의 일로 가난한 자들을 구제했습니다. 그러나 그리스도께서는 "부족하다. 충분하지 못하다!"라고 말씀하십니다. "이것으로는 충분하지 못하다. 너희의 의는 서기관과 바리새인의 의를 능가해야 한다." 주님이 지금 무엇을 말씀하고 계십니까? 주님은 율법을 설명하십니다. "진실로 너희에게 이르노니 천지가 없어지기 전에는 율법의 일점일획도 결코 없어지지 아니하고 다 이루리라. 그러므로 누구든지 이 계명 중의 지극히 작은 것 하나라도 버리고 또 그같이 사람을 가르치는 자는 천국에서 지극히 작다 일컬음을 받을 것이요, 누구든지 이를 행하며 가르치는 자는 천국에서 크다 일컬음을 받으리라"(마 5:18-19).

그런 다음에 주님은 자신의 말씀이 무슨 뜻인지 설명하십니다. "옛 사람에게 말한바 살인하지 말라, 누구든지 살인하면 심판을 받게 되리라 하였다는 것을 너희가 들었으나 나는 너희에게 이르노니 형제에게 노하는 자마다 심판을 받게 되고 형제에 대하여 라가라 하는 자는 공회에 잡혀가게 되고 미련한 놈이라 하는 자는 지옥불에 들어가게 되리라"(마 5:21-22).

그런 다음에 이어서 말씀하십니다. "또 간음하지 말라 하였다는 것을 너희가 들었으나"(27절). 순간 바리새인들은 자신 있게 말합니다. "맞습니다. 저는 절대로 간음한 적이 없습니다. 저는 의롭습니다." 그때 주님이 말씀하십니다. "나는 너희에게 이르노니 음욕을 품고 여자를 보는 자마다 마음에 이미 간음하였느니라"(28절). 그 후에 예수님은 이렇게 말씀하십니다. "만일 네 오른 눈이 너로 실족하게 하거든 빼어 내버리라. 네 백체 중 하나가 없어지고 온 몸이 지옥에 던져지지 않는 것이 유익하며, 또한 만일 네 오른손이 너로 실족하게 하거든 찍어 내버리라. 네 백체 중 하나가 없어지고 온몸이 지옥에 던져지지 않는 것이 유익하니라"(29-30절).

그런 다음에 예수님은 계속해서 이혼에 관해 가르치십니다. 유대인들은 이혼증서를 써 주었으며 그것으로 모든 것이 해결되었다고 생각했습니다. 그러나 주님은 이렇게 말씀하십니다. "누구든지 음행한 이유 없이 아내를 버리면 이는 그로 간음하게 함이요"(32절). 주님은 뒤이어 이렇게 말씀하십니다. "또 옛 사람에게 말한바 헛 맹세를 하지 말고……너희가 들었으나 나는 너희에게 이르노니 도무지 맹세하지 말지니 하늘로도 하지 말라. 이는 하나님의 보좌임이요, 땅으로도 하지 말라. 이는 하나님의 발등상임이요……오직 너희 말은 옳다 옳다, 아니라 아니라 하라. 이에서 지나는 것은 악으로부터 나느니라. 또 눈은 눈으로 이는 이로 갚으라 하였다는 것을 너희가 들었으나 나는 너희에게 이르노니 악한 자를 대적하지 말라. 누구든지 네 오른편 뺨을 치거든 왼편도 돌려 대며 또 너를 고발하여 속옷을 가지고자 하는 자에게 겉옷까지도 가지게 하며"(33-40절). 이렇게 예수님은 자신의 가르침을 계속하십니다.

하나님 나라가 여러분의 마음에 있다는 것은 여러분이 그분의 가르침을 받아들였다는 뜻입니다. 여러분이 자신의 작은 도덕성에 만족하지 않는다는 뜻이며, 바리새인과는 달리 이렇게 말한다는 뜻입니다. "그분의 말씀이 맞다! 그분은 우리가 모든 것을 영적인 눈으로 보기를 원하신다. 그분은 하나님이 나의 행동만큼이나 동기에도, 내가 실제로 손과 발로 하는 행동만큼이나 내 마음의 생각에도 주목하신다고 말씀하신다. 하나님은 단지 나의 피상적인 행동을 보시는 데 만족하지 않으시고 나의 마음을 살피신다. 내가 그분의 가르침을 받아들이고 논쟁하기를 그치며, '맞습니다!'라고 말하기를 바라신다는 뜻이다. 하나님은 내게 절대적인 의를 요구하신다."

그 다음으로 하나님 나라가 내 마음에 있다는 것은, 나에 대한 그분의 평가에 귀를 기울이고 그 평가를 받아들인다는 뜻입니다. 이것이 가장 어려운 부분입니다. 주님은 내가 잃어버린 자라고 말씀하십니다. 주님은 "인자가 온 것은 잃어버린 자를 찾아 구원하려 함이니라"고 말씀하십니다(눅 19:10). 그분은 또한 "건강한 자에게는 의사가 쓸데 없고 병든 자에게라야 쓸데 있느니라 나는 의인을 부르러 온 것이 아니요 죄인을 부르러 왔노라"고 말씀하십니다(막 2:17). 하나님의 나라 안에 있는 사람이 누구입니까? 자신은 잃어버린 자이며, 병든 자이며, 죄인이며, 소망 없는 자이며, 도저히 개선할 수 없을 만큼 악한 자이며, 그러므로 반드시 거듭나야 한다는 것을 인정하는 사람입니다.

여러분은 이 사실을 인정합니까? 이렇게 해야 여러분은 하나님 나라에 들어갑니다. 이렇게 해야 하나님 나라가 여러분 안에 들어옵니다. 하나님 나라는 여러분이 이것을 깨닫고 이렇게 고백할 때 여러분 안에 들어옵니다. "맞습니다. 정말로 그렇습니다. 저는 제 자신을 구원하려고 애썼지만 소용이 없었습니다. 저는 수없이 결심

했고, 선하고 도덕적인 사람이 되려고 애썼지만 허사였습니다. 저는 잃어버린 자이며 지옥에 떨어져 마땅한 자입니다. 주님 말씀이 옳습니다." 이렇게 고백하는 순간, 하나님 나라는 여러분 안에 있습니다. 여러분이 회개했기 때문입니다.

그 다음 단계는 여러분 자신을 그분의 구원 방식에 전적으로, 절대적으로 맡기는 것입니다. 여러분은 모든 영역에서 그분의 다스림을 인정해야 합니다. 여러분은 율법에 대한 그분의 해석과 여러분에 대한 그분의 진단을 받아들여야 합니다. 여러분 자신의 무능력을 인정하고, 여러분을 구원하시는 그분의 방법을 믿음으로써 자신을 완전히 내어맡겨야 합니다.

주님은 이것이 무슨 뜻인지 아주 분명하게 말씀하십니다. "인자가 온 것은 섬김을 받으려 함이 아니라 도리어 섬기려 하고 자기 목숨을 많은 사람의 대속물로 주려 함이니라"(마 20:28). "모세가 광야에서 뱀을 든 것같이 인자도 들려야 하리니 이는 그를 믿는 자마다 영생을 얻게 하려 하심이니라"(요 3:14-15). 여러분은 "십자가에 달린 분을 바라볼 때 생명이 있다"는 것을 믿고 자신이 아무것도 할 수 없음을 인정해야 합니다. 여러분은 남은 평생을 선하게 살기로 결단해야 하지만 선한 삶이 여러분을 구원하지는 못할 것입니다. 여러분은 그리스도를 본받으려고 노력할 수 있지만 그럴수록 더 깊은 절망을 느낄 것입니다. 여러분은 스스로 어찌할 수 없고 소망이 없는 죄인으로서, 주님의 발 앞에 나와 그분의 얼굴을 바라보며 그분께 자신을 온전히 드려야 합니다.

우리는 나음을 입은 열 명의 나환자 가운데 한 사람이 주님께

했던 것처럼 해야 합니다. 누가복음 17:11 이하에 그의 이야기가 나옵니다. "그중의 한 사람이 자기가 나은 것을 보고 큰소리로 하나님께 영광을 돌리며 돌아와 예수의 발 아래에 엎드리어 감사하니." 우리는 이렇게 해야 합니다. 우리는 주님이 우리를 위해 친히 죽으심으로, 우리의 죄를 친히 담당하심으로, 우리를 위해 하나님의 어린양이 되심으로 우리를 그분의 나라로 인도해 들이신다는 것을 깨달아야 합니다. 우리는 그분이 우리의 형벌을 대신 받으셨고, 이것만이 해방과 구원의 길이라는 것을 깨달아야 합니다. 여러분은 이것을 믿고 이렇게 고백해야 합니다.

> 큰 죄에 빠진 날 위해
> 주 보혈 흘려 주시고
> 또 나를 오라 하시니
> 주께로 거저 갑니다.
> ─살롯 엘리엇 Charlotte Elliott*

바꾸어 말하면, 이것은 여러분이 절대적이며 완전하게 항복하고, 자신을 완전히 그분의 손에 내어맡겨야 한다는 뜻입니다. 여러분은 자신을 부인하고, 자신의 십자가를 지고 그분을 따라야 합니다. 이렇게 할 때, 여러분은 하나님 나라에 들어간 것이며, 하나님 나라는 여러분 안에 들어와 있는 것입니다. 왜냐하면 그분이 여러분의 모든

---

* 찬송가 339장 1절.

것이며, 여러분 자신은 아무것도 아님을 알기 때문입니다. 여러분은 그리스도가 "알파와 오메가요 처음과 마지막"(계 21:6)임을 알며, 그분이 "골짜기의 백합화"(아 2:1)요, "광명한 새벽별"(계 22:16)이며, 영원히 내 영혼의 "햇살"이라는 것을 알기 때문입니다.

> 오 그리스도여, 당신만을 원합니다.
> 당신 안에서 넘치도록 얻습니다.
> —찰스 웨슬리 Charles Wesley*

여러분은 자신을 그분께 드리고, 그분을 하나님의 아들과 여러분의 개인적인 구원자와 주님으로 인정합니다. 여러분이 구하는 것은 그분뿐이며, 그분이 여러분의 전부라고 고백합니다. 그분의 영광을 위해 살겠다고 고백합니다. 그를 알고 가까이 하고 따름으로써 마지막 날 그가 다시 오셔서 최종적으로 만물을 새롭게 하실 때에 그와 함께 영광을 누리는 것이 여러분의 유일한 소원이 됩니다.

---

*찬송가 441장 3절 참조.

4

의와 평강과 희락

하나님의 나라는 먹는 것과 마시는 것이 아니요 오직 성령 안에 있는 의와 평강과 희락이라.　　　　　　　　　　　　　　로마서 14:17

우리는 하나님 나라와 그 나라에 관한 메시지가, 인간이 본성적으로 아는 모든 것과 전혀 다르다는 사실을 살펴보고 있습니다. 제가 보기에 이와 관련된 놀라운 증거가 있습니다. 사람들이 하나님 나라를 보는 시각이 저마다 매우 달라서 서로 맞지 않는다는 것입니다. 이들의 시각은 서로 모순됩니다. 이것은 이들의 시각이 모두 잘못되었다는 증거입니다.

하나님 나라에 관한 오해는 헤아릴 수 없을 정도로 많습니다. 앞 장에서 우리는 하나님 나라를 순전히 외형적으로, 사회적이거나 정치적으로 생각하는 사람들이 있다는 것을 살펴보았습니다. 우리 시대에 복음에 대한 오해가 얼마나 일반적인지도 살펴보았습니다. 이 시간에는 이와 정확히 반대되는 오해를 살펴볼 것입니다. 하나님 나라는 전적으로 내적일 뿐 외적인 것과는 전혀 무관하다고 보는 시각입니다. 이러한 견해를 취하는 사람들에 따르면, 하나님 나라는 "먹는 것과 마시는 것"입니다. 바꾸어 말하면, 이들은 진정한 하나님 나라를 종교나 종교생활과 혼동합니다.

아시다시피, 저는 본회퍼의 "비종교적 기독교" 개념을 지지하지 않습니다. 왜냐하면 본회퍼의 사상이 잘못되었다고 믿기 때문입니다. 그러나 그의 말은 어느 정도 진리를 내포합니다. 성경에는 하나님 나라와 종교와 종교 의식의 차이를 보여주는 가르침이 아주 많습니다. 바꾸어 말하면, 여러분은 종교인이면서도 그리스도인이 아닐 수 있으며, 하나님 나라의 시민이 아닐 수 있습니다. 이것이 사도 바울이 "하나님의 나라는 먹는 것과 마시는 것이 아니요 오직 성령 안에 있는 의와 평강과 희락이라"는 구절에서 하고자 하는 말입니다(롬 14:17).

사도 바울은 도대체 왜 이렇게 말한 것일까요? 문맥이 아주 중요합니다. 바울은 혼란에 빠진 로마 교회의 구성원들에게 편지를 쓰고 있습니다. 그리스도인은 절대로 완전하지 않습니다. 우리는 결코 완전하지 않으며 우리 자신을 전파하지도 않습니다. 우리는 스스로 불완전하다고 말하지만 이전보다 훨씬 더 나아졌다고 말합니다. 왜냐하면 예전에 우리는 소망 없는 사람들이었기 때문입니다! 우리는 아직 완전하지 않지만 완전을 향해 나아가고 있습니다. 그러므로 그리스도인은 혼란에 빠질 수 있습니다. 그리스도인은 그리스도 안에 있으면서도 생각이 혼란스러울 수 있습니다. 마귀가 항상 혼란을 일으키려 하기 때문입니다. 마귀는 로마에서 혼란을 일으켰습니다. 우리는 로마의 그리스도인들이 무엇에 대해 논쟁하고 있었는지 알 수 있습니다. 로마의 그리스도인들은 다음과 같은 것을 두고 논쟁하고 있었습니다. 무슨 요일을 주일로 지켜야 하는가? 한 주의 첫날이어야 하는가 아니면 마지막 날이어야 하는가? 토요일과 일요일 중 어느 날에 안식해야 하는가? 양쪽 모두 자신이 옳다고 확신했습니다. 양쪽 모두 서로를 정죄했으며, 결국 교회 전체가 분열되었습니다.

또 다른 문제가 있었습니다. 당시 로마에는 이방 신전들이 있었습니다. 로마의 그리스도인들은 회심하기 전에 이 신전들에서 신들을 섬겼습니다. 이들은 이방 신전에서 이방 신들에게 바쳐진 고기를 먹기도 했습니다. 그러나 이제 그리스도인이 되었으므로 어떤 사람들은 그 고기를 먹는 것이 옳지 않다고 생각했고, 어떤 사람들은 전혀 문제가 되지 않는다고 생각했습니다. 그래서 이들은 이 문제에 대해서도 논쟁하고 있었습니다. "우리가 무엇을 먹고 무엇을 마셔야 하는가?" 이 외에도 여러 문제가 있었습니다. 그때 어떤 사람이 이 모든 문제를 사도 바울에게 알렸습니다.

그래서 사도 바울은 이들에게 편지를 쓰면서 사실상 이렇게 말했습니다. "하나님의 이름으로 한다면 무엇이 문제가 되겠습니까? 하나님 나라가 먹는 것과 마시는 것의 문제라고 생각합니까? 그것이 기독교입니까? 그것은 하나님 나라가 아닙니다. 하나님의 아들이 하늘에서 이 땅에 내려와 살고 죽고 부활하신 것은 단순히 이런 문제를 다루기 위해서가 아닙니다. '하나님 나라는 먹는 것과 마시는 것이 아닙니다.' 하나님 나라는 전혀 다른 것입니다. 감사하게도 하나님 나라는 '성령 안에 있는 의와 평강과 희락'입니다."

우리가 지금 이 문제를 다루는 이유는, 이 문제에 걸려 넘어지는 사람들이 많기 때문입니다. 이들은 이런 문제를 두고 논쟁하고 다투는 것을 보면서 "이게 기독교라면 난 기독교에 관심 없어!"라고 말합니다. 그러나 저는 이런 태도는 하나님 나라의 참모습을 절대적으로 오해한 것임을 여러분에게 확실히 말씀드립니다. 그것은 기독교가 아닙니다. 다시 한번 강조하지만, 기독교는 단순히 종교나 예배 체제의 문제가 아닙니다.

설명하면 이렇습니다. 주님과 너무나 많이 논쟁하고 다투었으며 주님을 반대했던 유대인들을 생각해 봅시다. 이들의 문제가 무엇이었습니까? 이들은 종교를 주님의 메시지보다 우선시했고 주님이 틀렸다고 생각했습니다. 이들은 자신의 유대교에 빠져 있었기 때문에 하나님 나라를 이해하지 못했습니다. 지금도 마찬가지입니다. 종교는 기독교의 가장 큰 적일 수 있습니다. 기독교는 단지 예배 자리에 참석하는 것에 불과하다고 생각하는 사람들이 있습니다. 이들은 주일 아침에 예배 자리에 나와서 "나는 신앙인이다!"라고 말합니다. 이들은 교리나 진리를 전혀 모릅니다. 이들은 자신이 무엇을 믿는지도 모릅니다. 그러나 이들은 주일 아침에 교회에 가는 것이 기독교라고 생각합니다. 그러나 그것은 종교일 뿐이지 기독교가 아닙니다.

다시 말씀드리면, 사람들은 자신의 교단에 대해 논쟁하는 데 시간을 보낼 뿐 다른 것에는 전혀 관심이 없습니다. 사람들은 자신의 예배 자리에, 자신의 교회에, "자신의 일"에만 관심이 있을 뿐 다른 것에는 관심이 없습니다. 사람들은 서로 경쟁하며, 경쟁은 하나님 나라에 대한 진정한 관심을 약화시킵니다. 이것은 한낱 종교에 불과합니다. 우리는 이런 것에 대해 분명히 해야 합니다. 바깥에는 이런 것들에 대해 불쾌해 하는 사람들이 있습니다. 저는 이들을 비난하지 않습니다. 왜냐하면 그것은 기독교가 아니기 때문입니다. 그렇다고 조직이 필요 없다는 뜻은 아닙니다. 이런저런 형태의 조직이 반드시 필요합니다. 그러나 여러분이 조직에 최우선순위를 두고 "바로 이거야!"라고 말한다면, 여러분은 하나님 나라를 부정하고 있는 것입니다.

또한 특정한 의식과 양식을 강조하는 사람들이 있습니다. 사람들은 어떤 방법으로 기도해야 하는지를 놓고 논쟁하며 다툽니다. 앉아서 해야 하는가, 일어서서 해야 하는가, 아니면 바닥에 엎드려서 해야 하는가? 마치 기도에서 그런 것이 중요한 것처럼 말합니다. 이들은 하나님을 만나는 일에 대해서는 말하지 않습니다. 이들에게 중요한 것은 어떤 자세로 기도하느냐 하는 것입니다. 이들은 성찬식 집례자가 어떤 옷을 입어야 하며, 포도주는 발효된 것과 발효되지 않은 것 가운데 어느 것을 사용해야 하는가를 두고도 논쟁합니다. 이런 특정한 의식과 양식이 아주 중요해지면 결국 이런 것 때문에 사람들이 나눠지고 분열됩니다. 이것은 하나님 나라를 "먹는 것과 마시는 것"으로 바꾸는 짓입니다. 그러나 이런 일이 아주 흔하게 일어납니다. 사람들이 불쾌하게 반응하는 것이 당연합니다.

사도 바울은 이런 것을 단호하게 거부합니다. 그는 사실 이렇게 말합니다. "여러분이 무엇을 하며, 어떤 방법으로, 어디서 예배하느냐의 문제가 기독교라고 생각한다면, 여러분은 전혀 그리스도인이 아닙니다." 그것은 주님이 어느 날 오후 우물가에서 만난 사마리아 여인의 문제였습니다. 그 여인은 이렇게 말했습니다. "우리 조상들은 이 산에서 예배하였는데 당신들의 말은 예배할 곳이 예루살렘에 있다 하더이다"(요 4:20). 여인은 어디서, 어떻게 예배해야 하는지를 놓고 논쟁에 들어갔습니다. 그러나 그것은 기독교가 아닙니다. 그것을 당장 제거하십시오. 기독교는 전혀 다른 것입니다.

이제 이 사실이 모두에게 자명하고 분명해져야 합니다. 어떤 의미에서는, 우리가 과거와는 달리 이러한 태도를 많이 취하지 않는데 대해 하나님께 감사드려야 합니다. 저는 우리나라의 상황이 과거보다 희망적이라고 생각합니다. 과거에 사람들은 습관과 관습을 따라 주일에 교회에 갔습니다. 사람들은 자신이 왜 교회에 가는지 몰랐습니다. 사람들은 교회에 가도록 교육받았습니다. 이들은 주로 교단주의자들이었습니다. 감사하게도 이런 시대가 끝났습니다. 저는 교단주의자들의 교회는 대부분 조만간 텅 빌 것이라고 봅니다. 그렇게 되면 우리는 새롭게 시작하며, 순수하고 단순하게 하나님 나라를 새롭게 전파할 수 있을 것입니다.

그러나 하나님 나라에 관한 잘못된 시각에는 또 다른 부분이 있습니다. 이 부분은 앞에서 다룬 부분보다 훨씬 더 중요합니다. 기독교를 일종의 도덕으로 혼동하는 사람들이 있습니다. 기독교를 마치 금지와 규제를 합쳐 놓은 것처럼 생각하는 사람들이 아주 많습니다. 로마 교회에 바로 이런 문제가 있었습니다. "이것은 먹지 마시오. 저것도 먹지 마시오. 이런저런 것을 지키시오." 사람들은 금지와 규제에 대해 전문가였으며 그런 것을 꼼꼼하게 따졌습니다. 그러나 사도 바울은 말합니다. "그게 아닙니다. 그리스도께서 하늘에서 이 땅에 오신 것은 이런 일을 위해서가 아닙니다. 이것은 기독교가 아닙니다!"

우리는 이것을 우리 시대에 맞추어 해석할 수 있습니다. 곧, 여러분 자신이 사는 방식에 따라 그리스도인이 될 수 있다고 생각하는 것입니다. 어떤 것을 하지 않으면 그리스도인이고, 어떤 것을 하면 그리스도인이 아니라고 생각하는 것입니다. 그래서 여러분이 어떤 것을 하지 않으면, 여러분은 당연하게도 다른 사람들을 비판할 수 있게 됩니다. 여러분 자신이 다른 사람들보다 낫다고 여기며, 그래서 다른 사람들을 무시하게 됩니다. 이것이 누가복음 18장에 나오는 바리새인들의 문제였습니다. "하나님, 감사합니다. 저는 다른 사람들과 다릅니다. 저는 일주일에 두 번 금식합니다. 저는 소유의 십분의 일로 구제합니다. 저는 너무나 선합니다. 이 가련한 세리, 이 죄인과는 다릅니다." 그러나 이것은 하나님 나라가 아닙니다. 이것은 하나님 나라와 정반대입니다. 그래서 사도 바울이 꾸짖는 것입니다. 그러나 오늘날 이런 생각들이 얼마나 일반적입니까! 오늘날 너무나 많은 사람들이 기독교를 순전히 부정적인 것으로 생각합니다. 사람들에게 항상 요구만 하는 것으로, 그리스도인이 되려면 이런저런 일을 그만두어야 하는 것으로 생각합니다. 이들은 여기서 한 발짝도 더 나아가지 못하며, 기독교가 여러분에게 주는 것에 대해서는 전혀 말하지 않습니다.

그 결과, 기독교가 도덕과 혼동됩니다. 이것은 우리 사회의 모든 계층에서 나타나는 매우 일반적인 현상입니다. 이것이 때로 '공립학교 종교public school religion'라 불리는 것입니다. 공립학교 종교를 시작한 사람은 럭비스쿨의 교장 토마스 아놀드 박사Dr. Thomas Arnold입니다. 그는 기독교를 "감정이 조금 곁들여진 도덕"에 불과하다고 정의했습니다. 그에게 그리스도인은 완벽한 어린 신사, 이런저런 것을 하지 않는 사람입니다!

그러나 그것은 기독교가 아닙니다. 그것은 하나님 나라가 아닙니다. 여러분은 스스로 그렇게 할 수 있습니다. 그러나 그것은 아놀드 박사의 가르침일 뿐입니다. 그것은 단지 윤리와 도덕에 지나지 않습니다. 부정적이며 차갑고 비참한 종교, 항상 모든 것을 금지하고 결코 그 무엇도 주지 않는 종교일 뿐입니다.

그와 같은 것을 말하는 것은 복음 전파의 한 부분입니다. 저는 빅토리아 시대 사람들을 옹호하는 것이 아닙니다. 저는 빅토리아 시대 사람들이 하나님 나라에 큰 해를 끼쳤다고 생각합니다. 그들은 실제로 하나님 나라를 끌어내렸습니다. 그들 가운데 대부분은 하나님 나라를 도덕과 관습의 수준으로 끌어내렸으며, 주일을 즐거움이나 기쁨이 없는 날로 만들어 버렸습니다. 그것은 하나님 나라가 아니라 "먹는 것과 마시는 것"이었습니다. 사람들은 모든 시간을 "먹는 것과 마시는 것"을 말하는 데 허비했습니다.

그러므로 이들에 따르면, 기독교는 사람들을 비참하게 하고 사람들로 하여금 자신이 항상 실패자라고 느끼게 하는 것입니다. 사람들은 더 나아지려고 노력하지만 성공할 수 없습니다. 그러나 사람들은 계속 노력해야 합니다. 왜냐하면 그것만이 하나님 나라에, 천국에 들어가는 유일한 길이기 때문입니다. 이들은 우리가 자신의 삶과 자신의 행동으로 하나님 나라에 들어간다고 생각합니다. 그래서 이들은 계속해서 노력하고 또 노력합니다. 밀턴John Milton의 말처럼 "즐거움을 조롱하며 수고로운 세월을 살면서" 항상 노력하지만 결코 성공하지 못합니다. 그것은 수도원에서 금식하며, 땀 흘리며, 기도하는 수도사와 같습니다. 수도사는 항상 포기하고 항상 부정하지만 모든 것이 헛수고입니다. 이들에게 하나님 나라는 "먹는 것과 마시는 것"일 뿐입니다.

이것은 우리 시대에 아주 일반적인 생각입니다. 지난 몇 세기 동안 진정한 하나님 나라의 개념과 기독교 신앙과 메시지의 영광을 이만큼 거스른 것은 없었습니다. 이것이 교회를 옥죈 중세의 정신 체제였고 중세 시대의 로마 가톨릭이었습니다. 이것이 가련한 마르틴 루터가 힘겹게 씨름했던 문제였습니다. 마르틴 루터는 선한 사람이 되고 싶었고, 그리스도인이 되고 싶었습니다. 그는 지옥에 가고 싶지 않았습니다. 그는 자신이 혼자 힘으로 해야 한다고 생각했습니다. 그래서 그는 수도원으로 들어갔습니다. 그러나 희망이 없었습니다. 너무나 많은 사람들이 모든 것을 포기하고 부정하면서 똑같이 해보았으나 아무런 기쁨도, 아무런 자유도, 아무런 평안도, 아무런 행복도 얻지 못했습니다. 노력하고 땀 흘렸지만 모든 것이 헛수고였습니다. 이들에게 하나님 나라는 "먹는 것과 마시는 것"일 뿐이었습니다. 이들은 서로를 괴롭히고, 논쟁하고, 비교하고, 비판할 뿐이었습니다.

그러나 감사하게도 저의 메시지는, 하나님 나라는 "먹는 것과 마시는 것"이 아니라는 것입니다. 하나님 나라가 이것일 뿐이라면, 하나님의 아들이 천국의 궁정을 떠나 자신을 낮추고 삶과 죽음과 무덤과 부활을 통해 그 모든 일을 겪으셨다는 것이 말이 됩니까? 유대인들은 그분이 오시기 전에 하나님 나라를 이렇게 생각했습니다. 위대한 도덕론자들과 철학자들도 성육신이 있기 전에 이렇게 가르쳤습니다. 감사하게도 이것은 기독교가 아니며 신약성경의 가르침도 아닙니다. 이것은 너무나 작은 가르침입니다. 바울은 여기서 이러한 시각을 비웃고 있습니다.

그렇다면 여러분에게 하나님 나라는 무엇입니까? 교인이 되는 것입니까? 이따금, 부활주일 아침이나 그 외에 한두 번 더 하나님의 집에 가는 것입니까? 여러분에게 하나님 나라는 선을 행하는 것입니까? 이것을 행하지 않고 저것을 행함으로 선하게 되며 존경받는 것입니까? 그렇습니까? 여러분은 하나님의 아들이 단지 이런 것을 위해 그 모든 것을 행하셨다고 생각하십니까? 이러한 생각을 비웃고 우리 마음에서 단번에 제거해 버립시다! 이것은 하나님 나라가 아닙니다.

"하나님의 나라는 먹는 것과 마시는 것이 아니요 오직 성령 안에 있는 의와……." 그러므로 우리는 스스로 하나님 나라라고 말하는 모든 것에 항상 첫 번째 기준을 적용해야 합니다. 그 기준은 크기입니다. 여러분에게 기독교라고 제시되는 것이 작다면 그것은 기독교가 아닙니다. 기독교는 우주에서 가장 큽니다. 하나님 나라는 광대하며 영광스럽습니다! 하나님 나라이기 때문에 그렇습니다. 하나님 나라는 크고 심오합니다. 하나님 나라는 외형이나 의식이나 예식과 관련된 작고 고상한 것 정도가 아닙니다. 여러분이 하는 일과 하지 않는 일 정도가 아닙니다. 여러분의 깔끔하고 아담하고 작은 삶 정도도 아닙니다. 그리스도인의 삶은 깔끔한 것이 아니라 크고 거대한 것으로서, 하나님의 의righteousness라는 큰 물음에서 시작합니다.

그렇다면 제가 하는 일과 하지 않는 일을 꼼꼼히 챙기고 이 모든 세세한 율법을 지키면서 기분 좋아하는 것과 기독교는 어떻게 다릅니까? 기독교는 이 작은 문제들과 율법의 세세한 모든 부분을 주시하는 대신에 이렇게 말합니다. "잠깐! 머리를 들어 하늘을 보십시오. 하나님을 보고, 의를 보십시오!" 바꾸어 말하면, 기독교는 내가 지금까지 했던 방식으로 내 자신을 생각하기를 멈추고 하나님을, 하늘을, 나와 그분의 관계를 보라고 말합니다. 기독교는 내 도덕성이 아니며, 무엇이 옳고 그른가에 대한 내 생각이 아닙니다. 기독교는 사람들이 어떻게 살아야 하느냐에 대한 내 생각이 아닙니다. 우리는 침묵해야 합니다. 바울은 이렇게 말합니다. "멈추고, 하나님을 보십시오!" "의"라는 말은 즉시 우리를 하나님 앞으로 이끌어 올립니다. 왜냐하면 하나님은 영원히 의로우시기 때문입니다. 참으로 그분은 의로우십니다. 의는 그분의 거룩하고 영원한 속성 가운데 하나이며, 그분의 거룩의 한 부분이며, 그분의 영광의 한 부분입니다. 하나님은 본질적으로 의롭고 공정하시며, 신하고 참되십니다.

그러므로 저는 이런 의문이 듭니다. 저는 제가 주일에 교회에 간다고 말합니다. 사도 바울은 이렇게 말합니다. "좋습니다. 하지만 내가 알고 싶은 것은 따로 있습니다. 당신과 하나님은 어떤 관계입니까?" 우리와 하나님의 관계가 바로 의입니다. 우리는 이런 생각을 해본 적이 한번도 없습니다. 왜냐하면 우리가 무엇을 하느냐, 무엇을 하라고 교육받았느냐 하는 것만이 중요했기 때문입니다.

스스로 그리스도인이라고 말하면서도 자신이 어떻게 하나님 앞에 서는가라는 질문과 맞닥뜨린 적이 전혀 없는 사람들이 너무나 많습니다. 이들은 바리새인들처럼, 우리가 이것과 저것을 하면 전적으로 의롭다고 생각합니다. 이들은 하나님을 전혀 생각하지 않습니다. 이들은 자신과 하나님의 관계를 전혀 생각하지 않습니다. 그러나 의는 우리로 하여금 우리와 하나님의 관계를 생각하게 합니다. 의는 우리의 행동이나 사상이나 예배나 의식儀式이나 그 외 잡다한 것에서 시작하지 않습니다. 의는 이렇게 말합니다. "하나님이 계시고 네가 있다. 너는 하나님을 만나야 한다. 너는 하나님 앞에 서야 하고, 그분과 대면해야 하며, 네가 육체로 있을 때 살았던 삶을 해명해야 한다." 그러므로 우리는 "인생이 어찌 하나님 앞에 의로우랴?"(욥 9:2)는 욥의 오래된 물음과 맞닥뜨리기 전에는 의를 전혀 알지 못합니다. 우리는 평생을 살면서도 이런 생각을 전혀 하지 않을 수 있습니다. 우리는 하루하루를 삽니다. 우리는 자신의 행동을 의지하여 살고, 자신의 선을 의지하여 살고, 자신이 훌륭하고 부족한 부분이 없다고 생각합니다. 따라서 "한 번 죽는 것은 사람에게 정해진 것이요 그 후에는 심판이 있으며"(히 9:27), "그는 우리를 지으신 이요 우리는 그의 것"이므로(시 100:3) 하나님이 우리를 거룩하고 의로운 방법으로 심판하시리라는 생각을 전혀 하지 못합니다. 하나님은 우리에게 능력을 주셨으므로, 또한 우리에게 기대하시는 것이 있습니다.

사도 바울이 아테네를 방문했을 때, 그가 했던 설교의 주제는 의義였습니다. 사도행전 17:16-34에 그의 설교가 나옵니다. 사도 바울은 아테네가 온갖 신전으로 넘쳐나는 것을 보았습니다. 그는 한 신전에서 "알지 못하는 신에게"라는 글귀를 보고 깜짝 놀랐습니다. 사도 바울은 사실 이렇게 말합니다. "아, 그렇구나! 아테네 사람들이 여기까지 생각했구나! 이들은 자신의 신들을 충분히 설명하지 못하니 자신의 신들 뒤에 하나님, '알지 못하는 신'을 둘 수밖에 없었구나!" 그는 이렇게 설교합니다. "그러므로 여러분이 알지 못하고 예배하는 신을 제가 여러분에게 알려 드리겠습니다." 바울은 이어서 말합니다. "그분은 하나님이신데, 그분은 사람의 손으로 지은 신전에서 예배를 받으시는 분이 아닙니다. 그분은 만물에 생명을 주시고 만물이 존재하게 하셨기 때문입니다. 그분은 신전에 제한되실 수 없습니다. 이제 여러분에게 이 하나님에 대해 말씀드리겠습니다. 상황이 매우 긴박합니다. 과거에는 하나님이 이러한 무지를 못 본 체하셨으나 이제는 모든 곳의 모든 인간에게 회개하라고 명령하시기 때문입니다. 그 이유가 무엇입니까? '이는 정하신 사람으로 하여금 천하를 공의로 심판할 날을 작정하시고 이에 그를 죽은 자 가운데서 다시 살리신 것으로 모든 사람에게 믿을 만한 증거를 주셨음이니라(행 17:31).'"

세상은 의로 심판받을 것입니다. 이것은 하나님이 그분의 형상으로 우리를 지으셨고 우리에게 그분의 거룩한 율법과 길을 따라 살기에 충분한 재능과 능력과 기질을 주셨으므로 우리가 그렇게 살기를 기대하신다는 뜻입니다. 하나님은 인간을 하나님과 교제하도록 지으셨습니다. 인간은 하나님의 거룩한 뜻에 순종하는 삶 가운데서 하나님과 동행해야 합니다. 이러한 동행에는 죄도 없고, 악도 없고, 어둠도 없고, 더러움도 없습니다. 이것은 하나님이 빛이시기 때문에 빛 가운데서 하나님과 동행하는 삶입니다. 이것은 의의 삶입니다. 모든 사람이 이런 삶을 살아야 합니다. 그런데 문제는 우리가 과연 이런 삶을 살고 있느냐는 것입니다. 이런 견지에서 이런 기준에 따라 심판받을 것이기 때문입니다.

이것 외에는 아무것도 중요하지 않습니다. 주님은 이것을 바리새인들에게 이렇게 표현하셨습니다. "너희는 사람 앞에서 스스로 옳다 하는 자들이나 너희 마음을 하나님께서 아시나니 사람 중에 높임을 받는 그것은 하나님 앞에 미움을 받는 것이니라"(눅 16:15). 하나님은 이들이 사람들 앞에서 스스로를 옳게 여겼다고 말씀하십니다. 사람들은 바리새인들을 매우 선한 사람들이라고 평가했습니다. 이들은 매주 금식했고, 자기 소유의 십분의 일로 가난한 자들을 구제했습니다. 이들은 신앙이 독실해 보였습니다. 이들은 시장에서서 자신들의 놀라운 선행을 보여주었습니다. 이들은 훌륭한 율법 선생이었고(잘못된 의미에서) 사람들은 이들을 칭찬했습니다. 이들은 "우리 정말 훌륭한 사람이야!"라고 했습니다. 그러나 이들에 대한 주님의 평가를 다시 한번 보십시오. "너희 마음을 하나님께서 아시나니."

결론은 이렇습니다. 이것은 의의 문제입니다. 나는 하나님 앞에 서야 합니다. 그런데 내가 한 일을 보십시오. 내가 범한 죄와 악은 어떻게 됩니까? 내가 그것에 대해 무엇을 할 수 있습니까? 나는 무언가를 해야 합니다. 하나님이 나의 모든 것을 아시기 때문입니다. 그분에게는 아무것도 숨길 수 없습니다. 나의 모든 것이 기록되어 있으니 나는 그 기록을 제거해야 합니다. 그뿐만 아니라 하나님은 나의 마음도 보십니다. 그분은 나의 행위만 보시는 것이 아니라 나의 생각, 나의 바람, 나의 상상까지도 보십니다. 그분은 내 마음의 깊은 곳을 보시며, 내 존재의 중심을 보시며, 이런 것들에 따라 나를 심판하실 것입니다. 인간은 완전하게 창조되었습니다. 인간의 마음이, 인간의 지성이, 인간의 영혼이 완전하게 창조되었습니다.

따라서 인간의 행동도 완전해야 합니다. 이것이 의입니다. 안팎이 깨끗해야 합니다. 주님은 우리에게 이것을 최고의 우선순위로 삼으라고 말씀하십니다.*

하나님 나라는 의에 관한 것입니다. 여러분이 이것을 깨닫는 순간 교회 출석을 말하는 것은 별 의미가 없습니다. 그렇지 않습니까? 여러분 자신이 무엇을 먹고 무엇을 먹지 않는지 말하거나, 무엇을 마시고 무엇을 마시지 않는지 말하는 것은 별 의미가 없습니다. 여러분 자신이 창녀들과 술주정꾼들보다 얼마나 더 나은지 말하는 것은 별 의미가 없습니다. 그렇다면 무엇이 중요합니까? "너희 마음을 하나님께서 아시나니 사람 중에 높임을 받는 그것은 하나님 앞에 미움을 받는 것이니라."

구약 시대의 이사야 선지자조차도 "우리의 의는 다 더러운 옷 같으며"라고 말할 수 있었던 것은(사 64:6), 의에 대해 이와 같은 생각을 가졌기 때문입니다. 교만하고 자고했던 다소의 사울도 마찬가지였습니다. 그는 자신이 율법에 대해 의로우며 하나님의 계명을 어느 누구보다도 잘 지킨다고 생각했습니다. 그러나 그는 진정으로 의를 깨달았을 때 모든 것을 배설물로 여긴다고 고백하면서, 그 이유를 이렇게 말했습니다. "그 안에서 발견되려 함이니 내가 가진 의는 율법에서 난 것이 아니요 오직 그리스도를 믿음으로 말미암은 것이니 곧 믿음으로 하나님께로부터 난 의라"(빌 3:9).

일단 의를 하나님이 규정하신 대로 이해하면, 우리의 모든 선은

---

*이 책 2장을 참조하라.

하찮은 것이 됩니다. 배설물과 쓰레기가 됩니다. 우리의 모든 의는 추하고 더러우며 곪아 있습니다. 악취가 납니다. "하나님의 나라는 먹는 것과 마시는 것이 아니요."

그러므로 의에 대한 물음은 이것입니다. "구스인이 그의 피부를, 표범이 그의 반점을 변하게 할 수 있느냐?"(렘 13:23) 우리가 어떻게 하나님 앞에 설 수 있습니까? 우리가 우리의 죄를 어떻게 할 수 있겠습니까? 우리가 정결하고 깨끗하지 않는 한, 우리가 하나님과 같지 않는 한, 하나님 앞에 설 수 없습니다. 우리가 이것을 깨닫는 순간, 의복과 포도주의 종류와 그 외에 사소한 모든 것에 대한 하찮은 관심은 완전히 우스운 것이 되며, 의와는 전혀 무관하다는 것을 알게 됩니다.

이것이 문제입니다. 여기 한 영혼이 이 문제를 자각했을 때 드린 고백이 있습니다.

> 만세반석 열리니 내가 들어갑니다.
> 창에 허리 상하여 물과 피를 흘린 것
> 내게 효험 되어서 정결하게 하소서.
> ─오거스터스 탑레이디 Augustus Toplady*

나는 죄와 죄의 권세로부터 정결하게 되어야 합니다. "하나님이여, 내 속에 정한 마음을 창조하시고 내 안에 정직한 영을 새롭게 하소

---

* 찬송가 188장 1절.

서"(시 51:10). 이것이 내게 필요합니다. 나는 적극적으로 의롭게 되어야 합니다. 감사하게도 이것이 하나님 나라의 메시지입니다. 그리스도께서는 나에게 "두 배의 치유"를 주시려고, 나를 죄와 죄의 권세에서 정결하게 하시려고 하늘에서 이 땅에 오셔서 그 모든 것을 행하셨습니다. 사도 바울은 이렇게 말합니다. "하나님이 죄를 알지도 못하신 이를 우리를 대신하여 죄로 삼으신 것은 우리로 하여금 그 안에서 하나님의 의가 되게 하려 하심이라"(고후 5:21). 그는 앞서 이렇게 말했습니다. "우리가 그리스도를 대신하여 사신이 되어 하나님이 우리를 통하여 너희를 권면하시는 것같이 그리스도를 대신하여 간청하노니 너희는 하나님과 화목하라." 사신(대사)의 메시지는 무엇입니까? "하나님께서 그리스도 안에 계시사 세상을 자기와 화목하게 하시며 그들의 죄를 그들에게 돌리지 아니하시고"(고후 5:19-20).

여기서 '돌린다'는 것은 무언가를 책이나 명부에 기록한다는 뜻입니다. 아시다시피, 하나님은 여러분의 이름을 그분의 명부에 기록해 놓으셨습니다. 그렇습니다. 여러분의 이름이 하나님의 명부에 기록되어 있습니다. 저는 여러분의 이름이 뭔지 모릅니다. 그러나 하나님에게는 명부가 있습니다. 여러분의 이름이 기록되어 있습니다. 그분은 그 명부에서 여러분의 이름이 있는 곳을 펼치시는데, 거기에는 여러분이 범한 모든 것, 여러분에게 돌려진 모든 죄가 기록되어 있습니다. 이 모든 것이 여러분의 이름 아래 기록되어 있으며, 여러분은 그것에 대해 해명해야 합니다. 그러나 하나님은 여러분의 이름 밑에 있는 기록을 그분의 이름 아래로 옮기셨습니다.

이것이 돌린다는 말의 뜻입니다. 하나님은 예수 그리스도를 "우리를 대신하여 죄로 삼으셨습니다." 그리스도께서는 우리의 형벌을 대신 받고 죽으셨습니다. 우리의 죄가 그분을 죽였습니다. 그러므로 우리의 죄가 그분에게 돌려졌고 우리에게서 제거되었습니다. 그래서 우리는 값없이 용서받았습니다.

그러나 나에게는 또 다른 문제가 있습니다. 죄의 권세, 곧 악한 본성입니다. 나는 새로운 피조물이 되고 싶고, 죄악된 생각과 삶과 욕망을 버리고 싶습니다. 내가 하나님과 영원히 살 수 있으려면, 먼저 마음을 깨끗하고 정결하게 해야 하며 의로운 본성을 가져야 합니다. 그러나 나 스스로의 힘으로는 할 수 없습니다. 그렇게 하려는 것이 난센스입니다. 여러분이 그렇게 하려는 순간 자신의 더럽고 더러운 모습을 보게 됩니다. 여러분도 할 수 없습니다. 여러분은 자신을 변화시킬 수 없습니다. 그러나 감사하게도 하나님은 하실 수 있습니다. 그렇게 하시는 목적이 무엇입니까? "우리로 하여금 그 안에서 하나님의 의가 되게 하려 하심이라."

하나님은 우리의 죄를 그리스도께 돌리실 때, 그리스도의 의를 우리에게 돌리십니다. 너무나 놀랍지 않습니까? 나의 명부에 있던 죄가 그분의 명부로 옮겨집니다. 그분의 선과 의와 정결이 나의 이름 아래로 옮겨집니다. 달리 표현하면, 나는 죄악의 더러운 옷을 입고 있는데, 이런 옷으로는 빛이신 하나님 앞에 설 수 없습니다. 하나님은 나의 옷을 벗기시고 예수 그리스도의 의의 옷을, 그분의 흠 없고 완전한 순종의 삶을, 그분의 거룩한 본성을 나에게 입히십니다. 나는 그리스도 안에 있으며, 그리스도의 것입니다. 그분은 새로운 분이며 나는 그분 안에 있습니다. 하나님은 그분 안에서 그분의 의를 입은 나를 보십니다.

> 예수여, 당신의 의와 피,
> 내 아름다움, 내 영광의 옷이니
> 불타는 세상 속에서 이 옷 차려입고
> 기쁨으로 내 머리를 들리이다.
> —니콜라우스 폰 친첸도르프 Nicholaus von Zizendorf

이것이 기독교입니다. 기독교는 여러분과 저의 작은 선이 아닙니다. 기독교는 제가 무엇을 행하느냐와 행하지 않느냐의 문제가 아닙니다. 기독교는 제가 다른 사람보다 얼마나 더 나으냐의 문제가 아닙니다. 기독교는 제가 이전보다 얼마나 더 나아졌느냐의 문제도 아닙니다. 기독교는 그런 것이 아닙니다. 그러므로 그 모든 것을 잊고 그리스도를 바라보십시오. 그러면 그분의 흠 없고 완전한 의가 보일 것입니다. 여러분이 그분을 믿으면, 그분의 의가 여러분에게 주어지고 여러분은 그분의 의를 입게 될 것입니다.

기독교는 "평강"입니다. "의와 평강"입니다. 의에는 필연적으로 평강이 따릅니다. 그렇지 않습니까? 사람들이 자신의 영혼을 염려할 때, 어떻게 그들에게 평강(평안)이 있을 수 있겠습니까? 사람들이 죽음 뒤에 심판이 있다는 것을 알고 죽음을 두려워할 때, 어떻게 그들에게 평강이 있을 수 있겠습니까? 사람들이 힘써 노력하지만 자신들이 얼마나 무가치한지 깨달을 뿐인데, 어떻게 그들에게 평강이 있을 수 있겠습니까? 있을 수 없습니다. 그러나 사람들이 하나님 나라의 복된 진리를 믿고 그리스도를 하나님의 의의 길로 믿는 순간, 곧 모든 것이 바뀝니다. "우리는 믿음으로 의롭게 되었으므로 하나님과 화목(평화)하게 됩니다." 이것으로 나의 무익한 모든 노력은 끝이 납니다.

다시 루터의 이야기로 돌아가 봅시다. 루터는 우리에게 이 모든 것을 설명해 주는 완벽한 그림을 보여줍니다. 그에게는 노력, 고뇌, 불안, 고통 등 모두가 헛수고뿐이었습니다! 그때 루터는 갑자기 깨달았습니다. "의인은 믿음으로 말미암아 살리라." 그 순간, 그의 영혼에 평안이 찾아왔습니다. 그가 결코 할 수 없는 것을 그리스도께서 이미 그를 위해 해놓으셨습니다. 이것을 깨달았을 때, 그의 영혼에 평안이 넘쳤습니다. 찬송가 작사자는 이것을 이렇게 표현했습니다.

복된 날일세, 당신을
내 구주 내 하나님 삼은 날.
내 마음 기쁨으로 넘쳐
사방에 외치네.

이루셨네, 놀라운 변화 주셨네.
나는 주님의 것, 주님은 나의 것.
그분 나를 이끄시니 나 그분 따르네.
주님의 음성 따르네.
—필립 다드리지

평화, 완전한 평화로다. 죄로 어두운 세상에
예수님의 보혈이 마음에 평화를 속삭이네.
―에드워드 비커스테스 Edward Henry Bikersteth

나는 더 이상 하나님에 대한 소심한 두려움에 빠지지 않습니다. 하나님은 더 이상 내게 달려와 나를 벌하고 지옥에 몰아넣으려고 기다리는 폭군이 아니십니다. 그분은 영원한 사랑으로, 나를 위해 그분의 외아들을 보내셔서 십자가에 죽게 하기까지 나를 사랑하시는 사랑의 아버지십니다. 내가 이것을 깨닫는 순간, 나는 하나님과 화목합니다.

히브리서 기자는 이렇게 말합니다. "그러므로 형제들아, 우리가 예수의 피를 힘입어 성소에 들어갈 담력을 얻었나니"(히 10:19). 여러분은 자신이 그리스도를 통해 의롭게 되었으며 그분의 의를 입었다는 것을 깨닫는 순간 담대하게 하나님께 나아갈 수 있습니다. 하나님은 여러분의 아버지시며, 여러분을 맞으려고 기다리고 계십니다. 그러므로 여러분은 이전과는 전혀 다르게 기도할 수 있습니다. 길은 분명합니다. 그 길은 새롭고 살아 있는 길이며, 이제 활짝 열렸습니다. 여러분은 하나님과 화목하며 여러분 안에도 평안이 있습니다. 여러분은 이제 영혼의 안식을 찾았습니다.

아우구스티누스는 자신의 체험을 토대로 이것을 이렇게 표현했습니다. "당신이 우리를 지으셨으니, 당신 안에서 쉼을 얻기까지 우리 마음은 쉴 수 없나이다." 안식을 주신 하나님께 감사하십시오. 하나님과 화목하고, 내면의 평안을 누리십시오. 이웃과도 화목하십시오. 그들도 우리와 똑같으며, 우리와 똑같은 것이 필요한 사람들입니다. 우리는 더 이상 자신을 다른 사람들과 비교해서는 안 됩니다. 우리나 이웃이나 모두 정죄받고 잃어버린 자들이라면, 우리가 이웃보다 낫다고 말하는 것이 무슨 의미가 있겠습니까? 이웃과 화목하십시오. 우리는 함께 하나님과 화목하는 사람들이기 때문입니다.

이것이 하나님 나라입니다. 여러분은 이러한 평강을 찾으셨습니까? 여러분의 영혼은 아직도 불안합니까? 여러분은 아직도 철학자들과 씨름하면서 그들의 글을 읽고 이해하려 애쓰고 있습니까? 여러분은 자신에게 도움이 될 것 같은 책을 기다리고 있습니까? 여러분은 이것이나 저것을 행하려 하고 있습니까? 이 모든 것은 안식을 주지 못하며 무익할 뿐입니다. 그러니 중단하십시오. 이것들은 절대로 여러분을 그 어디로도 인도하지 못할 것입니다. 더 멀리 가기 전에 그분께 고백하십시오.

> 내 손의 수고로
> 율법의 요구 채울 수 없고
> 쉼 없는 열심과
> 늘 흘리는 눈물로도
> 죄 속할 수 없나이다.
> 주여, 오직 주께서 구원해 주셔야 하나이다.
> ─오거스터스 탑레이디

그분께 고백하십시오. 그러면 고통받는 여러분의 영혼이 안식을 얻을 것입니다. 그러면 바울의 마지막 말대로 될 것입니다. "성령 안에 있는……희락이라." 여러분을 행복하게 하지 못하는 기독교는 기독교라 불릴 자격이 없습니다. 그러나 여러분이 단지 도덕적일 뿐이라면 결코 행복할 수 없을 것입니다. 여러분은 성령의 기쁨을 결코 알 수 없을 것입니다. 그러나 신약성경이 굳게 믿는 하나님 나라는 기쁨으로 넘칩니다. 오순절의 사람들을 보십시오. 그들은 성령으로 세례를 받았습니다. 그들이 얼마나 행복했던지 사람들은 그들이 술에 취한 줄 알았습니다! 사람들은 "그들이 새 술에 취하였다"고 했습니다(행 2:13). 왜 그렇게 말했습니까? 그들은 고무되어 있었고 의기양양했으며 승리의 확신에 차 있었기 때문입니다. 그들은 주님께 영광을 돌리고 있었습니다. 이것이 기독교입니다.

사도 바울은 빌립보 교회의 그리스도인들에게 권합니다. "주 안에서 항상 기뻐하라. 내가 다시 말하노니 기뻐하라"(빌 4:4). 여러분이 기뻐하지 않는다면 그리스도인이 아닙니다. 이 기쁨은 세상이 주는 기쁨이 아닙니다. 세상이 주는 기쁨은 한결같지 않기 때문입니다. 세상이 주는 기쁨은 왔다가 사라지며, 내 마음이 변하면 따라 변합니다. 전쟁의 위협이 있다는 소식을 들으면, 세상이 주는 기쁨은 사라지고 공포에 휩싸입니다. 성령의 기쁨은 자기 죄가 용서되었음을 아는 사람들의 기쁨입니다. 존 번연John Bunyan이 「천로역정」에서 표현했듯이, 성령의 기쁨은 자신이 지고 가던 무거운 죄짐이 갑자기 벗겨져서 굴러떨어지는 것을 보는 사람의 기쁨입니다. 십자가가 죄짐을 벗겼습니다.

성령의 기쁨에 대해서는 논쟁할 필요가 없습니다. 여러분이 자신의 죄가 용서되었음을 안다면 매우 행복한 사람이 분명합니다. 반대로, 행복하지 않다면, 그것은 여러분이 그 기쁨을 알지 못하기 때문입니다. 여러분이 아직도 스스로 그리스도인이 되려고 애쓰고 있다면, 여러분은 아직 성령의 기쁨을 갖지 못한 것이며 영원히 갖지 못할 것입니다. 기독교가 인간이 시도하는 그 무엇일 수 있습니까? 전혀 그럴 수 없습니다. 산상설교는 그것이 불가능하다는 것을 말해 줍니다. 그것이 가능하다고 말하고 싶다면 나가서 그리스도를 본받으려고 노력해 보십시오. 그러나 여러분은 세상에서 가장 가엾고 비참한 사람이 될 것입니다. 그리스도를 본받는다고 절대로 행복해지지 않습니다! 거기서 행복을 찾으려 한다면 가장 깊은 절망에 빠질 것입니다. 수도원 운동은 절망을 안겨 줍니다. 유대교도 마찬가지입니다. 거짓 기독교는 절망을 안겨 줍니다. 거짓 기독교는 사람들을 비참하게 하기 때문입니다. 이들이 아는 것이라고는 이런 저런 것을 행하지 말아야 한다는 것뿐입니다. 그래서 이들은 이런 저런 것을 행하지 않으려 애쓰며 더 나아지려고 애쓰지만 결국 비참해집니다. 항상 자신과 자신의 어린 영혼과 자신의 죄를 걱정합니다. 비참함과 가련함은 하나님 나라와는 정반대입니다.

그러나 단지 나의 죄가 용서된 것만이 아닙니다. 나는 내가 새로운 관계에 들어가 있음을 압니다. 나는 용서받았을 뿐 아니라 하나님의 자녀가 되었습니다. 하나님은 나를 그분의 가족으로 입양하셨습니다. 여러분이 이 사실에 행복을 느끼지 못한다면 기독교를 전혀 모르는 것입니다. 여러분에게 큰 영예가 찾아올 때 기쁨이 충만하여 모두에게 말하지 않겠습니까? 여러분 자신이 그리스도 안에서 하나님의 가족이 되었음을 정말로 믿는다면 그 사실을 온 세상에 알리고 기쁨이 충만해야 합니다. 여러분은 하나님의 자녀이며 여러분 속에 하나님의 성령이 계십니다. 이것이 "성령 안에 있는……희락"입니다.

이러한 기쁨의 가장 놀라운 특징 가운데 하나는, 기쁨을 아는 사람은 환경을 완전히 초월한다는 것입니다. 앞에서 말했듯이, 세상이 주는 기쁨은 왔다가 사라진다는 것이 문제입니다. 세상이 주는 기쁨은 바람처럼 왔다가 사라지며 내적인 조건과 그 외에 많은 것에 전적으로 의존합니다. 반면에, 성령의 기쁨은 모든 사람과 모든 것을 초월합니다.

바울은 이렇게 말합니다. "다만 이뿐 아니라 우리가 환난 중에도 즐거워하나니"(롬 5:3). 모든 것이 우리를 대적할지라도 우리는 기뻐할 수 있습니다. 우리의 기쁨은 우리에게 일어나는 일에 달려 있는 것이 아니라, 우리가 방금 살펴본 놀라운 사실들에 달려 있기 때문입니다. 우리를 감옥에 가둬 보십시오. 그분이 우리와 함께하십니다. 그분은 이렇게 말씀하셨습니다. "내가 결코 너희를 버리지 아니하고 너희를 떠나지 아니하리라"(히 13:5). 그분은 정말로 우리를 버리지 않고 떠나지 않으십니다.

그분의 백성이, 그분의 성도들과 순교자들과 고백자들이 교수대에서도 찬송할 수 있었던 이유가 바로 여기 있습니다. 그들은 원형 경기장에서 사자에게 던져지면서도 찬송했습니다. 그들은 종교개혁 시대에 화형을 당하면서도 찬송했습니다. 그들은 이후로 늘 이렇게 했으며 앞으로도 이렇게 할 것입니다.

사도 바울이 감옥에 있을 때 쓴 놀라운 편지를 보십시오. 그리스도인이 바울처럼 말하고 증거할 수 있는 것은 성령의 기쁨이 있기 때문입니다. "내가 궁핍하므로 말하는 것이 아니니라. 어떠한 형편에든지 나는 자족하기를 배웠노니, 나는 비천에 처할 줄도 알고 풍부에 처할 줄도 알아 모든 일 곧 배부름과 배고픔과 풍부와 궁핍에도 처할 줄 아는 일체의 비결을 배웠노라. 내게 능력 주시는 자 안에서 내가 모든 것을 할 수 있느니라"(빌 4:11-13). 이것이 성령의 기쁨입니다! 여러분이 어디에 있느냐는 중요하지 않습니다. 여러분이 예배의 자리에 나올 수 없더라도 이 기쁨을 가질 수 있으며 그 누구도 이 기쁨을 빼앗을 수 없습니다. 사람들이 여러분의 혀를 자를 수는 있지만 여러분의 기쁨을 빼앗을 수는 없습니다. 사람들이 여러분의 눈을 멀게 할 수는 있지만 여러분은 믿음의 눈으로 그분을 볼 수 있습니다. 이것이 "말할 수 없는 영광스러운 즐거움"입니다(벧전 1:8).

마지막으로, 너무나 놀라운 것은 기독교가 "영광의 소망"이라는 것입니다(골 1:27). 바울은 이렇게 말합니다. "내게 사는 것이 그리스도니 죽는 것도 유익함이라"(빌 1:21). 이 말은 "그리스도와 함께 있는 것이 훨씬 더 좋은 일이라"는 뜻입니다(빌 1:23). 이 기쁨은 꺼질 수 없고, 사라질 수 없으며, 빼앗길 수도 없습니다. 사람들이 여러분에게 어떻게 하느냐는 중요하지 않습니다. 사람들은 여러분을 죽일 수도 있습니다. 그러나 이때 사람들은, 여러분을 사랑하신 분, 이제 여러분이 사랑하는 영광스러운 분 앞으로 즉시 옮기고 있을 뿐입니다. 이것이 성령의 기쁨입니다.

이것이, 이것만이 기독교입니다. 이것이 하나님 나라입니다. 하나님 나라는 먹는 것과 마시는 것이 아니라, 성령 안에 있는 의와 평강과 희락입니다.

5

비밀

제자들이 예수께 나아와 이르되 어찌하여 그들에게 비유로 말씀하시나이까. 대답하여 이르시되 천국의 비밀을 아는 것이 너희에게는 허락되었으나 그들에게는 아니되었나니, 무릇 있는 자는 받아 넉넉하게 되되 없는 자는 그 있는 것도 빼앗기리라. 그러므로 내가 그들에게 비유로 말하는 것은 그들이 보아도 보지 못하며 들어도 듣지 못하며 깨닫지 못함이니라. 이사야의 예언이 그들에게 이루어졌으니, 일렀으되 너희가 듣기는 들어도 깨닫지 못할 것이요 보기는 보아도 알지 못하리라. 이 백성들의 마음이 완악하여져서 그 귀는 듣기에 둔하고 눈은 감았으니 이는 눈으로 보고 귀로 듣고 마음으로 깨달아 돌이켜 내게 고침을 받을까 두려워함이라 하였느니라. 그러나 너희 눈은 봄으로, 너희 귀는 들음으로 복이 있도다. 내가 진실로 너희에게 이르노니 많은 선지자와 의인이 너희가 보는 것들을 보고자 하여도 보지 못하였고 너희가 듣는 것들을 듣고자 하여도 듣지 못하였느니라.

마태복음 13:10-17

씨뿌리는 비유에 이어지는 이 단락에는 하나님 나라에 대한 또 다른 오해가 나옵니다. 이 단락이 특히 중요한 이유는, 우리가 하나님 나라에 어떻게 접근하고 그 나라에 어떻게 귀를 기울여야 하는지에 대한 전체적인 문제를 다루기 때문입니다. 주님은 비유의 끝에서 "귀 있는 자는 들으라"고 말씀하십니다. 이 말씀뿐 아니라 씨 뿌리는 비유 자체가 우리의 관심을 하나님 나라에, 특히 제자들이 던진 질문과 주님이 주신 답변에 집중시킵니다. 아시다시피, 제자들은 주님이 비유로 말씀하시는 데 놀랐습니다. 제자들은 왜 주님이 비유로 말씀하시는지 궁금했습니다. 그래서 주님께 물었습니다. "어찌하여 그들에게 비유로 말씀하시나이까." 마가복음에 따르면, 제자들은 나중에 자신들과 주님만 있을 때 이 질문을 했으며, 이때 주님은 제자들의 질문에 답하셨습니다.

이것은 우리가 살펴보아야 할 중요한 질문입니다. 왜냐하면 이 질문은 하나님 나라의 메시지에 관한 중요한 오해가 무엇인지 밝혀주며, 그 오해에 대한 최종적인 해답을 제시하기 때문입니다. 사람들이 하는 말을 이렇게 표현할 수 있습니다. "사람들이 그리스도인들이 되는 데 정말로 큰 장애물이 딱 하나 있습니다. 성경에 있는 낡은 사고방식과 케케묵은 용어입니다." 이들은 뒤이어 이렇게 말합니다. "우리가 반드시 기억해야 할 사실은, 우리가 20세기에 살고 있다는 것입니다. 현대인들은 세속적이며 과학적입니다. 현대인들은 지식의 발전과 자신들이 거두는 유익 때문에 이런 낡은 사고방식이나 기적과 초자연 같은 것에 거부감을 느낍니다. 현대인들은 이런 것을 받아들일 수 없습니다. 현대인들은 이런 것이 참이 아니라는 것을 알고 있습니다. 과학이 그렇게 증명했기 때문입니다. 이런 것들이 포함된 복음을 전하면서 사람들이 들으리라고 기대해서는 안됩니다." 그리고 이들은 이렇게 결론을 내립니다. "현대인들이 당신의 말을 들어야 할 이유가 어디 있습니까? 그러니 바른 방법으로 전하세요. 이 부분은 빼 버리세요. 이 부분은 4백 년 전에는 괜찮았겠지만, 지금은 괜찮지 않거든요."

이런 입장은 복음을 전할 때 듣는 사람들이 취하는 가장 일반적인 태도 가운데 하나임이 분명합니다. 이것이 문제입니다. "귀 있는 자는 들으라." 그러나 여러분은 어떻게 들으며, 어떻게 귀를 기울입니까? 사람들을 듣게 하려면 우리가 무엇을 해야 합니까?

그러므로 사람들은 이런 입장을 아주 분명하게 표현하기 위해 자주 이렇게 말합니다. "물론 필요한 것은 간단한 복음의 메시지입니다. 주님이 어떤 방법으로 말씀하셨는지 보십시오. 주님은 비유로 말씀하셨습니다. 아주 잘 하신 일이지요." 이들은 이렇게 말합니다. "그러면 왜 비유로 말씀하셨을까요? 복음을 쉽고 분명하게 전하기 위해서였습니다. 아시다시피, 주님은 사람들에게 이야기를 들려주셨습니다. 주님은 칭의稱義나 성화聖化 같은 거창한 용어로 복음을 제시하지 않으셨습니다. 절대로 그러지 않으셨습니다. 선생님—이들은 주님을 이렇게 부릅니다—이 정말 훌륭하셨던 점은 항상 단순하셨다는 것입니다. 그분은 단순한 예화를 드셨습니다. 그분은 '그것은 이와 같다'고 말씀하셨습니다. 물론, 모두가 이해했습니다!"

이들은 이어서 이렇게 말합니다. "이제 우리는 그때로 돌아가야 합니다. 신학 같은 것은 버리십시오. 케케묵은 용어는 버리십시오. 16세기 종교개혁자들은 좋아했겠지만, 아는 게 더 많은 현대인들은 받아들일 수 없는 낡은 사상입니다. 우리는 모두가 이해할 수 있는 언어를 사용해야 합니다. 그러면 사람들이 우리가 전한 것을 이해하고, 믿고, 나가서 실천할 것입니다. 이것이 교회를 구하는 방법이며, 사람들을 그리스도인으로 만드는 방법입니다."

정말로 믿을 수 없는 사실은, 주님께서 이 단락에서 하신 말씀—특별히, 구체적으로—이 이러한 현대 사상에 답하실 뿐 아니라, 이것을 완전히 논박하는 것으로 보인다는 사실입니다. 제가 여러분의 주의를 이 단락에 집중시키는 이유도 여기 있습니다.

제가 이렇게 하는 것은 논쟁하기 위해서가 아닙니다. 저는 하나님의 모든 백성이 복음의 메시지를 있는 그대로 전하기를 원합니다. 사람들이 복음의 메시지를 그대로 믿지 않으면 구원이 없기 때문입니다. 우리의 영생이 복음의 메시지를 바로 믿느냐에 달려 있습니다. 그러므로 우리는 이 메시지를 살펴보지 않을 수 없습니다. 우리가 하나님 나라에 있지 않으면 희망이 없습니다. 그렇다면 하나님 나라는 무엇이며, 우리는 그 나라에 어떻게 들어갈 수 있습니까? 이보다 중요한 것이 있습니까? 거짓 전파자들이 있는 이때에, 우리는 단순한 복음을 외치는 사람들의 말에 반드시 귀 기울여야 합니다.

그러므로 이 단락에서 주님은 다른 모든 시각이 잘못되었음을 어떻게 보여주시는지 말씀드리겠습니다. 이 부분을 몇 개의 명제 형태로 제시하겠습니다.

첫째로, 기독교 메시지와 생활방식은 비밀mystery입니다. "어찌하여 그들에게 비유로 말씀하시나이까? 대답하여 이르시되 천국의 비밀을 아는 것이 너희에게는 허락되었으나." 이것이 기본적인 첫 번째 원리입니다. 이 부분에서 잘못되면 당연히 다른 모든 부분에서도 잘못될 것입니다.

현대 사상 전체가 기독교 진리는 분명하고 단순하다는 데 기초합니다. 그러므로 축적되어 있는 거짓된 생각과 낡은 용어를 제거할 수만 있다면 사람들이 유쾌하고 분명한 메시지를, 예수님의 명쾌한 가르침을 볼 것이며, 즉시 믿고 실천에 옮길 것이라고 생각합니다! 사람들은 이렇게 말합니다. "모든 문제는 표현이 분명하지 못한 데 있습니다. 다시 말해, 기적 등에 관한 말씀이 그렇습니다. 이것이 장애물입니다." 그러나 이 모든 사상은, 인간이 본성적으로 기독교의 메시지를 이해할 수 있고 따를 수 있고 실천할 수 있다는 가정에 토대를 두고 있습니다.

실제로 저는 이 본문을 읽으면서 이 모든 것이 단순히 잘못된 것이 아니라 위험하면서도 비참할 정도로 잘못되었음을 곧바로 알았습니다. 주님은 "내가 비유로 말하는 이유는 하나님 나라가 비밀이기 때문이다"라고 말씀하십니다. 이것은 사람들이 하는 말과 정반대되는 말씀입니다. 그분의 주장은 하나님 나라가 분명히 파악되는 나라가 아닌, 아주 놀라운 나라라는 것입니다. 주님은 하나님 나라에 관해 말씀하실 때마다 육에 속한 사람이 듣거나 상상할 수 있는 나라와 완전히 다르다는 점을 일깨우십니다. 더 나아가, 어느 누구도 "거듭나기" 전에는, "새 마음"을 갖기 전에는, "성령으로 나고" 완전히 새로운 지각을 갖기 전에는, 하나님 나라를 믿을 수도, 이해할 수도 없다고 말씀하십니다. 주님이 이 모든 것을 표현하는데 사용하신 단어가 바로 "비밀"입니다. 하나님 나라에 관한 예수 그리스도의 메시지는 분명하거나 단순한 것이 아닙니다. 그것은 쉬운 메시지가 아닙니다. 누구나 이해하고 "정말 훌륭해, 정말 훌륭해!"라고 말하며 받아들이고 실천할 수 있는 명백한 메시지가 아닙니다. 하나님 나라에 관한 예수 그리스도의 메시지는 비밀입니다. 신약성경의 기록이 이것을 입증해 주고 있습니다.

먼저, 성경은 계속해서 주님의 제자들조차도 주님의 말씀을 오해했으며 그분을 따를 수 없었다고 말합니다. 제자들은 주님의 말씀과 그분이 말씀하시는 방식에 놀라 그분에게 여러 가지를 질문했습니다. 사복음서를 읽어 보면, 이런 모습이 특히 예수님이 자신의 죽음과 부활을 말씀하시는 장면에서 끊임없이 나옵니다. 주님께서 자신이 곧 죽으리라고 말씀하셨을 때 베드로는 "주여, 그리 마옵소서. 이 일이 결코 주께 미치지 아니하리이다"라고 했습니다(마 16:22). 주님은 베드로를 꾸짖으며 말씀하셨습니다. "사탄아, 내 뒤로 물러가라.……네가 하나님의 일을 생각하지 아니하고 도리어 사람의 일을 생각하는도다"(마 16:23). 제자들은 혼란스럽고 당혹스러웠습니다. 그래서 주님이 죽으셨을 때 완전히 낙담하고 절망했습니다. 주님의 모든 가르침에도 불구하고 제자들은 무엇을 어떻게 해야 할지 몰랐습니다.

그러므로 하나님 나라는 우리가 듣는 것만큼 분명하거나 단순해 보이지 않습니다. 그렇지 않습니까? 여기 3년이나 날마다 주님과 함께했던 사람들이 있습니다. 그러나 이들조차도 난관에 빠졌고 그분의 가르침을 따를 수 없었습니다. 또한 앞으로 보겠지만, 이스라엘의 지도자이자 선생인 니고데모도 하나님 나라에 관한 주님의 가르침을 이해하기 어려웠습니다. 니고데모에 대한 주님의 반응은 이러했습니다. "내가 네게 거듭나야 하겠다 하는 말을 놀랍게 여기지 말라. 바람이 임의로 불매 네가 그 소리는 들어도 어디서 와서 어디로 가는지 알지 못하나니 성령으로 난 사람도 다 그러하니라"(요 3:7, 8). 주님의 가르침은 다릅니다. 이것은 신비입니다. 이것을 이해하려고 하지 마십시오.

주님과 논쟁을 많이 했던 바리새인들과 서기관들과 사두개인들도 하나님 나라에 관한 주님의 가르침을 이해하지 못했습니다. 이들은 이해했다고 생각했으나 이해하지 못했습니다. 이들의 질문은 어리석었고 우스꽝스럽기까지 했습니다. 이들은 다른 범주를 생각하고 있었으며, 주님과 전혀 의사소통이 되지 않았습니다. 왜냐하면 주님이 말씀하고 계셨던 것은 비밀이기 때문이었습니다. 그분의 말씀은 인간의 자연적 사상이나 종교와는 다르며, 인간의 철학과도 다릅니다. 그분의 말씀은 전혀 다릅니다. 그분의 말씀은 특별합니다.

사도 바울은 고린도의 그리스도인들에게 보낸 편지에서 정확히 똑같은 것을 말합니다. "그러나 우리가 온전한 자들 중에서는 지혜를 말하노니, 이는 이 세상의 지혜가 아니요 또 이 세상에서 없어질 통치자들의 지혜도 아니요 오직 은밀한 가운데 있는 하나님의 지혜를 말하는 것으로서 곧 감추어졌던 것인데 하나님이 우리의 영광을 위하여 만세 전에 미리 정하신 것이라"(고전 2:6-7). 그는 이어서 이렇게 말합니다. "육에 속한 사람은 하나님의 성령의 일들을 받지 아니하나니 이는 그것들이 그에게는 어리석게 보임이요, 또 그는 그것들을 알 수도 없나니 그러한 일은 영적으로 분별되기 때문이라"(고전 2:14). 이것은 매우 강한 선언입니다. 바울은 다른 곳에서도 비슷한 선언을 합니다. 고린도전서 4:1에서, 바울은 자신을 비롯한 사도들을 가리켜 "하나님의 비밀을 맡은 자"라고 말하며, 디모데전서 3:9에서는 "깨끗한 양심에 믿음의 비밀을 가진 자"라고 말합니다.

신약성경에 있는 비밀은 육에 속한 사람에게는 숨겨진 진리입니다. 따라서 누군가가 그 비밀을 드러내야 합니다. 비밀mystery이라는 용어는 고대 세계에서 일반적이고 대중적이었던 '신비종교 mystery religion'를 가리킬 때 사용되었던 용어이며, 지금도 사용됩니다. 저는 우리 시대에 비밀조직secret society이 있다고 믿습니다. 이들은 소위 '입회식'을 하며, 사람들은 입회식을 통해 비밀조직에 들어가고 조직의 비밀을 알게 됩니다. 신약성경에서 하나님 나라에 관한 메시지를 가리키는 데 사용된 비밀이라는 용어는 바로 이런 뜻입니다. 이 용어 자체가 우리 스스로는, 우리의 자연적 능력으로는 하나님 나라를 이해하거나 따를 수 없다는 것을 말합니다. 하나님 나라는 우리에게 계시되어야 합니다.

주님은 이것을 본문 11절에서 "너희에게는 허락되었으나"라고 표현하십니다. 바꾸어 말하면, 하나님 나라의 비밀을 아는 것이 여러분에게는 허락되었으나 다른 사람들에게는 허락되지 않았다는 뜻입니다. 여러분은 하나님 나라의 비밀을 알고 이해하려고 최선을 다하더라도 그 비밀을 알거나 이해할 수 없습니다. 하나님 나라의 비밀은 계시되어야 하는 것입니다. 베일이 벗겨져야 합니다. 그러면 그 비밀이 갑자기 여러분에게 드러나게 됩니다.

주님은 12-13절에서 이렇게 말씀하십니다. "무릇 있는 자는 받아 넉넉하게 되되 없는 자는 그 있는 것도 빼앗기리라. 그러므로 내가 그들에게 비유로 말하는 것은 그들이 보아도 보지 못하며 들어도 듣지 못하며 깨닫지 못함이니라."

이제 분명합니까? 왜 주님이 비유로 말씀하셨습니까? 주님이 비유로 말씀하신 것이, 어떤 사람이 모두가 이해할 수 있도록 단순하고 분명하게 말하려고 예화를 들거나 이야기하는 것과 같았습니까? 정확히 그 반대였습니다. 주님이 비유로 말씀하신 이유는, 만약 자신이 누구이며 왜 오셨으며 그 결과가 무엇인지 직접적으로 말씀하시면, 사역을 시작하기가 무섭게 죽임을 당하실 것이기 때문이었습니다.

주님은 이것을 아셨던 것입니다. 그래서 주님은 의도적으로 그분 말씀의 의미를 제자들에게는 분명하게 하셨으나, 다른 사람들에게는 숨겨지도록 비유로 말씀하신 것입니다. 그분이 직접 이렇게 말씀하셨습니다. 주님은 사람들이 그분을 이해할 수 없으리라는 것을 아시고 비유로 말씀하셨습니다. 마침내 주님을 죽인 사람들은 주님이 분명하게 말씀하기 시작하신 그 순간부터 그분을 미워했으며 "없이 하소서! 그를 십자가에 못 박게 하소서!"라고 외쳤습니다 (요 19:15). 그러나 본문에서는 아직 때가 이르지 않았고 주님은 비유로 말씀하셨습니다. 주님은 자신의 사람들을 세우며 그분의 메시지를 세상에 남겨 두기를 원하셨습니다. 그래서 주님은 비유로 말씀하셨습니다. 그분의 말씀이 어떤 사람들에게는 의도대로 분명했지만 들어도 이해하지 못하는 사람들에게는 그렇지 않았습니다. 이들은 보기는 보았으나 이해하지 못했습니다.

여기서 얻을 수 있는 결론은 하나뿐입니다. 하나님 나라에 관한 메시지는 육에 속한 사람에게는 분명하지 않습니다. 그 자체로 비밀이며, 모든 육에 속한 사람에게 비밀입니다.

이것이 첫 번째 원리입니다. 또한 두 번째 원리가 있습니다. 이 비밀을 이해하지 못하게 하는 가장 큰 장애물은 무엇입니까? 다른 견해에 따르면, 우리에게 필요한 것은 새로운 용어뿐입니다. 사람들이 우리에게 현대어로 된 성경만 있다면 모두가 성경을 믿을 것이라고 생각했던 때가 있었습니다. 지금 이들은 성경 가운데 대부분을 빼 버리고 관심 있는 사람들을 위해 간단한 윤리적·도덕적 가르침만 남겨 두자고 말합니다.

그렇다면 이것이 장애물입니까? 단지 현대적인 언어를 사용하거나 우리의 사상과 용어를 과학화하면 문제가 해결됩니까? 이 단락의 의미가 세월이 흐르면서 바뀌었습니까? 주님의 말씀에 귀를 기울이십시오. 그분은 사실 이렇게 말씀하십니다. "이런 것이 장애물이 아니다." 그렇다면 무엇이 장애물입니까?

하나님 나라에 관한 메시지를 이해하지 못하게 하는 가장 큰 장애물은 다름 아닌 지적인 교만입니다. "그들이 보아도 보지 못하며 들어도 듣지 못하며 깨닫지 못함이라"(13절). 이것이 바리새인들과 서기관들과 율법학자들의 전반적인 문제였습니다. 이들은 아는 것이 많은 사람들이었습니다. 이들은 이렇게 말했습니다. "우리는 보고, 우리는 알고, 우리는 듣고, 우리는 이해한다." 이들이 주님에게서 아무것도 얻을 수 없었던 이유가 여기 있습니다. 이들이 마침내 예수님을 십자가에 못 박은 이유도 여기 있습니다. 사람들이 그리스도인이 되려고 하지 않는 이유도 여기 있습니다. 사람들이 항상 그리스도인이 되지 않는 이유도 여기 있습니다. 이들은 자신의 지식을 믿으며, 자신의 능력을 믿습니다. 과거나 지금이나 다를 것이 없습니다. 그리스도께서 이 땅에 계셨을 때도 그러했고 그 후로 지금까지 그러합니다.

  주님은 이것을 이렇게 표현하셨습니다. 주님은 하늘에 계신 아버지를 향해 이렇게 말씀하셨습니다. "천지의 주재이신 아버지여, 이것을 지혜롭고 슬기 있는 자들에게는 숨기시고 어린아이들에게는 나타내심을 감사하나이다. 옳소이다. 이렇게 된 것이 아버지의 뜻이니이다"(마 11:25-26). 보통 사람들은 "달갑게 들었습니다." 삶을 통달하고 모든 것을 이해한다고 생각한 사람들, 곧 주님을 배척한 사람들은 모든 것을 다 아는 사람들, 바리새인들, 교만한 지성인들이었습니다. 사도 바울은 이런 사실을 거듭 지적합니다. "형제들아, 너희를 부르심을 보라. 육체를 따라 지혜로운 자가 많지 아니하며 능한 자가 많지 아니하며 문벌 좋은 자가 많지 아니하도다"(고전 1:26). 왜 그렇습니까? "아무 육체도 하나님 앞에서 자랑하지 못하게" 하고 "자랑하는 자는 주 안에서 자랑하게" 하기 위해서입니다(고전 1:29, 31).

이 메시지를 믿고, 하나님 나라를 이해하는 데, 지적인 교만보다 큰 장애물은 없습니다. 현대인들은 이렇게 말합니다. "4백 년 전 사람들이 믿었던 것을 저보고 믿으라고요? 말도 안됩니다. 제가 얼마나 발전했는지 아십니까? 1세기 사람들이 믿었던 것을 저더러 믿으라는 겁니까?" 사람들은 이렇게 말합니다. "이건 모독입니다! 시간의 흐름과 지성의 발전이 보이지 않으세요? 제가 과거로 되돌아가 다시 태어나야 한다고요? 지금 제가 바보라고, 제 지식이 무가치하다고 말하고 있는 겁니까?" 그러나 바로 이것이 제가 말하는 것입니다. 이것이 주님이 하신 말씀입니다.

그러나 장애물은 이것이 전부가 아닙니다. 물론, 또 다른 장애물이 있습니다. 편견입니다. "눈은 감았으니 이는 눈으로 보고 귀로 듣고 마음으로 깨달아 돌이켜 내게 고침을 받을까 두려워함이라." 주님은 사실 이렇게 말씀하십니다. "사람들이 이해하지 못하는 이유가 바로 여기 있다. 용어 때문이 아니라 편견 때문이다. 그들은 의도적으로 눈을 감는다." 사람들은 보거나 듣지 않기로 마음먹었습니다. 사람들은 들어 보지도 않고 기독교를 배척했습니다.

지금도 이것이 기독교를 배척하는 가장 큰 이유입니다. 사람들은 이렇게 말합니다. "기독교에는 아무것도 없어! 기독교는 끝났어! 우스꽝스러울 뿐이야!" 그러면 여러분은 그들에게 이렇게 말합니다. "하지만 이것이나 저것은 어떤가요?" 사람들은 진정한 기독교를 전혀 들어 보지 못했습니다. 그래서 사람들은 실제로 기독교가 무엇인지 알지 못합니다. 이것은 참으로 안타까운 일입니다. 텔레비전과 라디오에서 사람들은 끝도 없이 토론을 합니다. 토론하는 사람들의 글과 책을 읽어 보십시오. 참으로 유치합니다. 이들은 성경을 전혀 읽지 않으며, 기독교를 전혀 접해 보지 못했으며, 의도적으로 눈을 감아 버립니다. 이들은 이렇게 말합니다. "나는 절대로 그런 것에 현혹되지 않아." 이들은 들으려 하지 않으며, 방해받고 싶지도 않습니다. 자신은 무엇이 옳은지 안다고 생각하며, 자신은 스스로를 바르게 세우고 마땅히 살아야 하는 대로 살 수 있다고 생각합니다. 편견입니다!

사람들이 하나님 나라의 비밀을 이해하지 못하는 이유가 바로 여기에 있습니다. 바리새인들은 결코 주님에게 귀를 기울이지 않았습니다. 이들은 이렇게 말했습니다. "이 사람은 우리의 적이다. 바리새인으로 훈련받은 적이 없어. 목수일 뿐이라고! 그러니 이런 사람은 밟아 버려야 돼." 그래서 이들은 주님의 모든 말씀을 왜곡했습니다. 주님이 어떤 사람을 고쳐 주실 때도, 이들은 주님에게서 트집을 잡으려 했습니다. 이들의 눈에는 주님이 하시는 모든 일이 옳지 못했습니다. 이것이야말로 편견입니다. 여러분은 편견 없이 들은 적이 있습니까? 여러분은 이 메시지에 정말로 주목한 적이 있습니까? 여러분은 열린 마음으로 나온 적이 있습니까? 물론, 없을 것입니다. 우리는 편견을 갖고 태어납니다. 우리는 기독교를 부정하는 것이 지혜롭다고 생각합니다. 이것이야말로 편견입니다.

그러나 사람들이 하나님 나라의 비밀을 이해하지 못하는 세 번째 이유가 있습니다. 주님은 그 이유를 이렇게 표현하십니다. "이 백성들의 마음이 완악하여져서 그 귀는 듣기에 둔하고"(15절). 저는 이 구절에 대한 존 위클리프John Wycliffe의 번역을 좋아합니다. "그들의 마음에 기름이 꼈다Their heart is enfattened." 이것은 매우 좋은 번역입니다. 이것은 심장(마음) 주위에 지방이 너무 많이 끼어 심장이 정상적으로 작동할 수 없는 상태를 말합니다. 여러분이 의학을 조금 안다면 '지방 심장fatty heart'이란 말을 알 것입니다. 지방 심장이란 심장에 지방이 너무 많이 끼어 심장 근육이 제 역할을 할 수 없는 상태를 말합니다. 이런 경우 사망에 이를 수 있습니다. 이사야 선지자는 이스라엘 백성이 영적으로 이런 상태라고 했습니다. 주님은 여기에 동의하면서 이사야의 말을 인용하십니다. 사람들은 마음에 기름이 너무 많이 끼어 둔하고 어리석습니다. 이들의 마음은 "완악합니다." 이들의 지성과 도덕과 영은 기름이 끼어 퇴화했습니다. 이들은 너무 많이 먹고, 너무 많이 마시고, 너무 많이 탐닉하여 이들의 지성은 제 역할을 할 수 없습니다. 이것이 마음이 완악하다는 말의 진정한 의미입니다. 주님은 육신적인 욕망을 말씀하고 계십니다.

구약성경에는 에서라는 사람이 나오는데, 신약성경은 에서를 가리켜 "음행하는 자"라고 말합니다(히 12:16). 음행하는 자는 자신을 전적으로 이 세상의 것에 바친 자이며, 먹는 것과 마시는 것에 관심이 있는 자이며, 자신의 힘을 탐닉하는 자입니다. 다시 말해, 세속적인 사람입니다. 이런 사람은 주님이 이 단락에서 비유를 해석하시면서 "세상의 염려와 재물의 유혹"에 빠졌다고 말씀하신 사람입니다(22절).

사람들이 그리스도인이 되지 못하는 이유가 여기 있습니다. 사람들은 너무 많이 먹고, 너무 많이 마시고, 텔레비전을 너무 많이 봅니다. 사람들의 마음은 온통 세상적인 것으로 가득하며, 영혼과 하나님, 천국과 지옥과 영원을 생각하지 못하게 하는 모든 것으로 가득합니다. 사람들은 모든 세상적인 것 때문에 지나치게 "기름이 끼고" 둔하며 어리석고 마비되어 하나님과 그 나라의 비밀을 들어도 무슨 말인지 알지 못하며, 따를 수도 없습니다. 이들의 모든 재능은 위축되었고, 이들은 긴 설교를 듣지 못하며, 이들에게는 모든 것이 짧고 간단해야 합니다. 이들에게는 모든 것이 눈에 보이고 흥미롭고 간략해야 합니다. 이들의 마음은 기름이 끼었고 이들의 지성과 도덕은 비만 상태입니다. 따라서 이들은 제대로 생각하고 추론하지 못합니다.

주님의 말씀에 따르면, 이런 것들이 하나님 나라의 신비를 이해하지 못하게 막는 큰 장애물입니다. 물론, 우리는 하나님 나라를 좋아하지 않습니다. 그렇지 않습니까? 이렇게 말하는 게 훨씬 더 나아 보입니다. "저는 과학적인 사람입니다. 아시다시피, 저는 삼층천, 지옥, 땅, 천국 같은 것은 믿지 않습니다. 저는 과학적인 사람입니다. 그러니 좀 더 현대적으로 말해 주십시오. 기적은 빼 주십시오. 그러면 들어 보겠습니다." 여러분은 알 만큼 알기 때문에 이런 난센스에는 귀 기울이지 않는다고 생각합니까? 신약성경은 아주 옛날 책이기 때문에 귀 기울일 필요가 없다고 생각합니까? 바리새인들은 놀라운 위장술을 펴지만, 주님은 꿰뚫어 보셨습니다. 주님은 이렇게 말씀하셨습니다. "너희의 문제는 교만이며, 편견이며,

기름 낀 마음과 지성이다."

우리는 먼저 기독교 메시지가 비밀이라는 사실을 보았습니다. 둘째로, 우리는 이 비밀을 이해하지 못하도록 막는 가장 큰 장애물을 살펴보았고, 이제 셋째로 이 비밀의 내용을 살펴볼 차례입니다. 비밀의 내용이 무엇입니까? 하나님의 치유라는 좋은 소식입니다. "이 백성들의 마음이 완악하여져서 그 귀는 듣기에 둔하고 눈은 감았으니 이는 눈으로 보고 귀로 듣고 마음으로 깨달아 돌이켜 내게 고침을 받을까 두려워함이라 하였느니라"(15절). 이것이 하나님 나라의 메시지입니다. 하나님의 놀라운 구원 방법입니다. 비밀은 하나님이 세상의 기초가 놓이기도 전에 구원을 계획하고 목적하셨다는 것입니다. 이것이 사도 바울이 "감추어졌던 것the hidden wisdom"이라고 말할 때 의미하는 것입니다. 바울은 이렇게 말합니다. "오직 은밀한 가운데 있는 하나님의 지혜를 말하는 것으로서 곧 감추어졌던 것인데 하나님이 우리의 영광을 위하여 만세 전에 미리 정하신 것이라"(고전 2:7). 이것은 세상이 전혀 모르는 것입니다.

성경의 메시지는 처음부터 끝까지 오직 하나님의 구원 계획, 하나님의 큰 구속의 목적에 관한 것입니다. 이것은 세상 사람이 전혀 관심 갖지도 않고 알지도 못하는 비밀입니다. 그러나 이것이 하나님 나라의 메시지입니다. 구약성경은 유대인의 역사가 아니라 하나님이 놀라운 그분의 계획과 목적을 이루어 가시는 하나님의 역사입니다. 하나님은 세상을 창조하셨습니다. 하나님은 인간을 창조하셨습니다. 그러나 우리는 모두 그분에게 범죄했습니다. 그러자 하나님은 한 사람을 취하여 그로 한 민족을 이루게 하셨습니다. 이것이 하나님의 역사의 비밀입니다. 하나님은 구약성경의 세계 전체를 다루신 것이 아니라 한 민족만 다루셨습니다. 그분은 그 민족에게 메시지를 주셨고, 지도자를 주셨고, 계시를 주셨습니다. 하나님은 그 민족에게 비밀을 부분적으로 드러내셨으나 나머지 민족들은 하나님의 비밀을 전혀 모른 채 이교도로 살면서 극한 어둠 가운데서 다른 신들을 섬겼습니다. 이스라엘만이 하나님의 비밀을 받았습니다. 이것이 하나님 나라와 하나님 방식의 비밀입니다.

그러나 궁극적으로 온 세상을 다루시는 것이 하나님의 계획입니다. 구약성경에서는 이스라엘만 다루셨으나 이것은 예고편이었습니다. 하나님의 목적은 모든 민족을 불러들이시는 것입니다. 따라서 사도 바울은 에베소의 그리스도인들에게 편지하면서 이렇게 말할 수 있었습니다. "곧 계시로 내게 비밀을 알게 하신 것은 내가 먼저 간단히 기록함과 같으니……이제 그의 거룩한 사도들과 선지자들에게 성령으로 나타내신 것같이 다른 세대에서는 사람의 아들들에게 알리지 아니하셨으니 이는 이방인들이 복음으로 말미암아 그리스도 예수 안에서 함께 상속자가 되고 함께 지체가 되고 함께 약속에 참여하는 자가 됨이라"(엡 3:3, 5-6). 구약성경의 몇몇 선지자들은 이 비밀을 어렴풋이 보았으나 분명하게 이해하지는 못했습니다. 이것은 선지자들에게까지 숨겨진 비밀이었습니다. 암시는 되었으나 온전한 것은 주어지지 않았습니다. 그러나 하나님의 계획은 전개되고 있습니다. 하나님은 그리스도 안에서 모든 것을 다시 모으실 것입니다. 이것이 세상이 전혀 알지 못하는 하나님의 크고 영광스러운 목적입니다.

그러나 하나님의 아들이 이 세상에 오신 중요한 때에 비밀이 더 분명해지기 시작했습니다. 본문 17절을 봅시다. "내가 진실로 너희에게 이르노니 많은 선지자와 의인이 너희가 보는 것들을 보고자 하여도 보지 못하였고 너희가 듣는 것들을 듣고자 하여도 듣지 못하였느니라." 그리스도께서는 사실 이렇게 말씀하십니다. "내가 그 비밀이다. 내가 그 나라를 오게 하는 자다. 수세기 전에 사람들이 이것을 보기를 얼마나 원했는지 아느냐? 그들은 내가 너희에게 하는 말을 듣고 싶었으나 듣지도 보지도 못하고 죽었다. 그들은 멀리서 보았을 뿐이다. 그들은 알기 원했으나 알지 못했다. 너희에게는 특권이 있다. 그 비밀이 너희 앞에 펼쳐지고 있다. 내가 그 비밀이다." 그리스도 자신이 하나님 나라의 비밀이십니다.

여기에 하나님 나라의 비밀이 있습니다. 하나님 나라의 메시지는 내가 무엇을 행해야 하며 무엇을 행하지 말아야 하는지에 관한 윤리적 가르침이 아닙니다. 하나님 나라의 메시지는 제가 반전 운동을 해야 하느냐 마느냐에 관한 것이 아닙니다. 하나님 나라의 메시지는 제가 책에 기록할 수 있는 실제적인 메시지가 아닙니다. 하나님 나라의 메시지는 바울이 말한 그대로입니다. "크도다 경건의 비밀이여, 그렇지 않다 하는 이 없도다. 그는 육신으로 나타난 바 되시고 영으로 의롭다 하심을 받으시고 천사들에게 보이시고 만국에서 전파되시고 세상에서 믿은 바 되시고 영광 가운데서 올려지셨느니라"(딤전 3:16). 얼마나 큰 비밀입니까? 복되신 그분 자신이 하나님 나라의 비밀이십니다!

사람들은 그리스도가 대단한 왕이나 인물로 오실 것이라고 기대했습니다. 사람들은 그분이 왕궁에서 태어나실 것이며, 그분이 태어나면 특별한 일이 일어날 것이며, 온 우주에 큰 선포가 있을 것이라고 기대했습니다. 그런데 감히 저의 말로 표현한다면, 그분은 살며시, 사람들의 눈에 띄지 않게, 큰 선포 없이, 베들레헴의 작은 마구간에 오신 것입니다. 그분의 작은 몸이 구유에 있었습니다. 이것이 비밀입니다. 이것이 사랑의 비밀이며, 성육신의 비밀입니다.

우리는 성탄절에 이 비밀을 노래합니다. 제가 보기에, 우리는 이것을 일 년 중 성탄절에만 노래하는 것 같습니다. 다음 찬송을 생각해 보십시오.

> 그리스도인들이여 깨어라! 행복한 아침을 맞으라.
> 인류의 구주가 나셨도다.
> 일어나 사랑의 비밀을 노래하라.
> 하늘의 천군천사가 노래하도다.
> 천사들의 기쁜 찬송 울려퍼지니
> 하나님이 오셨네, 동정녀의 아들로.
> —존 바이롬John Byrom

이것이 하나님 나라의 비밀입니다. 이것은 사람이 생각하거나 상상해 온 것과도 전혀 다릅니다. 하나님의 아들이 육신의 아버지 없이 동정녀 몸에서, 너무나 가난하게, 너무나 연약하게 태어나리라고 누가 생각했겠습니까? 그러나 그분을 보십시오. 그분이 누구입니까? 하나님이요 사람입니다. 한 몸에 두 본성을 가지신 분입니다.

이제 가장 큰 비밀을 생각해 봅시다. 그리스도께서는 어떻게 구원하십니까? 그분이 세상에 오신 것은 우리를 구원하고, 우리를 치유하고, 우리를 속박에서 해방하고, 우리에게 강건을 주시기 위해서입니다. 그분이 우리를 가르치거나, 우리에게 도덕적·윤리적인 본을 보이거나, 우리 앞에 서서 "일어나 나를 본받고 따르라"고 말씀하심으로 이렇게 하셨습니까? 감사하게도 그분은 이런 방법으로 하지 않으셨습니다. 만약 그분이 이런 방법으로 하셨다면 우리는 모두 정죄받고 잃어버린 자가 될 것입니다.

그분은 세상이 비웃는 방법, 곧 십자가에 죽으심으로써 우리를 구원하셨습니다. 바울은 말합니다. "우리는 십자가에 못 박힌 그리스도를 전하니 유대인에게는 거리끼는 것이요 이방인에게는 미련한 것이로되." 그러나 이것이 하나님의 방법입니다. 그리스도는 "하나님의 능력이요 하나님의 지혜"입니다(고전 1:23-24). 그분은 죽으심으로써, "범죄자 중 하나로 헤아림을 받"아(사 53:12) 너무나 연약한 가운데 죽으심으로써 우리를 구원하셨습니다. 사람들은 그분의 시신을 십자가에서 내려 무덤에 장사했고, 이것으로 그분은 끝난 것 같았습니다. 세상은 이 사건을 비웃습니다. 단순한 언어와 새로운 용어를 사용하고, 현대 사상을 말해야 합니까? 아닙니다. 이 사건은 영원한 것입니다. 이 일은 시간 속에서 일어났으며 그 영향이 영원합니다. 사람들은 이 사건을 결코 이해하지 못했습니다. 사람들은 지금도 이 사건을 이해하지 못하며, 본질상 앞으로도 이해하지 못할 것입니다. 이것은 비밀이자, 하나님의 구원 방법입니다.

이뿐만이 아닙니다. 십자가에서 주님은 치유의 길을 여셨습니다. 그렇다면 그 길이 어떻게 내게로 이어집니까? 주님은 씨 뿌리는 비유를 통해 이것을 가르쳐 주셨습니다. 하나님 나라는 마치 한 사람이 씨를 뿌리는 것과 같다고 말씀하셨습니다. 우리는 대중 운동을 통해 하나님 나라에 들어가는 것이 아닙니다. 단체로 하나님 나라에 들어가는 것도 아닙니다. "생명으로 인도하는 문은 좁고 길이 협착"합니다(마 7:14). 모든 사람이 각자 거듭나야 합니다. 이것은 무력이나 강요나 의회법으로 이루어지지 않습니다. 이것은 말씀의 씨를 전파함으로써 이루어집니다. 말씀을 적용하시는 성령을 통해 이루어집니다.

거듭남은 큰 비밀입니다. 거듭남은 영혼 깊은 곳에서 일어납니다. 여러분은 한동안 무슨 일이 일어나는지 모르지만, 거듭남이 일어나기 시작합니다. 주변 사람들도 여러분에게 무슨 일이 일어나고 있는지 모릅니다. 여러분은 이전과 똑같아 보이며, 그 누구도 변화를 찾아낼 수 없습니다. 그러나 하나님의 역사가 땅에 뿌려진 씨앗처럼 진행되며 새 생명이 싹틉니다. 이것이 구원과 거듭남과 중생의 신비이며 성령의 역사입니다.

그뿐 아닙니다. 이 메시지를 받아들이고 거듭난 모든 사람이 받는 복이 있습니다. "무릇 있는 자는 받아 넉넉하게 되되 없는 자는 그 있는 것도 빼앗기리라"(마 13:12). 우리는 이 가운데 몇 가지 복들—용서, 양자됨, 매일의 축복, 영원한 임재—을 이미 살펴보았습니다. 우리는 이런 것들을 넉넉하게 받았습니다!

그러나 마지막으로, 우리를 기다리는 미래의 영광을 살펴보겠습니다. 이것이 하나님 나라의 비밀입니다. 우리는 이 세상에서 환난을 당할 것입니다. 사람들은 계속해서 기독교의 메시지를 세상을 개혁하고 바로잡으며 우리가 오래오래 행복하게 사는 것으로 생각할 것입니다. 그러나 이것은 성경의 메시지와 정반대입니다. 성경은 "세상에서는 너희가 환난을 당하나"라고 말합니다(요 16:33). 우리는 환난을 당했으며, 앞으로 끊임없이 환난을 당할 것입니다. 이 낡은 세상은 결코 바로 서지 않을 것입니다. 참으로 암울하고 암담합니다.

그러나 여기에 비밀이 있습니다. 그리스도께서 다시 오시면 이 모든 것을 제거하실 것입니다. 그분은 이 낡은 우주에서 악을 제거하시고 그분의 영광의 나라를 세우실 것입니다. "의가 있는 곳인 새 하늘과 새 땅"이 있을 것이며(벧후 3:13), 그분을 믿는 자들은 그곳에 "넉넉하게" 거할 것입니다(마 13:12).

찰스 웨슬리는 이렇게 노래합니다.

모든 것이 신비로다! 불멸하신 분이 죽으시다니!
그분의 그 기이한 계획을 누가 알 수 있으리?
맨 처음 천사도
그 사랑의 깊이 헤아리지 못하네.
모든 것이 자비로다! 땅이여, 노래하라.
천사들이여, 더 이상 묻지 말라.

그는 또한 이렇게 노래합니다.

죽음이나 지옥보다 강한 하나님의 사랑

그 풍성함 헤아릴 길 없네.

처음 난 빛의 아들들이

그 사랑의 깊이 헤아리지 못하네.

신비를 알지 못하네.

그 길이와 너비와 높이를.

하나님만 아시네, 하나님의 사랑을.

이제 그 사랑 널리 비춰었네.

가련하고 돌 같은 이 마음에!

이것이 하나님 나라를 본 사람의 고백입니다. 오직 하나님만이 그 분의 나라를 아십니다. 하늘의 천사도 그 나라를 이해할 수 없습니다. 그 나라는 하나님의 영원한 사랑의 비밀입니다.

그러므로 저의 마지막 원리는 이것입니다. 이 모든 것에 비춰 볼 때, 이 비밀을 생각하는 것만으로도 여러분이 어느 쪽인지 판단이 서지 않습니까? "천국의 비밀을 아는 것이 너희에게는 허락되었으나 그들에게는 아니되었나니, 무릇 있는 자는 받아 넉넉하게 되되 없는 자는 그 있는 것도 빼앗기리라."

하나님 나라의 비밀을 생각하고 가르치는 것은 매우 진지하고 엄숙한 일입니다. 하나님 나라의 비밀은 온 인류를 두 부류로 나눕니다. 제3의 그룹은 없습니다. "무릇 있는 자는 받아 넉넉하게" 됩니다. 이런 사람은 마음이 준비되어 있으며, 듣고 배울 준비가 되어 있습니다. 이런 사람의 마음은 옥토입니다. 옥토는 받아들이고 반응할 준비가 되어 있습니다. 이런 사람이 가진 자라면 더 받아 넉넉하게 될 것입니다.

그렇다면 "없는 자"는 어떻게 됩니까? 좀 특별한 부분을 주목해 보셨습니까? "없는 자는 그 있는 것도 빼앗기리라." 이 말씀은 누가복음의 병행 구절에서 더 분명하게 나타납니다. 누가복음에서 주님은 이렇게 말씀하십니다. "없는 자는 그 있는 줄로 아는 것까지도 빼앗기리라"(눅 8:18). 우리 시대의 지혜로운 사람, 지식이 있는 사람, 20세기 전후戰後 세대의 세속적인 사람, 핵 시대의 세상적인 사람, 우주 시대의 사람이 여기에 속합니다. 자신의 진보를 믿고 이전 시대를 경멸의 눈으로 보는 위대한 현대인이 여기에 속합니다. 이런 사람에게 종교개혁 때 믿었던 것, 우리의 진보에 비춰 볼 때 기괴하다고 생각되는 것을 믿으라고 하지 마십시오! 그는 통찰력과 이해력이 많으며, 많이 배웠습니다. 그는 잘 갖추어져 있습니다. 그는 많이 가졌습니다. 너무 많이 가졌기 때문에 복음을 받아들이지 않습니다! 복음을 듣는 것이 그에게는 무서운 정죄가 됩니다. 그는 자신이 아주 많이 가졌다고 생각하기 때문에 복음을 거부합니다. 하지만 어느 날 자신이 아무것도 가진 것이 없음을 깨달을 것입니다.

간단히 말해, 이것은 모든 현대적인 지식과 과학적 관심이 정작 핵심적인 질문에 대해서는 아무런 해답도 주지 않는다는 뜻입니다. 지식의 모든 진보가 인간에 대한 지식을 전혀 늘려 주지 못했습니다. 지식의 진보가 내게 영혼에 관해 새로운 것을 전혀 말해 주지 못했습니다. 지식의 진보가 내게 어떻게 살아야 하며, 어떻게 죄를 피해야 하며, 어떻게 하면 정결하고 도덕적이며 깨끗할 수 있는지 전혀 말해 주지 못했습니다. 지식의 진보는 모든 것이 잘못 되어 가고 있는 이때에 여러분이 어떻게 살아야 하는지 가르쳐 주지 못합니다. 그러므로 전혀 기댈 것이 못됩니다. 사랑하는 사람이 죽었을 때, 과학이 여러분을 어떻게 도와주겠습니까? 임종을 앞두고 있을 때, 과학 지식이 여러분에게 무엇을 해주겠습니까? 하나님 앞에 서서 살아 있는 영혼으로서, 하나님의 형상으로 창조되었고 하나님 나라에 관한 메시지를 들을 기회가 있었던 사람으로서, 자신의 삶을 해명해야 하는 심판 날에 과학 지식이 여러분에게 무슨 도움이 되겠습니까? 그때에 과학 지식을 어디에 써먹겠습니까?

여러분이 "저는 착하게 살았어요. 좋은 일을 많이 했습니다"라고 말하는 것 또한 무슨 소용이 있겠습니까? 주님은 이미 여러분에게 대답하셨습니다. "너희는 사람 앞에서 스스로 옳다 하는 자들이다." 그렇습니다. 여러분은 일간신문에서 "정말로 훌륭한 사람"이라는 기사를 봅니다. 존경받는 사람의 사망 기사도 봅니다. 그러나 주님은 말씀하십니다. "너희 마음을 하나님께서 아시나니 사람 중에 높임을 받는 그것은 하나님 앞에 미움을 받는 것이니라"(눅 16:15).

사도 바울은 자신이 다소의 사울로서 성취한 모든 것을 매우 자랑스러워했습니다. 그러나 바울은 그리스도를 발견한 순간 이 모든 것을 "배설물"로 여긴다고 고백할 수밖에 없었습니다. "없는 자는 그 있는 것도 빼앗기리라." 이런 사람은 비참하고 죄악된 모습으로 영원한 심판대 앞에 아무것도 없이 홀로 설 것입니다. 그는 벌거벗은 채 빈손으로 희망도 없이 설 것이며, 이런 상태로 영영히 살 것입니다.

　심판장은 이렇게 물을 것입니다. "너는 이 중요한 것을 가졌느냐?" 어떤 사람은 이렇게 묻습니다. "그렇다면 제가 할 수 있는 게 무엇입니까? 이제 보니 저는 어리석은 사람입니다. 저는 그게 비밀이라는 것을 깨닫지 못했습니다. 저는 기독교가 뭔지 안다고 생각했습니다. 하지만 이제 보니 기독교란 하나님과 화평하고, 심판과 영생을 위해 의로워지는 것이라는 뜻이군요. 저는 하나님 나라를 전혀 모릅니다. 어떻게 하면 하나님 나라를 얻을 수 있나요?"

　아주 간단합니다. 이사야 선지자가 이스라엘 백성이 했다고 말한 것과 정반대로 하십시오. 맹목적인 편견으로 눈을 감는 대신 눈을 크게 뜨고 메시지에 주목하십시오. 어린아이로, 구걸하는 자로 오십시오. 비판하거나 똑똑한 체하거나 스스로 의롭다고 여기지 마십시오. 있는 모습 그대로 오십시오. 와서 여러분에게 아무것도 없음을 인정하십시오. 주님은 이렇게 말씀하십니다. "너희가 돌이켜 어린아이들과 같이 되지 아니하면 결단코 천국에 들어가지 못하리라"(마 18:3). 여러분에게는 어린아이의 단순함이 필요합니다. 바꾸어 말하면, 자신의 죄, 자신의 철저한 실패를 인정해야 하며, 자신의 대단한 두뇌가 전혀 무가치할 뿐 아니라 오히려 가장 큰 장애물이라는 사실을 인정해야 합니다. 그분께 나아가 "저는 아무것도 아닙니다. 제게는 아무것도 없습니다. 하나님, 이 죄인을 불쌍히 여겨 주십시오"라고 말해야 합니다. 이렇게 말하는 순간, 구원받아 영원한 하나님 나라에 들어가는 하나님의 축복에 꼭 필요한 이 겸손과 회개가 여러분 속에 있음이 드러날 것입니다.

6

능력

하나님의 나라는 말에 있지 아니하고 오직 능력에 있음이라. 고린도전서 4:20

이제 하나님 나라의 또 다른 면을 살펴볼 차례입니다. 안타깝게도 많은 사람들이 이 부분을 오해하고 있습니다. 이 구절이 그 오해를 잘 보여줍니다. 당시의 고린도 교회뿐 아니라 지금 우리나라의 교회에도 매우 잘 적용되는 말씀입니다.

고린도의 상황을 보십시오. 고린도는 헬라 도시였으며, 매우 지적인 시민들이 많았습니다. 고린도는 상업적인 항구 도시였으나 동시에 헬라의 모든 도시처럼 학술원과 토론장, 사람들이 철학을 논하고 삶의 문제를 이해하고 배우려는 곳이 있었습니다. 사도 바울은 이곳에서 복음을 전했고, 그 결과로 교회가 세워졌습니다. 그러나 그 고린도 교회에 문제가 생겨서 바울은 편지를 써야 했습니다.

바울이 말하는 첫 번째 문제는 고린도 교회의 몇몇 사람들이 바울을 비난하기 시작한 것입니다. 이들은 바울의 외모를 걸고 넘어졌습니다. 이들은 "그 사람은 몸이 너무 약해!"라고 했습니다. 이들은 바울의 말투도 비난했습니다. 그의 말투가 "멸시받을 만하다"고 했습니다. 이 헬라인들은 위대한 헬라 웅변가들과, 화술과 달변의 기술을 연구한 사람들에 익숙해져 있었습니다. 이들은 언어의 전문가들이었고 이들이 구사하는 문장은 균형이 잡혀 있었습니다. 이들은 자신의 모든 말을 글로 써서 다듬었습니다. 이들은 화술에 관심이 아주 많았습니다. 그러나 사도 바울은 이런 것에 전혀 관심을 두지 않았습니다. 그는 쉽고 무뚝뚝하게 말했으며 아무런 기교도 섞지 않았습니다. 그래서 고린도 교인들은 그의 외모와 말투를 비난하면서 이렇게 말했습니다. "저 사람은 항상 똑같은 말만 해. 늘 십자가, '십자가에 달린 예수 그리스도'만 이야기한다니까! 자신의 견해와 관련된 폭넓은 철학은 한마디도 하지 않아! 저 사람은 경쟁적인 이론들을 제시하고 평가하면서 자신의 가르침이 우월하다는 것을 보여주는 법도 없어. 저 사람의 가르침은 너무 단순해서 거의 초보적 수준이야. 유치해 보여!"

바울이 고린도 교회의 그리스도인들에게 편지를 해야 하는 부분적인 이유가 여기에 있습니다. 바울은 고린도 교회의 그리스도인들을 가리켜 "교만한" 사람들이라고 말합니다. 다시 말해, 바울은 고린도전서 4:18에서 "어떤 이들은 내가 너희에게 나아가지 아니할 것같이 스스로 교만하여졌다"고 말합니다. 바울은 이어서 말합니다. "주께서 허락하시면 내가 너희에게 속히 나아가서 교만한 자들의 말이 아니라 오직 그 능력을 알아보겠으니"(19절).

당시 이것이 고린도 교회의 상황이었습니다. 고린도 교회의 그리스도인들은 말과 논쟁을 너무 많이 해서, 사도 바울은 이들에게 이렇게 말해야 했습니다. "좋습니다. 나는 여러분에게 갈 준비가 되었습니다. 여러분 가운데는 내가 여러분에게 가는 것을 두려워한다고 말하는 사람들이 있습니다. 내가 지금까지는 여러분에게 갈 형편이 되지 못했지만 하나님의 뜻이라면 갈 것입니다. 내가 가면, 여러분을 시험할 것입니다. 여러분의 말이 아니라 여러분의 능력을 시험할 것입니다. '하나님의 나라는 말에 있지 아니하고 오직 능력에 있기' 때문입니다."

지금 우리도 기독교를 논하는 것을 아주 좋아하는 시대에 살고 있습니다. 우리에게 충격을 주는 기독교에 관한 책들이 잇달아 나옵니다. 이런 책들이 베스트셀러가 되며, 더 충격적인 책일수록 더 잘 팔립니다. 그러므로 어떤 의미에서 이 시대 사람들이 기독교와 하나님 나라에 큰 관심이 있다고 할 수 있습니다.

그러나 저는 이 모든 말과 글, 이 모든 논쟁과 토론, 이 모든 토론과 대화(대화는 이 시대 사람들이 가장 좋아하는 단어입니다)에 대해 감히 묻습니다. 그 속에 능력이 있습니까? 사도 바울이 여기에 관해 하는 말에 귀를 기울여 봅시다. 그는 긍정문의 형태로 말하지만, 긍정문조차도 일차적으로는 부정문입니다. 그는 말합니다. "하나님의 나라는 말에 있지 아니하고."

설명하면 이렇습니다. 하나님 나라 또는 기독교나 기독교의 메시지는 지적인 관심의 문제가 아닙니다. 사도 바울의 마음에 이 부분이 가장 먼저 떠오른 것이 분명합니다. 이것은 고린도 교회의 특별한 문제이자 우리 시대의 문제이기도 합니다. 기독교의 메시지가 다른 많은 것들 가운데 하나의 관점이나 가르침일 뿐이라고 생각하는 사람들이 아주 많습니다. 다양한 학파의 위대한 철학자들 중에는 기독교의 메시지와 시각은 인간과 삶과 죽음과 존재의 의미와 목적을 말하는 다양한 가르침 가운데 하나라고 보는 사람들이 있습니다.

그러므로 사람들은 여느 책을 읽듯이 성경을 읽습니다. 또는 성경을 읽기보다는 성경에 대해 말하기를 더 좋아합니다. 그럼에도 이들은 하나의 인생철학으로서 성경에 관심을 갖습니다. 이들은 이렇게 말합니다. "저는 구도자이며, 진리를 탐구하는 사람입니다. 제게 도움이 되는 것을 간절히 찾고 있습니다." 이들은 여느 책에 접근하는 것과 똑같은 방법으로 성경에 접근하며, 성경을 연구하고 비판하며 자신의 의견을 표현합니다. 이들은 책을 읽고, 강의에 참석하고, 토론에 귀를 기울이며, 기독교에 관한 끝없는 논쟁에 뛰어듭니다. 그리고 묻습니다. "기독교는 이것 또는 저것에 대해 뭐라고 말하는가? 기독교의 이런저런 가르침은 옳은가?" 전반적으로 이들은 하나님 나라와 기독교를 지적인 관심의 문제로 축소합니다. 그러나 사도 바울은 하나님 나라와 기독교는 지적인 관심의 문제가 아니라고 말합니다.

더 나아가, 기독교의 메시지는 단순히 지적인 동의의 문제도 아닙니다. 제가 언급한 첫 번째 그룹의 사람들은 다만 논쟁과 토론에 그쳤습니다. 그러나 저는 이제 여기서 더 나아가 이렇게 말하는 사람들을 생각합니다. "그렇습니다. 저는 기독교를 믿을 준비가 됐습니다. 기독교를 받아들일 준비가 됐습니다." 이들은 기독교의 신앙고백을 받아들입니다. 이들은 기독교가 말하는 모든 것에 동의합니다. 그리고 이것이 기독교라고 생각합니다! 이들은 기독교를 선택했습니다! 이들은 자신이 기독교의 가르침을 믿는다고 말합니다. 어떤 사람들은 실제로 자신은 항상 기독교를 믿었다고 말합니다.

그렇다면 왜 이것이 기독교가 아닐까요? 사도 바울이 고린도 교회의 사람들에 관해 이 부분을 언급하는 이유가 바로 여기에 있습니다. 이들은 교회의 구성원이었습니다. 당시 초대교회의 구성원이 되려면 교회의 가르침을 매우 분명하고 구체적으로 믿어야 했습니다. 그러므로 이들이 사도 바울을 어떻게 비난했던 간에, 이들의 신앙은 전체적으로 정통 신앙이었던 것이 분명합니다. 그러나 바울은 하나님 나라는 몇몇 명제에 대한 지적인 동의가 아니라고 말합니다. 하나님 나라가 단순히 지적인 동의라면, 하나님 나라는 능력이 없으며 삶에 전혀 영향을 미치지 못합니다. 이것은 매우 심각한 문제입니다.

교회 일에 매우 열심인 교인들이 많습니다. 이들은 신앙고백에 동의하며, 주일마다 신앙고백을 암송합니다. 이들 가운데는 많은 것을 희생하면서 새벽기도까지 하는 사람들도 있습니다. 이들은 교회 일에 대한 열정과 열심이 가득합니다. 그러나 제가 알기로, 이들 가운데 삶에서 하나님의 능력을 전혀 나타내지 못하는 사람들이 있습니다. 사도 바울은 다른 곳에서 이들을 가리켜 "경건의 모양은 있으나 경건의 능력은 부인하는" 자들이라고 말합니다(딤후 3:5).

끔찍하지만 있을 수 있는 일입니다. 이들은 "말로" 기독교를 선택했습니다. 이들은 기독교를 받아들이며, 기독교를 믿으며, 자신을 그리스도인이라고 말합니다. 이들은 심지어 신앙의 옹호자로 자처할 수 있습니다. 그러나 기독교는 이들의 삶에 영향을 미치지 못했습니다. 이들의 삶은 실패였다고 할 수 있습니다. 이들의 신앙이 정통적이어도 몇 가지 분명한 문제에서 실패할 수 있습니다. 이들은 자신의 삶에서 실패할 뿐 아니라 다른 사람들을 기독교로 이끄는 데도 실패합니다. 바울은 이렇게 말합니다. "저는 이런 사람들의 말이 아니라 능력을 알고 싶습니다. 하나님 나라는 말이 아니라 능력에 있기 때문입니다."

바꾸어 말하면, 하나님 나라는 삶과 동떨어진 태도의 문제나 기독교의 메시지에 흥미를 느끼는 정도가 아닙니다. 하나님 나라는 사람들에게 영향을 미치며, 사람들을 다스리며, 사람들에게 능력을 주는 것입니다. 말이 꼭 필요하지만 말이 전부가 아닙니다. 능력과 증거가 절대적으로 필요합니다. 사도 바울은 이렇게 말합니다. "저는 여러분의 말에 관심이 없습니다. 저는 여러분이 대단한 것을 말하며 대단한 비판을 한다는 것을 잘 압니다. 좋습니다. 그러나 제가 알고 싶은 것은 따로 있습니다. 여러분은 어떤 사람입니까? 여러분의 삶은 어떠합니까? 여러분은 다른 사람들에게 어떤 영향을 미치고 있습니까? 여러분의 가족이나 동료 교인들은 여러분을 어떻게 생각합니까?"

여러분이 바른 것을 믿을 수 있을 뿐 아니라 그것에 열심을 낼 수 있고 그것을 변호할 수 있으며 그것에 대해 놀라울 만큼 예리할 수 있다는 것은 대단한 일입니다. 그러나 사도 바울은 이렇게 말합니다. "하지만 저는 관심 없습니다. 말이 아니라 능력입니다." 우리 시대에 이것을 이해하는 것이 아주 중요합니다. 우리 시대에 기독교에 관한 말이 넘쳐납니다. 그렇다면 그 속에 능력이 있습니까? 우리 시대의 기독교는 무엇을 하고 있습니까? 저는 이러한 현상이 우리 시대의 교회 상태를 초래한 원인 가운데 하나라는 것을 전혀 의심하지 않습니다.

아주 솔직하고 허심탄회하게 말해 봅시다. 빅토리아 시대 말기와 20세기 초에, 교회 안에는 "말"이 참 많았습니다. 많은 이야기와 설교가 있었고, 많은 책이 출판되었습니다. 그런데 거기에 능력이 있었습니까? 없었습니다! 길 가는 사람에게 묻는다면 그는 자신이 교회가 아닌 거리에 있는 이유가 바로 여기 있다고 대답할 것입니다. 그는 기독교에 대해 말은 많이 하지만 정작 기독교를 실천하거나 삶으로 보여주지 못하는 사람들에게 매우 식상했습니다. 사람들은 주일에는 그리스도인이지만 주중에는 그리스도인이 아니었습니다.

세상은 기독교를 항상 이렇게 비판합니다. 세상이 기독교에 등을 돌리는 이유는, 기독교가 말만 앞세우며 낡고 구태의연한 것으로 보이기 때문입니다. 사람들은 묻습니다. "너희의 증거가 어디 있느냐? 너희의 능력이 어디 있느냐? 너희의 행위가 어디 있느냐? 교회가 해놓은 것이 무엇이냐?" 이것은 너무나 정당한 비판입니다.

그러나 사도 바울은 이러한 비판에 대응할 준비가 되어 있습니다. 그는 하나님 나라가 무엇보다도 능력이라고 말합니다. 이 부분을 분명히 하고 넘어가야 합니다. 기독교의 메시지는 이 세상에 들어온 가장 큰 능력의 선포이며 역사입니다. 기독교의 메시지만큼 개개인의 삶과 역사에 큰 영향을 미친 것은 없습니다.

우리의 주된 관심은 철학이 아니라 역사라는 사실을 강조하는 데 항상 주의를 기울여야 하는 이유도 여기 있습니다. 예수 그리스도께서 역사를 지배하십니다. 1963년*이라는 연도도 예수 그리스도의 탄생을 기준으로 한 것입니다. 예수 그리스도는 역사가 인정한 가장 큰 요소이며 가장 큰 능력입니다. 그리스도의 십자가는 "파멸의 시대에 우뚝 솟은 탑"입니다. 여기에 대해서는 의문의 여지가 없습니다. 세상 역사를 읽어 보면, 기독교가 세상을 일깨운 가장 큰 힘이었음을 인정하지 않을 수 없습니다. 기독교의 메시지가 말 그

---

* 이 설교는 웨스트민스터 채플에서 1963년 6월 2일 주일 저녁에 전해진 것이다.

대로 대로마제국을 바꿔 놓았습니다. 철저히 이교도 제국이었던 로마가 3백 년도 못 되어 기독교 제국으로 바뀌었습니다. 기독교는 단순히 말이 아니라 능력입니다. 기독교는 책을 쓰거나 논쟁하거나 똑똑해지는 것이 아닙니다. 기독교는 철학 용어들을 주고받는 것이 아닙니다. 기독교는 행위입니다. 대로마제국이 무너지고 나서도 수세기 동안 그 문화의 명맥을 이어 갈 수 있었던 것은 교회와 기독교의 메시지 덕분이었습니다.

종교개혁도 마찬가지입니다. 사람들이 종교개혁을 아느냐 모르느냐, 좋아하느냐 좋아하지 않느냐는 중요하지 않습니다. 종교개혁은 우리 역사에서 가장 위대한 사실 가운데 하나입니다. 사람들은 엘리자베스 시대를 자랑하며, 셰익스피어를 비롯한 문학과 그 외의 모든 것을 자랑합니다. 그러나 아시다시피, 이 모든 것이 종교개혁의 결과였습니다!

더 나아가, 기독교가 온 세상의 삶의 현장으로 들어온 가장 큰 능력이며 가장 강력한 영향력이라는 데는 의심의 여지가 없습니다. 기독교는 개인뿐 아니라 사회를 바꿔 놓았습니다. 교회사에서 있었던 몇몇 대부흥의 이야기는 거의 누구나 알고 있습니다. 위대한 역사가 레키 William E. H. Lecky는 프랑스가 프랑스 혁명 때 겪은 것을 영국이 겪지 않을 수 있었던 것은 18세기의 복음주의 부흥 운동, 감리교 부흥 운동 때문이었다고 주저 없이 말했습니다. 이러한 부흥 운동이 끼친 영향은 헤아릴 수 없습니다. 부흥 운동은 개인뿐 아니라 사회 전체를 바꿔 놓았습니다. 부흥 운동은 사람들에게 교육에 대한 관심을 불러일으켰고 그 결과 학교가 생겨났습니다. 부홍 운동은 주일학교를 낳았고, 병원과 의료복지를 낳았습니다. 부흥 운동은 빈민구호법의 개혁을 낳았습니다. 이 모든 것이 하나님의 성령께서 강하게 임하신 결과입니다. 기독교는 능력입니다.

그러므로 하나님 나라나 기독교를 일종의 안락의자 철학으로 생각한다면, 가만히 앉아 사유하며 다른 사람들과 논쟁하는 것으로 생각한다면, 똑똑한 학자들이 서로를 논박하는 책을 쓰고 대단한 흥분을 일으키는 것으로 생각한다면, 이보다 더 진리와 동떨어진 것은 없습니다. 왜냐하면 이들이 설령 교회의 일원이며 교회에서 높은 자리에 있더라도, 이들은 기독교 신앙의 근본을 부정하는 것으로 보이기 때문입니다. 이것은 기독교가 아닙니다. 이것은 해롭고 악한 것일 뿐입니다. 기독교는 능력입니다. 유익을 주는 능력입니다. 기독교는 일으켜 세우며, 자유하게 합니다. 그 무엇보다도, 기독교는 세상을 일깨우는 가장 큰 힘입니다.

우리는 이 사실을 분명히 알고 있습니까? 우리는 기독교가 무엇보다도 능력이라는 것을 분명히 알고 있습니까? 저는 단순한 사람들이 쉽고 꾸밈없이 복음을 전했음에도, 그 결과로 마을의 술집이 온통 텅 비어 버렸다는 이야기를 많이 알고 있습니다. 교회사에는 이러한 사건들이 많습니다. 예를 들면, 노스 웨일스에서 박람회가 여러 날 동안 계속 열린 적이 있습니다. 유흥과 술과 폭력과 싸움과 악으로 악명 높은 박람회였습니다. 그런데 존 엘리아스John Elias*라는 사람이 설교를 하자 이런 일이 완전히 사라졌습니다. 그

---

*18세기 웨일스 부흥 운동을 이끌었던 영국의 설교자.

후로 다시는 그런 일이 일어나지 않았습니다! 이것이 능력입니다. 이것이 기독교입니다.

둘째, 기독교는 하나님의 능력입니다. 여기에 핵심이 있습니다. 기독교는 일차적으로 우리가 행하는 것이 아닙니다. 기독교는 우리에게 무언가를 행하라고 요구하지도 않습니다. 사도 바울은 로마서에서 "내가 복음을 부끄러워하지 아니하노니"라고 했습니다. 그 이유가 무엇입니까? "이 복음은 모든 믿는 자에게 구원을 주시는 하나님의 능력이 됨이라"(롬 1:16). 복음은 사람들에게 자신을 구원하라고 말하는 메시지가 아니라, 사람들을 구원하는 하나님의 능력입니다. 사도행전 2장을 보십시오.* 여기서 제자들, 다락방에 모인 그리스도인들은 함께 기다리며 기도하고 있었습니다. 그때 갑자기 "급하고 강한 바람 같은 소리"가 났습니다. 이들은 모두 성령과 능력이 충만해져 각기 다른 언어로 말하기 시작했습니다. 주위 사람들이 깜짝 놀랐습니다. 사람들은 서로 이렇게 말했습니다. "이게 도대체 어떻게 된 일입니까? 우리는 세계 각 지역에서 왔는데 이 사람들이 우리들 각자의 언어로 하나님의 큰일을 말하고 있지 않습니까?" 그리스도인들은 자신들이 한 일을 말하고 있는 것이 아니었습니다. 그리스도인들은 자신들에게 일어난 일, 하나님이 자신들에게 하신 일을 증거하고 있었습니다. 기독교는 우리의 행위가 아니라 하나님의 능력입니다.

이것은 매우 기본적인 진리입니다. 앞에서 살펴보았듯이, 그리

---

* 이 설교는 1963년 성령강림주일에 한 것이다.

스도인이 된다는 것은 이러한 것들에 관해 다만 읽고 말하고 관심을 갖는 것이라고 생각하는 사람들이 아주 많습니다. 전혀 그렇지 않습니다! 그것은 여러분이 행하는 것입니다. 여러분이 그리스도인 되게 하는 것은 하나님이 여러분에게 행하시는 것입니다. 여러분이 기독교를 선택하는 것이 아니라 기독교가 여러분을 사로잡는 것입니다. 강한 능력이 여러분에게 임하고, 여러분에게 무언가를 행하고, 여러분을 과거의 자리에서 새로운 자리로 옮깁니다. 기독교는 하나님의 능력이기 때문에 우리의 삶과 행동에 깊은 영향을 미칩니다. 기독교는 단지 표면적인 것이 아니라 창조자 하나님이 영혼 깊은 곳에 행하시는 것입니다. "구원을 주시는 하나님의 능력"보다 더 큰 것은 없습니다.

그러므로 이것이 바로 "하나님의 나라는 말에 있지 아니하고 오직 능력에 있음이라"고 사도 바울이 말했을 때 의미한 바입니다. 하나님의 나라, 하나님의 활동, 하나님의 통치와 다스림이 우리 가운데 임할 때마다 하나님의 능력이 나타납니다. 왜냐하면 하나님은 전능하시기 때문입니다. 하나님의 능력은 무한합니다. 그분은 영원하신 하나님이며, 그분의 다른 성품뿐 아니라 그분의 능력도 영원합니다. 하나님 나라는 다름이 아니라 그분의 연속적인 행위입니다.

하나님 나라는 언제나 능력입니다. 하나님 나라는, 하나님이 친히 오셔서 사람들을 사탄의 나라에서 구해 내어 그분의 나라로 옮기시는 것입니다. 구약성경에 이것을 잘 보여주는 멋진 예가 있습니다. 하나님의 백성 이스라엘이 애굽에서 강력한 바로의 힘과 통치 아래서 완전히 노예로 살고 있었습니다. 이스라엘에게는 군대나

무기는 말할 것도 없고, 정말 아무것도 없었습니다. 이스라엘은 애굽의 감독들에게 매를 맞으면서도, 더 적은 짚으로 더 많은 벽돌을 만들어 내야 하는 극한 절망에 처한 노예였습니다.

하나님 나라는 이스라엘을 이러한 상황에서 건져 냈습니다. 구약성경은 이 사건을 얼마나 자주 들려주는지 모릅니다. 구약성경은 출애굽기에서 이 사건을 역사로 들려줍니다. 시편 기자들은 이 사건을 이야기하고 또 이야기합니다. 선지자들도 예외가 아닙니다. 선지자들은 하나님이 이스라엘을 강한 손으로 구해 내셨다고 말합니다. 이스라엘은 힘이 없었고 그들의 원수는 매우 강했습니다. 그러나 하나님이 그분의 종 모세를 통해 개입하셔서 이스라엘을 인도해 내셨습니다. 애굽에서 일어난 놀라운 기적의 이야기를 읽어 보십시오. 어두움과 폭풍과 우레의 이야기를 읽어 보십시오. 이스라엘이 애굽에서 나왔으나 홍해가 그들의 앞을 가로막았습니다. 좌우에는 비하히롯 산과 바알스본 산이 있었고, 뒤에서는 바로와 그 군대가 쫓아오고 있었으며, 앞에는 홍해가 가로놓여 있었습니다. 이스라엘은 어떻게 할 수가 없었습니다! 도저히 방법이 없었습니다! 그러나 하나님은 전능하신 손으로 홍해를 가르시고, 전능하신 능력으로 이스라엘을 이끌어 홍해를 건너게 하셨습니다. 이것이 하나님 나라입니다!

하나님은 광야에서도 이스라엘을 계속 인도하셨습니다. 이스라엘이 먹을 것이 없을 때, 하나님은 만나를 주셨습니다. 또 먹을 것이 없을 때, 하나님은 메추라기를 보내셨습니다. 물이 없을 때, 하나님은 반석에서 물이 나게 하셨습니다. 이 모든 것이 그분의 백성을 구원하시는 하나님, 그분의 영광을 나타내시는 하나님, 그분 나라의 역사役事를 보여주시는 하나님을 묘사하는 구약성경의 그림 가운데 하나일 뿐입니다. 그리고 이것은 처음부터 끝까지 능력입니다. 하나님은 천둥과 번개를 명하시며, 입술의 말씀으로 군대를 파하시는 분이십니다!

그러나 여러분이 능력으로 나타나는 하나님 나라를 제대로 보고 싶다면 신약성경을 봐야 합니다. 하나님 나라가 능력이라는 것은 처음부터 끝까지 신약성경이 우리에게 제시하는 큰 주제입니다. 물론, 이것은 특히 우리 구주 예수 그리스도에게서 분명하게 나타납니다. 그분의 탄생에서 이것을 볼 수 있습니다. 하나님은 천사장을 보내 마리아에게 그리스도를 낳으리라고 알리셨습니다. 그러자 마리아는 자신은 사내를 전혀 알지 못하기 때문에 그런 일이 불가능하다고 했습니다. 그러나 천사장은 마리아에게 이렇게 대답합니다. "성령이 네게 임하시고 지극히 높으신 이의 능력이 너를 덮으시리니 이러므로 나실바 거룩한 이는 하나님의 아들이라 일컬어지리라.……대저 하나님의 모든 말씀은 능하지 못하심이 없느니라"(눅 1:35, 37).

인간은 무無에서 생명을 창조하려고 오랜 세월을 노력했으나 성공하지 못했습니다. 그것은 불가능합니다! 그러나 하나님은 생명을 창조하실 수 있습니다. 그래서 하나님의 아들은 인간 아버지 없이 태어나셨습니다! 인간의 형상을 입은 하나님의 아들을 있게 한 것은 마리아에게 임한 전능자의 능력이었습니다. 하나님은 단순히 말로 하나님 나라를 세우고 인간을 구원하지 않으십니다. 그분은 모세와 선지자를 통해 하나님 나라가 단순히 말로 이루어질 수 없음을 보여주셨습니다. 하나님은 구원하시기 전에 먼저 기적을 행하시고 아들을 동정녀의 몸에 잉태시키셔야 했습니다. 그리스도의 탄생도 "지극히 높으신 이의 능력"으로 이루어졌습니다.

하나님 나라가 능력이라는 사실은 주님의 가르침에서도 확인할 수 있습니다. 모든 사람이 예수님께 감동받은 것은, 그분의 말씀을 들은 모든 사람이 감동받은 것은 말씀이 그대로 나타나는 능력 때문이었습니다. 성경은 예수님이 산상설교를 마치신 후 "무리들이 그의 가르치심에 놀라니 이는 그 가르치시는 것이 권위 있는 자와 같고 그들의 서기관들과 같지 아니함일러라"고 말합니다(마 7:28-29). 사람들은 예수님의 말씀의 능력을 느꼈습니다. 사람들은 이렇게 말했습니다. "이 사람이 누군가? 말에 어떻게 이 같은 능력이 있는가? 이 사람은 배운 적도 없지 않은가? 도대체 이 사람의 능력이 어디서 나온 거지?"

대제사장들이 예수님을 잡으라고 보낸 수하들조차도 서서 그분의 말씀에 귀를 기울였으며, 감히 그분에게 손을 대지 못하고 그대로 돌아갔습니다. 유대 당국자들이 "어찌하여 잡아오지 아니하였느냐?"라고 물었을 때 이들은 "그 사람이 말하는 것처럼 말한 사람은 이때까지 없었나이다"라고 대답했습니다(요 7:46). 주님의 말씀을 들은 사람들은, 누구나 그 말씀의 은혜뿐 아니라 그분의 능력과 권세와 명료함에 감동했습니다.

동일한 능력이 그분의 기적에서도 나타났습니다. 예수님은 분명히 나사렛의 목수였고 마리아의 아들이었으나, 병자를 고치며 눈먼 자를 보게 하실 수 있었습니다. 그분은 듣지 못하는 사람과 말하지 못하는 사람을 고치실 수 있었습니다. 그분은 바다 물결을 제어하시고 폭풍을 잠잠케 하실 수 있었습니다. 귀신을 쫓아내실 수 있었습니다. 그분은 죽은 자도 살리실 수 있었습니다! 사람들은 그분을 보면서 말했습니다. "이처럼 놀라운 권세와 능력을 가진 이 사람은 도대체 누군가?" 그분은 단지 선생 정도가 아니었습니다. 예수님은 말씀만 하신 것이 아니라 행동으로 능력을 나타내셨으며, 행동을 강조하셨습니다. 어느 날 예수님이 귀신을 쫓아내자 사람들이 "그가 귀신의 왕 바알세불을 힘입어 귀신을 쫓아낸다"고 했습니다. 그러자 예수님은 그것이 아니라고 하시면서 이렇게 말씀하셨습니다. "내가 만일 하나님의 손을 힘입어 귀신을 쫓아낸다면 하나님의 나라가 이미 너희에게 임하였느니라"(눅 11:15, 20). 하나님 나라는 이미 우리 가운데 임했습니다. 여기에 우리의 질병을 제어하고 몰아내는 능력이 있습니다. 그분이 하실 수 없는 일은 하나도 없었습니다.

그러나 궁극적으로 그분의 능력은 우주가 목격한 가장 강력한 사건에서 나타났습니다. 예수님은 무한한 능력이 있음에도 연약한 모습으로 온갖 조롱을 당하면서 재판을 받으시고 마침내 유죄판결을 받으셨습니다. 사람들은 그분을 나무에 못 박아 죽였습니다. 사람들은 그분의 시신을 십자가에서 내려 무덤에 장사 지내고 입구를 큰 돌로 막았습니다. 그러나 셋째 날 아침, 돌은 치워져 있었고 주님은 보이지 않았습니다. 주님은 죽은 자 가운데서 다시 살아나셨습니다. 그분은 죽음과 무덤을 이길 능력이 있었습니다. 그분은 "성결의 영으로는 죽은 자들 가운데서 부활하사 능력으로 하나님의 아들로 선포되셨"습니다(롬 1:4).

여기에 마지막 원수를 이기신 분이 있습니다. 그분은 사망의 쏘는 것을 제하셨습니다. "하나님의 나라는 말에 있지 않습니다." 그분은 단순히 말꾼이나 정치가 정도가 아닙니다. 그분은 아름다운 것을 가르치는 "창백한 갈릴리인" 정도가 아닙니다. 그분은 능력이 충만하시며 모든 원수를 정복하시고 하나님의 말씀을 하십니다. 그분은 죽은 자 가운데서 다시 살아나셨으며, 하늘에 오르셨고, 오순절에 성령을 보내셨습니다.

우리는 오순절에 제자들이 한데 모여 무릎 꿇고 기도하는 중에 갑자기 강한 능력이 그들에게 어떻게 임했으며 어떤 결과를 낳았는지 살펴보았습니다. 하나님 나라가 사람들에게 임할 때, 사람들이 하나님 나라에 들어갈 때, 이런 일이 그들에게 일어납니다. 사도 베드로는 몇 주 전만 해도 자신만 살겠다고 그리스도를 부인했던 사람이었습니다. 그러던 그가 능력이 충만하여 그리스도를 죽인 사람들에게 담대하게 복음을 전했습니다. 베드로는 담대함과 말과 능력을 받았습니다.

그 다음에 무슨 일이 있었습니까? 3천 명의 교인이 늘어났습니다! 당시에 교인이 된다는 것은 쉬운 일이 아니었습니다. 유대인에게 교인이 된다는 것은 가정에서 쫓겨난다는 뜻이었으며, 박해당하고 죽은 자로 취급된다는 뜻이었습니다. 그러나 3천 명이 완전히 변화되어 그리스도의 교회에 들어왔습니다. 이것이 능력입니다! 그래서 나중에 사람들은 그리스도인들에 대해 이렇게 말했습니다. "천하를 어지럽게 하던 이 사람들이 여기도 이르매"(행 17:6).

기독교는 단순히 좋은 조언이나 권고가 아닙니다. 기독교는 "구원을 주시는 하나님의 능력" 곧 사람들을 사로잡고 변화시켜 하나님 나라에 들어가게 하는 능력입니다. 여러분은 이것을 알고 있습니까? 여러분에게 하나님 나라는 능력입니까, 아니면 말에 불과합니까?

그렇다면 이러한 능력은 어떻게 나타납니까? 이러한 능력이 항상 가장 먼저 하는 일은 죄를 깨닫게 하는 것입니다. 오순절에 베드로가 특별한 설교를 했을 때, 사람들은 마음이 찔려 외쳤습니다. "형제들아, 우리가 어찌할꼬?" 복음은 이들이 논박하거나 관심을 갖거나, 칭송하거나 무시할 수 있는 하찮은 말이 아니었습니다. 이들은 갑자기 하나님이 자신들에게 말씀하시는 것을 느꼈습니다. 자신들이 하나님의 아들을 십자가에 못 박았으며 자신들의 손이 죄악되며 그리스도의 피로 젖어 있음을 깨달았습니다. 그래서 이들은 외쳤습니다. "우리가 어떻게 해야 합니까? 우리는 하나님과 심판을 마주하고 있습니다." 이들은 하나님과 심판이 두려워 떨었습니다. 이들은 죽음이 두려워서 고통 가운데 부르짖었습니다.

여러분도 이렇게 부르짖은 적이 있습니까? 여러분도 죄를 깨닫게 하는 능력을 알고 있습니까? 자신이 그리스도인이라고 말하는 사람들에게 묻고 싶습니다. 왜 여러분이 그리스도인입니까? 단순히 그리스도인으로 교육받았기 때문입니까? 그리스도인이 되는 것이 멋지고 좋다고 생각하기 때문입니까? 기독교를 받아들이기로 결정했기 때문입니까? 기독교를 하나의 철학으로 좋아하기 때문입니까? 그렇다면 저는 관심이 없습니다. 여러분은 복음 안에 있는 죄를 깨닫게 하는 능력을 체험한 적이 있습니까? 여러분은 심판을 생각하면서 하나님 앞에서 떨어 본 적이 있습니까? 여러분은 자신이 잃어버린 영혼이라는 것을 깨달은 적이 있습니까? 이것이 바로 여러분의 상태라는 것을 말입니다. 능력으로 선포되는 하나님 나라는 사람들로 하여금 죄를 깨닫고 두려움에 떨게 합니다.

그러나 하나님 나라는 우리가 그 나라의 메시지를 믿고 이해하게 해주는 능력이기도 합니다. 바울은 고린도전서에서 이것을 이렇게 표현합니다. "그러나 우리가 온전한 자들 중에서는 지혜를 말하노니 이는 이 세상의 지혜가 아니요 또 이 세상에서 없어질 통치자들의 지혜도 아니요"(고전 2:6). 그런 후, 바울은 하나님의 지혜를 이야기하면서 이렇게 말합니다. "이 지혜는 이 세대의 통치자들이 한 사람도 알지 못하였나니 만일 알았더라면 영광의 주를 십자가에 못 박지 아니하였으리라.……하나님이 자기를 사랑하는 자들을 위하여 예비하신 모든 것은 눈으로 보지 못하고 귀로 듣지 못하고 사람의 마음으로 생각하지도 못하였다 함과 같으니라"(고전 2:8-9). 세상의 지혜로운 자들은 이 지혜를 어리석다고 여겼습니다. "육에 속한 사람은 하나님의 성령의 일들을 받지 아니하나니 이는 그것들이 그에게는 어리석게 보임이요, 또 그는 그것들을 알 수도 없나니 그러한 일은 영적으로 분별되기 때문이라"(고전 2:14). 그렇다면 어떻게 믿을 수 있습니까? 대답은 하나뿐입니다. 성령의 능력으로 믿을 수 있습니다. "오직 하나님이 성령으로 이것을 우리에게 보이셨으니 성령은 모든 것 곧 하나님의 깊은 것까지도 통달하시느니라.……우리가 세상의 영을 받지 아니하고 오직 하나님으로부터 온 영을 받았으니 이는 우리로 하여금 하나님께서 우리에게 은혜로 주신 것들을 알게 하려 하심이라"(고전 2:10, 12).

이 말씀을 믿고 이해하고 받아들이고 기뻐하려면 능력이 필요합니다. 여러분은 이러한 능력을 받았습니까? 이것이 기독교입니다. 기독교는 단지 멀리서 바라보기만 하는 것이 아닙니다. 기독교는 죄를 깨닫게 하는 말씀의 능력입니다. 예수 그리스도를 하나님의 아들로, 여러분의 영혼의 구주로 믿게 하는 능력입니다. 성령께서 이 능력을 여러분에게 주십니다.

그러나 기독교는 새롭게 창조하는 능력, 사람들에게 새 생명, 다시 태어남, 새 출발을 주는 능력이기도 합니다. 본질상 인간은 잃어버린 자이며 죽은 자입니다. 인간의 행위가 인간을 일으키거나 그리스도인으로 만들 수 없습니다. 그러나 하나님 나라는 새로운 생명을 주는 능력이 있습니다. 바울은 이렇게 말합니다. "그런즉 누구든지 그리스도 안에 있으면 새로운 피조물이라. 이전 것은 지나갔으니 보라, 새 것이 되었도다"(고후 5:17). 그리스도인은 이렇게 노래하는 사람입니다.

주님, 저는 죽었습니다!
생명 없는 제 영혼,
당신께로 인도할 수 없습니다.
그러나 이제 당신께서 나를 깨우시니
나, 죄의 캄캄한 무덤에서 일어납니다.
―윌리엄 티드 맷슨 William Tidd Matson

우리가 탁월하고 똑똑해서 이것을 받아들이고 저것을 거부하고 하나님이 누군지 결정하는 것이 아닙니다. 하나님의 능력이 우리에게 새로운 생명을 주며, 새로운 재능을 주며, 새로운 이해를 주며, 새로운 모든 것을 줍니다. 이러한 능력은 우리가 거듭날 때 나타납니다.

그러나 감사하게도 우리를 회심시키는 것 또한 하나님의 능력입니다. 하나님의 능력은 우리로 하여금 죄에서, 세상에서, 악에서, 죽음에서 돌이켜 새롭고 깨끗하고 거룩한 생명으로 향하게 할 수 있습니다. 저는 여러분이 얼마나 똑똑한지에 대해 관심이 없습니다. 저는 여러분이 쓴 책이 얼마나 뛰어난지 관심이 없습니다. 저는 기독교를 비꼬는 여러분의 농담이 얼마나 재치 있는지 관심이 없습니다. 제가 여러분에게 묻는 질문은 이것입니다. 여러분은 술주정뱅이입니까? 간음자입니까? 간통자입니까? 배교자입니까? 날마다 똑같은 죄를 짓고 있습니까? 저는 여러분의 말에 관심이 없습니다. 그것은 여러분의 말일 뿐입니다. "하나님의 나라는 말에 있지 아니하고 오직 능력에 있습니다." 여러분은 새로워졌으며, 새로운 삶을 살 수 있습니까? 이것이 기독교입니다. 바울은 갈라디아의 그리스도인들에게 말합니다. "너희는 성령을 따라 행하라. 그리하면 육체의 욕심을 이루지 아니하리라"(갈 5:16). 기독교는 철학이 아니고, 좋은 조언도 아닙니다. 기독교는 권고도 아닙니다. 기독교는 여러분을 일으킵니다. 기독교는 여러분에게 실패를 이길 수 있는 힘을 주는 새로운 생명의 능력입니다. 많은 찬송이 이것을 노래합니다.

내 죄의 권세 깨뜨려

그 결박 푸시고

이 추한 맘을 피로써

곧 정케 하셨네.

―찰스 웨슬리*

주의 보혈 능력 있도다.

주의 피 믿으오.

―루이스 존스 Lewis E. Jones*

이것이 하나님 나라입니다.

앞에서 보았듯이, 하나님 나라는 삶의 시련과 고난을 견딜 능력을 줍니다. 하나님 나라는 우리로 모든 것을 견딜 수 있게 합니다. 우리는 모든 시련과 고난을 이길 수 있습니다. 왜냐하면 "이 모든 일에 우리를 사랑하시는 이로 말미암아 우리가 넉넉히 이기"기 때문입니다(롬 8:37).

마지막으로, 하나님 나라는 우리에게 죽음 앞에서도 미소 지을 수 있게 합니다. 우리는 승리와 기쁨 가운데 이 세상을 떠납니다. 바울이 한 말을 생각해 보십시오. 하나님 나라는 능력입니다. 하나님 나라는 단순히 말꾼이 아니며, 평생 글만 쓰는 글쟁이도 아닙니다. 여기에 그 능력을 아는 사람이 있습니다. 이 사람은 그 능력을

---

* 찬송가 23장 4절.
* 찬송가 202장 후렴.

알기에 이렇게 고백합니다. "나는 선한 싸움을 싸우고 나의 달려갈 길을 마치고 믿음을 지켰으니 이제 후로는 나를 위하여 의의 면류관이 예비되었으므로 주 곧 의로우신 재판장이 그날에 내게 주실 것이며 내게만 아니라 주의 나타나심을 사모하는 모든 자에게도니라"(딤후 4:7-8).

어떻습니까? 여러분은 이 모든 것을 알고 있었습니까? 이것이 기독교입니다. 이것이 하나님의 나라, 하나님의 능력입니다. 그러므로 여기 우리가 스스로에게 해야 하는 질문이 있습니다. "나의 삶은 어떤가? 나는 하나님의 능력에 대해 알고 있는가? 나와 함께 사는 사람들은 내 안에서 하나님의 능력을 분명히 보고 있는가? 내 삶이 하나님의 능력을 보여주는가? 다른 사람들이 내 삶을 보면서 영향을 받는가? 나는 '내가 복음을 부끄러워하지 아니하노니 이 복음은 모든 믿는 자에게 구원을 주시는 하나님의 능력이 됨이라'고 말할 수 있는가?"

그분이 여러분을 새롭게 하셨습니까? 여러분 자신 속에 새로운 본성이 있습니까? 없다면, 여러분은 그리스도인이 아니며, 여러분이 무엇을 알든 무엇에 관심 있든 간에 여러분은 하나님의 나라 밖에 있습니다. 그리스도인은 성령으로 난, 위로부터 난, 거듭난, "말이 아니라 능력으로" 난 새로운 피조물입니다. 여러분은 이것을 알고 있습니까? 알고 있다면, 저는 굳이 여러분에게 하나님을 찬양하라고 말할 필요가 없습니다. 알고 있지 못하다면, 하나님 앞으로 나오십시오. 그분 앞에 나와 여러분은 죽었으며 생명이 없다고 고백하십시오. 그리고 외치십시오. "하나님, 저는 죄인입니다. 저를 불쌍히 여겨 주십시오." 여러분이 하나님께 진정으로 부르짖으면, 하나님의 능력이 여러분을 사망과 죄의 무덤에서 건져 내십니다. 여러분 안에 새로운 생명을 주며, 여러분을 인도하고 이끌며, 마침내 여러분을 영원한 영광의 거처로 맞아들이신다는 것을 곧 알게 될 것입니다!

7

세 사람

길 가실 때에 어떤 사람이 여짜오되 어디로 가시든지 나는 따르리이다. 예수께서 이르시되 여우도 굴이 있고 공중의 새도 집이 있으되 인자는 머리 둘 곳이 없도다 하시고, 또 다른 사람에게 나를 따르라 하시니 그가 이르되 나로 먼저 가서 내 아버지를 장사하게 허락하옵소서. 이르시되 죽은 자들로 자기의 죽은 자들을 장사하게 하고 너는 가서 하나님의 나라를 전파하라 하시고 또 다른 사람이 이르되 주여, 내가 주를 따르겠나이다마는 나로 먼저 내 가족을 작별하게 허락하소서. 예수께서 이르시되 손에 쟁기를 잡고 뒤를 돌아보는 자는 하나님의 나라에 합당하지 아니하니라 하시니라. 누가복음 9:57-62

여러분은 이 단락을 읽으면서 놀라지 않으셨습니까? 여기서 주님은 그분을 따르기를 원하는 한 사람에게 퇴짜를 놓으십니다. 예수님은 세 사람에게 언뜻 보기에 아주 거칠게 말씀하십니다. 따라서 이 단락을 읽으면서 놀라는 것이 어쩌면 당연합니다. 이 말씀을 듣고 있던 사람들도, 초기에 그분을 따랐던 사람들도 틀림없이 놀랐을 것입니다. 주님은 여기서 우리에게 익숙한 모든 것과는 너무나 다르게 행동하시는 것 같습니다. 우리에게 익숙한 교회의 모습은 사람들을 끌기 위해 무엇이든 하며, 사람들이 와서 함께하도록 압력을 가하기도 하고, 사람들이 와서 함께하기 쉽게 하는 것입니다. 그러나 여기서 주님은 정확히 반대로 하고 계시는 것 같습니다. 참으로 놀라운 광경입니다.

그러나 이것은 우리가 이미 보았던 모습이기도 합니다. 주님에 관한 모든 것은 놀라웠습니다. 그분은 항상 사람들을 놀라게 하셨으며, 항상 사람들에게 충격을 주셨습니다. 이러한 주님의 모습은 인류가 만들어 내고 알아 온 모든 것과 완전히 다릅니다. 우리에게 중요한 질문은 이것입니다. 왜 주님은 이 세 사람을 이처럼 특별한 방법으로 대하셨을까요? 각 사람에 대한 주님의 반응을 다시 읽어 보십시오. 왜 주님은 이들에게 우리가 보기에 거칠거나 잔인해 보일 정도로 말씀하실까요? 대답은 하나뿐입니다. 주님은 이들이 말씀의 진리를 깨닫지 못하고 있음을 아주 분명히 아셨기 때문입니다. 이들은 하나님 나라에 관한 주님의 메시지를 이해하지 못합니다. 이들은 잘못된 동기와 사상에 자극받고 고무되어 혼란 상태에 있습니다. 그래서 주님은 이들이 자신이 무엇을 하고 있는지 정확히 알기를 원하십니다. 이것이 유일한 설명입니다. 그러므로 우리는 주님이 세 사람을 대하시는 것을 살펴봄으로써, 하나님 나라의 본질뿐 아니라 그리스도인이 누구이며, 어떻게 그리스도인이 되는지에 관한 매우 귀중한 가르침과 정보를 얻을 수 있습니다.

이 장면을 다시 한번 살펴봅시다. 여기 주님을 실제로 따르는 세 사람이 있습니다. 이들은 주님을 따라 다니면서 주님이 기적을 행하시는 모습을 보고 주님의 말씀도 듣고 있습니다. 이들은 관심 있는 것이 분명하지만 주님은 이들을 탐탁하게 여기지 않으십니다. 주님은 이들 셋 모두 아직도 그분과 하나님 나라를 근본적으로 모르고 있음을 간파하십니다. 이들은 자신의 무지를 각기 다른 방식으로 드러내지만 이것은 중요하지 않습니다. 주님이 세 사람을 특별한 방법으로 다루시는 목적은 이들을 바로잡기 위해서입니다. 세 사람을 한 명씩 살펴보겠습니다.

먼저 첫 번째 사람입니다. "어떤 사람이 여짜오되 어디로 가시든지 나는 따르리이다. 예수께서 이르시되 여우도 굴이 있고 공중의 새도 집이 있으되 인자는 머리 둘 곳이 없도다 하시고." 이 부분의 메시지가 무엇입니까? 제가 메시지를 도출하여 하나의 원리로 제시해 보겠습니다.

주님이 이 사람에게 말씀하시면서 강조하시는 바는, 하나님 나라의 본질을 바로 이해하는 것이 중요하다는 것입니다. 이 사람은 잘못된 열심을 가진 경우가 분명하지 않습니까? 그는 주님께 달려와 말합니다. "주님, 어디로 가시든지 나는 따르리이다." 그는 자원합니다. 모든 준비가 되어 있습니다. 열심과 열정으로 가득합니다. 그는 이렇게 말합니다. "저를 받아 주십시오. 주님이 어디로 가시든지 주님과 함께 가겠습니다." 그는 어떤 희생이든 치를 준비가 되어 있습니다. 훌륭하지 않습니까? 그러나 주님은 그의 요청을 거절하십니다.

우리는 이 이야기를 읽으면서, 바로 이런 사람이야말로 교회가 필요로 하는 사람이며 탁월한 그리스도인이라고 느끼지 않습니까? 이런 사람이야말로 주님을 가장 기쁘게 해드릴 유형이 확실하지 않습니까? 그러나 주님은 의심할 여지없이 그에게 퇴짜를 놓으십니다. 주님은 그를 살피고 시험해 보십니다.

주님이 왜 이렇게 하십니까? 주님은 사람들의 마음을 읽으실 수 있으며, 사람들이 자신을 아는 것보다 그들을 더 잘 아시기 때문입니다. 주님은 마음의 은밀한 곳을 보실 수 있으며 동기와 사상과 생각도 간파하실 수 있습니다. 주님은 그분이 다루는 대상을 정확히 아시며, 이 같은 사람이 하나님 나라에 적합하지 않다는 것을 아십니다.

이 젊은이는 주님이 세상에 오신 이후 어느 세대에나 있었고 우리 세대에도 있는 매우 일반적인 유형입니다. 이 사람은 주님의 가르침과 이적을 들고 보면서 그분에게 끌린 것이 분명합니다. 이 사건은 주님이 변화산 아래에서 이적을 행하신 직후에 일어났습니다. 귀신들려 고통당하는 불쌍한 소년이 있었습니다. 증세가 지금 우리가 간질이라고 부르는 것과 매우 비슷했습니다. 소년의 아버지는 극한 혼란과 절망 속에서 주님의 제자들을 찾아왔습니다. 주님은 베드로와 야고보와 요한을 데리고 변화산에 올라가고 안 계셨습니다. 소년의 아버지는 제자들에게 말했습니다. "여러분이 저를 위해 뭔가 해주실 수 없으시겠습니까? 여러분의 스승에 대해 들었고 그분이 여러분에게 주신 은사에 대해서도 들었습니다. 여러분이 도처에 다니면서 복음을 전하고 기적을 행한다고 들었습니다. 그러니 제 아들을 고치실 수 있지요?" 제자들은 소년을 고치려 해보았으나 실패했습니다. 소년의 아버지는 더욱 더 깊은 절망 속에서 주님께 다가왔습니다. 주님은 그에게 "네 아들을 이리로 데리고 오라"고 하셨습니다. "올 때에 귀신이 그를 거꾸러뜨리고 심한 경련을 일으키게 하는지라. 예수께서 더러운 귀신을 꾸짖으시고 아이를 낫게 하사 그 아버지에게 도로 주시니 사람들이 다 하나님의 위엄에 놀라니라"(눅 9:42).

젊은이는 이 광경을 보았습니다. 이전에 다른 이적들도 보았을 것입니다. 그는 주님의 놀라운 설교를 들었습니다. 주님과 같은 설교자는 없었습니다. 여러분도 기억하겠지만, 성전 관리들은 너무나 옳은 말을 했습니다. "그 사람이 말하는 것처럼 말한 사람은 이때까지 없었나이다." 여기 바리새인들과 서기관들과 달리 권세 있게 말씀하는 분이 있습니다. 그분은 애매하게 말씀하지 않으셨으며 생각과 말이 다르지 않으셨습니다. 그분은 "내가 너희에게 이르노니"라고 말씀하셨습니다. 그분의 설교에는 권위와 능력이 있었으며, 이 사람은 그분의 설교를 듣고 매료된 것이 분명합니다. 더 나아가 주님은 확고하게 서서 절대적으로 새로운 가르침으로 바리새인들과 서기관들과 율법학자들을 공격하셨습니다. 이러한 모습은 언제나 젊은이들을 매료시켰습니다. 젊은이는 이렇게 생각했습니다. "이분은 이들처럼 전문적인 종교인은 아니지만 이들을 꼼짝 못하게 하시잖아! 이분에게는 뭔가 새로운 게 있어!" 그래서 그는 주님께 말했습니다. "주님과 함께 가겠습니다. 제 평생을 주님과 함께하고 싶습니다." 젊은이는 생각했습니다. "이분은 세상을 뒤엎으실 거야. 새로운 질서를 창조하고 모든 것을 바로잡으실 거야." 그래서 그는 주님께 말했습니다. "어디로 가시든지 나는 따르리이다."

대략 이런 그림이 아닙니까? 이상주의자의 모습, 이 세상에서 선을 행하기를 원하는 가장 뛰어난 젊은이의 모습입니다. 그는 새로운 삶을 시작하려 하고 있습니다. 과거에 그는 온갖 문제와 비극과 불행을 보았습니다. 그리고 말했습니다. "이 노인들은 이해하지 못합니다. 구시대 사람들은 전부 틀렸습니다. 우리는 새로운 것을 원합니다. 새롭고 젊은 지도자를 원합니다. 여기 우리가 찾는 분이 있습니다. 그러니 그분을 따라갑시다." 물론, 그는 흥분되고 경이롭고 매력적이고 놀라운 성공의 삶을 머릿속에 그렸습니다.

제가 젊은이를 잘못 판단하고 있는 것이 아닙니다. 왜냐하면 젊은이의 생각은 제자들의 생각과 같았기 때문입니다. 46절은 "제자 중에서 누가 크냐 하는 변론이 일어나니"라고 말합니다. 왜 이런 변론이 일어났습니까? 그들의 젊은 스승이 모두를 침묵시키고, 때가 되면 의심할 여지없이 그의 나라를 세우고, 군대를 모으며, 이스라엘의 왕이 되실 것이기 때문입니다. 물론, 그때가 되면 그분과 함께

했던 사람들이 그분의 나라에서 요직을, 말하자면 중요한 자리에 오를 것입니다. 젊은이도 똑같은 것에 매료되었습니다. 그는 이상한 가르침과 놀라운 능력과 모든 가능성을 겸비한 새로운 지도자에 매료되었습니다!

이것은 오늘날에도 하나님 나라에 대한 매우 일반적인 오해입니다. 그리스도는 구시대의 권력과 권위와 실패에 저항하는 대중운동의 지도자로, 뭔가 새롭고 신선한 지도자로 생각하는 젊은이들이 많습니다. 운동이나 십자군이나 행진의 지도자 말입니다! 더 나아가 이들은 높은 이상주의로 무장하고 있습니다. 이들은 잘못된 것을 바로잡으려 합니다. 제가 젊었을 때 두 사람의 설교를 들었던 기억이 납니다. 두 사람 모두 자신에게 주어진 동일한 주제를 놓고 설교를 했습니다. 토요일 밤에 열린, 젊은이들을 위한 집회였습니다. 주제는 '젊은이들의 의협심과 열정에 대한 그리스도의 호소'였습니다. 저는 그때 복음을 잘 몰랐지만 그럼에도 이런 주제는 무언가 잘못되었다고 느꼈습니다.

여러분, 이런 사상을 아십니까? "젊은이들이여, 그리스도를 따르시오! 그리스도께서는 여러분의 의협심에 호소하며, 여러분의 열정에 호소하십니다. 여러분은 젊고, 아직 열정을 잃지 않았습니다. 여러분은 희생할 준비가 되어 있습니다. 여러분 속에는 아직도 의협심이 꿈틀대고 있습니다. 여러분은 중년이나 노년처럼 무덤덤하거나 냉소적이거나 계산적이지 않습니다. 여러분은 위험을 감수할 준비가 되어 있으며, 그분을 따를 준비가 되어 있습니다."

그 집회의 주최자들이 지금 우리가 살펴보는 사건의 의미를 알았다면 자신들의 주제가 아주 잘못되었음을 깨닫고도 남았을 것입니다. 젊은이가 "어디로 가시든지 나는 따르리이다"라고 했던 이유는, 그리스도께서 그의 타고난 이상주의와 의협심에 호소하고 있다고 느꼈기 때문입니다. 그러나 주님이 젊은이를 대하시는 모습을 보면, 이것은 전혀 하나님 나라가 아니며 무지에서 나온 것임을 알 수 있습니다. 주님은 사실 젊은이에게 이렇게 말씀하십니다. "네가 잘못 알았다. 너는 내가 왜 왔는지 잘못 알고 있다. 너는 내 나라에 들어가기에 적합지 않다. 내 나라는 이 세상 나라와는 다르기 때문이다. 모든 인간의 운동은 추종자를 끌어 모으려 애쓰며, 그들에게 호소하며, 그들이 쉽게 따를 수 있게 한다. 그래서 필요하다면 뇌물까지 준다. 모든 정당이 이렇게 한다. 그들은 군중을 원하고 지지자를 원한다. 그러나 나는 아니다. 나는 다르다."

그래서 주님은 의도적으로 젊은이에게 충격을 주십니다. 주님은 추종자들을 원하시지 않습니다. 주님은 숫자에 신경 쓰지 않으십니다. 그분이 세상에 오신 목적은 인간을 구원하고 새로운 나라의 새로운 백성을 만드는 것입니다. 왜냐하면 우리는 지금의 모습으로 그 나라에 들어갈 수 없기 때문입니다. 우리는 이상주의자일 수 있지만 하나님 나라에서는 아무 쓸모가 없습니다. 우리는 의협심으로 가득할 수 있지만 이것도 가치가 없습니다. 우리는 열정으로 가득할 수 있지만 하나님의 아들은 이 열정을 식혀 버리실 것입니다. 그분은 육에 속한 사람(옛 사람)이 그분의 나라를 상속하기를 원하지 않으십니다. 정확히 그 반대입니다. 육에 속한 사람은 먼저 변화되어야 하나님 나라에 들어갈 수 있습니다.

주님은 뒤이어 젊은이에게 말씀하십니다. "여우도 굴이 있고 공중의 새도 집이 있으되 인자는 머리 둘 곳이 없도다." 그분은 사실 이렇게 말씀하십니다. "너는 내가 누군지 깨달았느냐? 너는 내가 대중적인 정치선동가나 사회개혁가일 뿐이라고 생각하느냐? 너는 내가 운동을 일으키러 왔으며 이것과 저것을 하라고 말하는 또 다른 사람일 뿐이라고 생각하느냐? 나는 그런 사람이 아니다! 나는 인자人子다!"

"인자"는 주님이 자신에 대해 가장 즐겨 사용하시는 칭호입니다. 이 칭호는 크고 심오한 의미를 내포합니다. 이것은 그분이 하나님의 아들이라고 말하는 또 다른 방법입니다. 그분은 새로운 사람이며, 새로운 인간의 시작이며, 새로운 인류의 출발점입니다. 아담은 첫 번째 사람이었습니다. 여기 또 다른 사람, "인자"가 있습니다! 새로운 창조가 시작되고 있습니다. 그분은 단지 사람이 아니라 사람 그 이상이십니다. 그분은 '그 사람the Man'이십니다! 그분은 하나님이요 사람이십니다!

젊은 열성주의자는 이것을 이해하지 못했습니다. 이것이 모든 열성주의자들의 문제입니다. 이들은 끝까지 주님을 단지 선생들 중 하나로 생각하려 했으며, 지금도 그렇게 생각합니다. 그러므로 이들은 주님의 가르침의 전체적인 핵심을 오해합니다. 주님은 이렇게 말씀하십니다. "나를 보아라. 나는 단지 가르치고, 이적을 행하고, 추종자들을 두거나 선동가가 되려고 이 세상에 온 것이 아니다. 내가 누구인지, 나는 절대적으로 다르다는 것을 깨달아라. 나는 인자다. 그러나 내게는 집도, 몸을 누일 곳도 없다. 여우도 굴이 있고 공중의 새도 둥지가 있건만 나는 아무것도 없다."

그분은 영광의 주님이지만 그분에게는 아무것도 없습니다! 그분은 역설이며 신비입니다. 여러분이 그분을 어떤 사람으로 만들어 다른 선생들 가운데 두는 순간, 이미 그분을 잃어버린 것입니다. 그분은 수수께끼입니다! 하나님입니다! 사람입니다! 만물의 통치자며 주인입니다! 그러나 아무것도 없는 분입니다! 여러분은 그분에 대해 가장 중요한 이 사실을 깨닫는 데서 시작해야 합니다.

그러나 주님의 말씀에는 이보다 더 깊은 의미가 있습니다. 우리는 주님이 방금 변화산 밑에서 귀신들린 소년을 어떻게 고치셨는지 보았습니다. 주님은 자신이 모든 병을 다스리실 수 있음을 보여주셨습니다. 그러나 그분은 이렇게 말씀하십니다. "이 말을 너희 귀에 담아 두라. 인자가 장차 사람들의 손에 넘겨지리라"(44절).

제자들은 조금 흥분했습니다. 제자들은 사람들이 주위에 몰려드는 것을 볼 수 있었습니다. 사람들은 주님이 행하시는 이적을 좋아했으며 눈앞에서 펼쳐지는 광경에 흥분했습니다. 사람들은 주님이 바리새인들과 서기관들과 사두개인들과 율법학자들의 심기를 건드리는 것에 흥미를 느꼈습니다. 그리고 흥분했습니다. 그러나 주님은 말씀하십니다. "잠깐만! 이 말을 너희 귀에 담아 두어라. 나는 곧 죽을 것이다. 나는 재판을 받고 유죄판결을 받을 것이며, 아무 힘없이 실패한 모습으로 죽을 것이다. 너희가 이것을 받아들일 준비가 되었느냐?"

바로 이것이 젊은이가 전혀 이해하지 못했던 부분입니다. 젊은이는 열정과 흥분에 젖어 주님과 함께하기를 원했습니다. 이 놀라운 성공을 누리며 이 놀라운 이상이 실현되는 것을 보고 싶었습니다. 그는 이렇게 말했습니다. "이분은 모든 것을 바꾸실 거야. 이분은 새로운 사상을 제시하시고, 놀라운 그의 나라를 세우실 거야." 그리스도께서는 이렇게 말씀하십니다. "아니다. 네가 잘못 알았다. 나는 가르치거나 군대를 모으거나 법을 만들어 사람들을 구원하지 않는다. 나는 체포되고, 유죄판결을 받고, 아무것도 하지 않고, 어린 양으로 도살장에 끌려감으로써 사람들을 구원할 것이다. 나는 십자가에 죽음으로써 사람들을 구원할 것이다! 나는 내 마음을 찢음으로써, 무덤에 장사됨으로써, 무덤에서 부활함으로써 사람들을 구원할 것이다!" 주님이 젊은이에게 말씀하십니다. "너는 이것을 받아들이느냐? 아니다. 너는 너무 이상주의에 젖어 있다. 너는 내 나라를 이해하지 못한다. 내 나라는 네가 생각하는 것과는 정반대다. 내 나라는 분명한 실패로 끝날 것이다. 그러나 그 실패 가운데서, 나는 원수를 물리치고 인류를 구원할 것이다." "인자가 온 것은 잃어버린 자를 찾아 구원하려 함이니라"(눅 19:10).

다른 곳에서 주님은 이것을 이렇게 표현하셨습니다. "인자가 온 것은 섬김을 받으려 함이 아니라 도리어 섬기려 하고 자기 목숨을 많은 사람의 대속물로 주려 함이니라"(막 10:45). 그리스도께서는 이렇게 말씀하십니다. "네가 나를 따르면, 내가 당하는 수치를 당할 것이다. 모든 사람으로부터 찬사와 갈채를 받는 것이 아니라 어리석은 자라고 조롱당할 것이다. 너는 종교적 콤플렉스를 가진 자로 비웃음을 살 것이다. 사람들은 너에게 말할 것이다. '죽은 그리스도를 믿어? 아직도 피의 신학을 믿어?' 너는 경멸과 조롱을 받을 것이며, 수치와 박해를 당할 것이다. 이런 것을 감내할 준비가 됐느냐? 너와 이 사람들은 내 나라에서 최고의 자리를 얻을 줄로 생각하고 있지 않느냐? 너는 누가 가장 큰지 다투고 있지 않느냐? '세상에서는 너희가 환난을 당하리라'(요 16:33). 그래도 준비가 됐느냐?"

첫 번째 사람은 이러했습니다. 이제 두 번째 사람을 살펴볼 차례입니다. 주님은 그에게 자신을 따르라고 초대하셨습니다. "또 다른 사람에게 나를 따르라 하시니 그가 이르되 나로 먼저 가서 내 아버지를 장사하게 허락하옵소서. 이르시되 죽은 자들로 자기의 죽은 자들을 장사하게 하고 너는 가서 하나님의 나라를 전파하라 하시고." 두 번째 사람은 어떤 의미에서 첫 번째 사람과 정반대입니다. 첫 번째 사람의 문제는 경솔함과 흥분과 열성이었습니다. 그러나 주님은 두 번째 사람을 보시면서, 그가 그분의 가르침과 일어난 일에 매우 끌렸을 뿐 아니라 관심도 많지만 주저하고 있다는 것을 아셨습니다. 그에게는 헌신이 없었습니다. 그래서 주님은 그에게 도전을 주시면서 "나를 따르라"고 말씀하셨습니다. 그러나 그는 이렇게 대답했습니다. "좋습니다. 따르겠습니다. 그러나 나로 먼저 가서 내 아버지를 장사하게 허락하옵소서."

여기에 숨겨진 원리가 무엇입니까? 주님은 이 사람에게 하나님 나라에 들어가는 것은 한순간도 지체할 수 없는 긴급한 일이라는 사실을 가르치고 계십니다. 여러분은 하나님 나라를 바로 이해하고 즉시 그 나라에 들어가야 합니다. 이 부분을 분명하게 살펴봅시다. 주님의 말씀은 섬뜩하지 않습니까? 겉으로 보면, 주님은 이 사람이 집으로 돌아가 죽어가는 불쌍한 아버지를 장사 지내는 것을 허락하지 않으시는 것처럼 들립니다. 그러나 주님의 말씀은 이런 뜻이 아닙니다. 만일 이 사람의 아버지가 병들어 죽었다면 이 사람은 더 이상 주님과 함께하지 않을 것입니다. 유대인들은 여기에 대해 매우 엄격했습니다.

사실 젊은이의 집에 늙고 건강이 좋지 않은 아버지가 있는 것 같습니다. 그러므로 이 사람은 이렇게 말하고 있었던 것입니다. "좋습니다. 따르겠습니다. 그러나 지금은 안됩니다. 아버지가 매우 편찮으십니다. 아버지는 늙으셨고 언제 돌아가실지 모릅니다. 그러니 집으로 돌아가 아버지가 돌아가실 때까지 돌봐 드리고 장례를 치른 후 다시 와서 주님을 따르겠습니다."

이 사람은 사실 이렇게 말하는 사람들을 대변합니다. "좋습니다. 그리스도인이 되겠습니다. 그러나 지금은 안됩니다. 나중에 시간이 있을 때 그리스도인이 되겠습니다. 지금은 매우 바쁩니다. 지금은 잘 나가고 있고, 내 앞에 큰 성공이 기다리고 있습니다. 이제 막 직장생활, 장사, 사업을 시작했습니다. 그래서 지금은 안됩니다. 당신의 가르침은 좋아합니다. 옳다고 믿지요. 그러나 지금은 어떻게 할 수가 없습니다."

이 사람은 자신의 나이를 들면서 핑계를 댈 수도 있을 것입니다. "저는 아직 젊고, 인생을 좀 즐기고 싶습니다. 인생은 멋지고, 찬란한 것들이 많습니다. 저더러 이 모든 것을 포기하라는 말씀인가요? 제가 왜 이 좋은 삶을 포기해야 됩니까? 물론, 나중에 중년이나 노년이 되거나 죽음을 맞을 때, 그때는 그리스도인이 되는 것을 생각해 봐야겠지요."

이것이 두 번째 사람의 모습입니다. 이 사람은 기독교의 메시지에서 진리를 볼 수 있지만, 그 진리 때문에 고민하면서 이렇게 말하는 사람들을 대표합니다. "물론 이것은 내가 반드시 해야 할 일이지만 지금은 아니야." 성 아우구스티누스의 기도를 보십시오. 그는 이 기도를 할 때 "성" 아우구스티누스가 아니었습니다. 그는 뛰어난 철학자였으나 고민이 있었습니다. 그는 밀라노의 대 설교가 암브로시우스의 설교를 듣고 있었으며, 그 설교에 심란해졌습니다. 그는 암브로시우스의 설교가 옳고 자신이 틀렸다는 것은 알았으나 여전히 정부情婦와 살고 있었습니다. 물론, 그의 마음에서 싸움과 갈등이 일어났습니다. 그는 암브로시우스가 옳다는 것을 알았습니다. 그래서 이렇게 기도했습니다. "주님, 저를 선하게 만들어 주십시오. 그러나 지금은 하지 말아 주십시오."

여러분은 여기에 대해 아는 것이 있습니까? "저는 선하기를 원합니다. 그러나 이것도 갖고 싶습니다. '나로 먼저……하게 허락하옵소서.'" 이렇게 하는 사람들이 얼마나 많은지 모릅니다! "먼저 내 이름부터 내고 싶습니다. 내가 하고 있는 몇 가지 일이 정말 중요하다고는 믿지 않지만 반드시 해야 할 일입니다. 이 일이 끝나면 철저한 그리스도인이 되겠습니다. 정말로 그러겠습니다." 그래서 주님은 이 사람을 즉시 제지하시고서 그 역시 잘못되었음을 보여주십니다. 그리고 이것을 아주 충격적으로 표현하십니다. "죽은 자들로 자기의 죽은 자들을 장사하게 하고 너는 가서 하나님의 나라를 전파하라."

이 말씀이 무슨 뜻입니까? 이렇게 요약해 봅시다. 주님이 이 사람에게 말씀하시는 첫 번째 핵심은, 복음 곧 하나님 나라가 완전히 새로운 것임을 깨달아야 한다는 것입니다. 주님은 이렇게 말씀하십니다. "네가 내 나라에 들어오려면, 네가 그리스도인이 되려면, 이것이 보통 사람에게는 불가능함을 깨달아야 한다. 죽은 자를 장사 지내는 것은 누구나 할 수 있다. 네가 이 일을 하기 위해 하나님 나라의 시민이 될 필요는 없다. 집에서 늙고 죽어가는 아버지를 보살피는 사람들이 있다. 그러나 이것은 그들에게 적합한 일이다. 왜냐하면 그들은 다른 것은 전혀 모르며 다른 것은 전혀 할 수 없기 때문이다. 그러니 '죽은 자들로 자기의 죽은 자들을 장사하게 하라.' 이것은 세상이 하고 있는 일이다. 이것이 육에 속한 사람이며 그의 삶이다. 육에 속한 사람은 이 세상과 이생만을 위해 살며, 다른 것은 전혀 모른다. 그는 죽어가고 있다. 이런 사람들은 서로를 장사 지내며, 서로를 칭찬한다. 이 일은 누구라도 할 수 있으며, 모두가 이 일을 하고 있다. 그러나 이것은 하나님 나라가 아니다."

　주님은 사실 이렇게 말씀하십니다. "하나님 나라는 죽은 자들이 아니라 산 자들을 위한 것이다. 내가 이 세상에 있는 것은 이런 문제를 해결하기 위해서가 아니다. 물론, 저들은 모두 옳다. 사람이 늙은 부모를 보살피고 장사 지내는 것은 전혀 잘못된 것이 아니다. 그러나 네가 알듯이, 이것이 인생에서 가장 중요한 것은 아니다. 인생에서 가장 중요한 것은 영혼이다! 인생은 영혼의 삶이다! 사람은 단지 먹고 살고 죽는 짐승이 아니다. 인간 속에는 영혼이 있지만 사람들은 이것을 알지 못한다. 죽은 자들은 이것을 깨닫지 못한다. 내 나라에 있는 자들은 이것을 안다. 이들은 살아 있으며, 영혼을 알고, 영혼의 영원한 운명을 알며, 영혼과 하나님의 관계를 안다."

주님은 이렇게 말씀하십니다. "네가 알듯이, 그 누구라도 너의 부친을 장사 지낼 수 있다. 그러나 너의 부친에게, 그의 영혼이 구원받아야 한다는 것을 말해 줄 수 있는 것은 그리스도인뿐이다. 그러니 너는 '가서 하나님의 나라를 전파하라.' 너는 가서 사람들에게 영혼에 대해 말하라. 사람들에게 그들은 하나님의 형상으로 창조되었으나 범죄했기에 심판 아래 있으며, 결국 죽으면 지옥에 간다고 전하라. 그들을 깨워라! 가서 그들에게 전하라! 그들은 이것을 알지 못한다! 너만이 이 일을 할 수 있다. 죽은 자들은 하지 못한다. 네가 나를 안다면 영혼을 알 것이다. 나는 죽은 자들을 장사하러 온 것이 아니다. 내가 온 것은 그들의 육체가 아니라 영혼을 구원하기 위해서다."

주님은 이렇게 말씀하십니다. "이것이 생명이다! 영혼은 새 생명이 필요하다! 내가 온 것은 사람들에게 '한 번 죽는 것은 사람에게 정해진 것이요 그 후에는 심판이 있다'(히 9:27)는 것을 알려 주기 위해서다. 내가 이 세상에 온 것은 정치나 도덕을 개혁하기 위해서가 아니다. 이것은 기독교의 일이 아니다."

그러나 많은 사람들이 이런 일을 하고 있습니다. 이들은 항상 최근에 일어나는 몇 가지 스캔들을 언급하며, 당사자들을 비난하고 도덕을 말합니다. 그러나 이것은 기독교가 아닙니다! 기독교는 영혼을 구원하기 위해 있습니다. 부도덕을 비난하기란 쉽습니다. 그리스도인이 되지 않아도 부도덕을 비난할 수 있습니다. 많은 비그리스도인들이 이렇게 하고 있습니다. 여러분은 이들의 글을 읽을 수 있고, 이들의 강연을 들을 수 있습니다. 그러나 그리스도께서는 이런 일을 하러 오신 것이 아닙니다. 그리스도께서 오신 것은 부도덕한 자들을 구원하고, 그들에게 새로운 생명을 주기 위해서입니다. 그리스도께서는 죽은 자들도 할 수 있는 일을 하러 오신 것이 아닙니다. 그리스도께서 오신 것은 생명 자체이신 분만 할 수 있는 일을 하기 위해서입니다. 그분은 생명을 주시는 분입니다. 그 나라에 속한 자들은 자신에게 불멸하는 영혼이 있음을 깨달은 사람들입니다. 자신은 잃어버린 자이며, 오직 그분만이 자신을 구원할 수 있음을 깨달은 사람들입니다. 이것이 가장 첫째입니다.

둘째로, 여러분은 자신과 자신의 영혼, 하나님의 심판과 지옥에 관한 진리를 깨닫는 순간 "믿겠습니다.……그러나 지금은 다른 일을 해야 합니다"라고 말하지 않습니다. 왜냐하면 여러분은 자신에게 시간이 얼마 남지 않았을 수 있음을 알기 때문입니다. 자신의 영혼이 영원한 멸망에 떨어질 무서운 위험에 처했음을 깨닫는 순간, 이 세상의 삶이 안전하지 못함을 깨닫는 순간, 이 두 가지를 함께 생각하는 순간, 여러분은 이렇게 말합니다. "한순간도 허비할 수 없어! 돌아가서 다른 일을 한다고? 그럴 수 없어! 내 영혼이 구원받아야 돼!" 여러분은 주님을 믿고, 천국에 들어갑니다. 다른 것을 하다가 나중에가 아니라 즉시 그분을 믿고 천국에 들어갑니다. 이보다 더 긴급한 일은 없습니다.

이제 분명하지 않습니까? 주님이 몸소 본을 보여주셨습니다. 주님의 모친과 동생들이 찾아와 그분이 하시는 일을 중지시키려 했을 때, 주님은 이들을 꾸짖으셨습니다. 사람들이 주님께 "선생님의 어머니와 형제들이 찾아왔습니다"라고 했을 때 주님은 이렇게 대답하셨습니다. "누가 내 형제인가? 누가 내 어머니인가? 나를 믿고 나를 따르는 사람들이 나의 어머니며 나의 형제다"(마 12:48-50 참조). 주님은 나중에 이것을 아주 분명하게 표현하셨습니다. "무릇 내게 오는 자가 자기 부모와 처자와 형제와 자매와 더욱이 자기 목숨까지 미워하지 아니하면 능히 내 제자가 되지 못하고"(눅 14:25).

주님은 여러분이 그리스도인으로서 부모나 아내나 남편을 미워해야 한다고 말씀하시는 것이 아닙니다. 그분이 말씀하시는 것은, 이들에 대한 사랑이 절대적이어서는 안된다는 뜻입니다. 다시 말해, 이들보다도 주님을 더 사랑해야 한다는 것입니다. 만약 부모가 여러분이 그리스도를 믿지 못하게 한다면 부모가 아니라 그리스도에게 우선순위를 두어야 합니다. 여러분의 아내나 남편의 경우도 마찬가지입니다. 여러분의 영혼이 위험하다는 것을 깨달으면, 여러분은 주저하지 않을 것입니다. 이렇게 하지 않으면 안된다고 생각할 것입니다. 여러분은 당장 주님을 따를 것입니다. 잃어버린 자가 될 수는 없기 때문입니다.

주님을 따르는 것이 얼마나 긴급한 일인지 아셨습니까? 여러분과 기독교는 어떤 관계입니까? 서로 동떨어져 있습니까? 여러분은 "나는 언젠가 그리스도인이 될 거야!"라고 말하고 있습니까? 그렇다면 여러분은 기독교를 전혀 모르는 것이며, 기독교를 안 적도 없습니다. 주 예수 그리스도의 메시지는 "장차 올 진노를 피하라"입니다. 당장 피하십시오!

마지막으로, 세 번째 사람을 살펴볼 차례입니다. 여기 자원하여 이렇게 말하는 사람이 있습니다. "주님을 따르겠습니다. 하지만 먼저 가서 식구들에게 작별 인사를 하게 해주십시오." 이 사람의 요청도 매우 합리적으로 보이지 않습니까? "알겠습니다. 따르겠습니다. 하지만 집에 가서 옛 친구들과 작별 잔치를 열고 싶습니다. 오랫동안 함께해 온 정말 소중한 사람들입니다." 그때 주님은 이렇게 대답하십니다. "손에 쟁기를 잡고 뒤를 돌아보는 자는 하나님의 나라에 합당하지 아니하니라."

여기서 핵심은, 하나님 나라의 총체적인 요구를 깨닫는 것이 중요하다는 것입니다. 주님은 무조건적인 내어맡김을 요구하십니다. 하나님 나라의 본질과 주님이 이 땅에 오신 이유를 깨닫는다면, 이것이 여러분의 구원이 달린 문제라는 것을 깨닫는다면, 여러분은 주저하지 않을 뿐 아니라 무조건적으로 자신을 그분께 내어맡길 것입니다. 세 번째 사람은 바로 이 부분에서 문제가 있었습니다. 그는 마음이 둘로 나뉘어 있었습니다. 그는 이렇게 말합니다. "주님을 따르겠습니다. 그러나 먼저······." 이것은 관심과 충성심이 분산되어 있었다는 뜻입니다. 그는 그리스도를 따를 것입니다. 그러나 그는 세상을 버리고 싶지 않습니다. 그는 새 주인과 함께하고 싶지만 주변 사람들과 마지막 잔치를 열고 싶습니다.

그러나 주님은 말씀하십니다. "네가 뒤를 돌아본다면 밭고랑을 똑바로 갈 수 없다. 밭고랑을 똑바로 갈려면 집중해야 한다. 네 모든 것을 쏟아 부어야 한다. 너는 앞을 봐야 하며, 계속해서 앞을 봐야 한다. 너는 절대로 뒤를 돌아보아서는 안된다. 뒤의 것은 완전히 잊어버려야 한다."

이것이 주님의 말씀입니다. 여러분이 하나님 나라에 들어가며 그 나라의 축복과 기쁨을 누리기를 원한다면 반드시 세상을 버려야 합니다. 이런저런 것들과의 관계를 깨끗이 끊고 완전히 돌아서야 합니다. 하나님 나라는 여러분의 모든 것을 요구합니다. 여러분은 두 가지를 동시에 할 수 없습니다. "너희가 하나님과 재물을 겸하여 섬기지 못하느니라"(마 6:24). "누구든지 세상과 벗이 되고자 하는 자는 스스로 하나님과 원수 되는 것이니라"(약 4:4). 성경이 이렇게 말합니다. "이 세상이나 세상에 있는 것들을 사랑하지 말라.……육신의 정욕과 안목의 정욕과 이생의 자랑이니"(요일 2:15-16). 우리는 주변에서 이런 것들을 봅니다. 그러나 이런 것들을 사랑한다면 하나님 나라의 시민이 아닙니다. 빛과 어둠은 섞일 수 없습니다.

구약성경에는 세상을 사랑한 사람의 무서운 예가 나오고 있습니다. 바로 롯의 아내입니다. 하나님은 롯과 그 가족이 살고 있던 도시를 멸하려 하셨으나 은혜를 베풀어 그들을 강제로 끌어내셨습니다. 이것이 유일한 탈출법이었습니다. 롯과 그 아내와 딸들이 떠나자 소돔과 고모라에는 곧바로 멸망이 임했습니다. 그러나 "롯의 아내는 뒤를 돌아보았습니다." 왜 그랬을까요? 롯의 아내는 소돔과 고모라의 삶을 아주 좋아했습니다. 롯의 아내는 그곳의 삶이 옳지 않다는 것을 알았으나 여전히 그곳을 떠나고 싶지 않았습니다. 이들은 어디로 가고 있었습니까? 산으로, 광야로 가고 있었습니다. 이들은 자신들이 살던 멋진 집과 모든 사치스러운 생활을 뒤로 하고 동굴에서 살아야 했습니다. 롯의 아내의 마음은 둘로 갈라졌습니다. 롯의 아내는 갈망하는 눈으로 뒤를 돌아보았고, 벌을 받아 소금기둥이 되었습니다(창 19장). 주님은 이런 사람들에게 "롯의 처를 기억하라"고 말씀하셨습니다(눅 17:32).

이제 여러분이 이러한 것들을 이해한다면 다음과 같은 논리가 설득력 있게 다가갈 것입니다. 여러분이 자신에게 영혼이 있으며 그 영혼이 잃어버린바 되었다는 것을 정말로 믿는다면, 여러분의 영혼이 잃어버린바 된 이유가 그 영혼이 세상과 육신과 마귀와 짝했기 때문이라는 것을 믿는다면, 여러분이 이렇게 죽으면 지옥에 가서 비참하게 영원을 보내야 한다는 것을 믿는다면, 하나님의 아들이 여러분을 너무나 사랑하셔서 하늘의 영광과 보좌를 버리고 이 땅에 아기로 태어나셨다는 것을 믿는다면, 그분이 한 인간으로 사셨고 수치와 고통과 죽음과 십자가와 장사와 이 모든 것을 견디셨다는 것을 믿는다면, 그분이 여러분을 구원하시기 위해, 여러분을 세상으로부터 구속하시기 위해 이 모든 것을 행하셨다는 것을 믿는다면, 어떻게 세상을 갈망하는 눈으로 뒤돌아볼 수 있습니까?

여러분은 자신의 영혼을 파멸시키고 하나님의 아들을 죽게 한 것들을 아직도 갈망할 수 있습니까? 여러분의 논리는 어디 있습니까? 여러분의 공정함은 어디 있습니까? 여러분의 상식은 어디 있습니까? 이것이 바로 주님이 이 젊은이에게 말씀하셨던 것입니다. 주님은 더 나아가 이렇게 말씀하십니다. "너는 작별 잔치를 하고 그 후에 나를 따르고 싶다고 말한다. 나는 너보다 너의 마음을 더 잘 안다. 네가 돌아가 작별 잔치를 한다면 절대로 나를 따르지 못할 것이다. 너는 작별 잔치를 즐기기 시작할 테고 거기에 빠지기 시작할 것이다. 하지만 그것은 좋은 일이 아니다. 너는 내게 있는 것을 이미 보았다. 하지만 네가 두고 온 것들이 완전히 잘못되었음을 알지 못하고 다시 그곳에 눈을 돌린다면, '나는 더 이상 그런 것은 원치 않아요!'라고 말하면서도 다시 집으로 돌아가 즐기기 시작한다면, 너는 다시 그 속에 빠지게 될 것이다!"

너무나 많은 사람들이 자신은 무언가를 즐긴 "후에" 그리스도인이 되겠다고 말합니다. 그러나 이 두 가지를 함께할 수 없습니다. 절대로 양립할 수 없습니다. 하나님의 아들이 여러분을 너무나 사랑하신다는 것을 믿는다면 여러분은 그분에게 이렇게 말할 것입니다.

놀라운 사랑 받은 나
몸으로 제물 삼겠네.
—아이작 왓츠 Isaac Watts*

저는 세상에는 놀랍게 들리고 매우 매력적으로 보이는 것들이 있다는 것을 압니다. 제 속에도 이것들에 대한 갈망이 있음을 압니다. 그렇더라도 저는 이것들을 원하지 않습니다. 이것들을 싫어합니다. 저는 주님의 사랑을 볼 때 이렇게 고백합니다.

* 찬송가 147장 4절.

못 박힌 손발 보오니
큰 자비 나타내셨네.
가시로 만든 면류관
우리를 위해 쓰셨네.

온 세상 만물 가져도
주 은혜 못다 갚겠네.
—아이작 왓츠*

온 세상 만물 가져도 주님의 은혜 다 갚을 수 없습니다. 주님의 은혜에 비하면 그 모든 것이 아무것도 아닙니다. 그래서 저는 세상의 모든 것을 버립니다! 저의 악한 본성을 자극하는 신문의 추한 기사들과 삼류소설, 저를 끌어내리고 악한 생각과 상상을 하도록 유혹하는 라디오와 텔레비전의 모든 것을 버립니다. 저는 주님께 고백합니다. "이 모습 이대로 주님을 따르렵니다! 다른 것은 아무것도 원하지 않습니다. 저는 주님의 것입니다. 주님이 저를 값 주고 사셨으니 저는 제 것이 아닙니다. 저는 영혼뿐 아니라 몸으로도 주님께 영광을 돌려야 합니다. 제 자신을 무조건 주님께 드립니다. 주님이 저를 사셨고 저를 사로잡으셨습니다. 저는 할 말이 없습니다. 다만 이렇게 말할 뿐입니다. '주님, 저는 주님의 것입니다. 저의 가장 큰 바람은 주님께 영광과 찬송을 돌리며 사는 것입니다.'"

* 찬송가 147장 3, 4절.

세상 헛된 모든 영광

아침 안개 같으나

주의 자녀 받을 복은

영원무궁하도다.

―존 뉴턴 John Newton*

여러분은 오늘 살펴본 세 사람에게서 교훈을 얻었습니까? 여러분은 하나님 나라의 본질을 이해하는 것이 엄청나게 중요하다는 것을 깨달았습니까? 그 나라에 들어가는 것이 한순간도 지체할 수 없는 긴급한 일이라는 것을 아셨습니까? 여러분은 자신을 주님께 드렸습니까? 여러분은 여러분과 제가 이 세상에서 하나님 나라의 복을 잠시 누릴 뿐 아니라 영원한 영광 가운데 영원히 누리도록 하려고 자신을 내어주신 분에게 주저 없이 드렸습니까?

* 찬송가 245장 3절.

8

하나뿐인 희망

불의한 자가 하나님의 나라를 유업으로 받지 못할 줄을 알지 못하느냐? 미혹을 받지 말라. 음행하는 자나 우상숭배하는 자나 간음하는 자나 탐색하는 자나 남색하는 자나 도적이나 탐욕을 부리는 자나 술 취하는 자나 모욕하는 자나 속여 빼앗는 자들은 하나님의 나라를 유업으로 받지 못하리라. 너희 중에 이와 같은 자들이 있더니 주 예수 그리스도의 이름과 우리 하나님의 성령 안에서 씻음과 거룩함과 의롭다 하심을 받았느니라. 고린도전서 6:9-11

성경은 오래된 책이므로 더 이상 아무것도 말해 줄 것이 없으며, 시대에 뒤진 책이므로 현재의 삶과는 무관하다고 말하는 사람들이 있습니다. 그러나 성경에 대한 비판 가운데 이보다 더 우스꽝스러운 비판은 없습니다. 왜냐하면 성경을 제대로 안다면, 인류의 긴 역사 어느 시점에서든 성경만큼 항상 현재적이고 항상 새로우며 그 시대를 정확히 말하는 것이 없음을 알게 될 것이기 때문입니다. 고린도전서 6장에 나오는 세 구절을 주목하십시오. 이 단락은 바로 지금 기록된 것처럼 바로 이 순간에 필요한 말씀을 담고 있습니다.

성경이 얼마나 현재적인지를 강조하기 위해 한 걸음 더 나가 보겠습니다. 주일 저녁마다 이곳에 모이는 분들은, 우리가 지난 4월 마지막 주일 저녁부터 성경에서 하나님 나라에 관한 가르침을 살펴보고 있다는 것을 아실 것입니다. 그리고 주일 저녁예배에 꾸준히 참석하신 분들은 제가 연속 설교를 해오고 있다는 것도 아실 것입니다. 제게는 계획과 목적이 있었습니다. 저는 이 연속 설교를 지난 4월 마지막 주일 전 주간에 계획했고, 앞으로 4주를 더 설교할 계획입니다. 저의 계획에 따라, 오늘 밤에는 방금 읽어 드린 말씀을 중심으로 설교하겠습니다. 저는 이것이 우연이라고 생각하지 않습니다. 하나님의 말씀은 언제나 현재적일 뿐 아니라 항상 하나님의 성령의 인도를 받습니다.

여러분이 어떤 문학이나 연설이나 그 외 무엇에서든, 지금 이 순간의 세계에 대해 우리가 살펴볼 이 본문만큼 직접적으로 언급하는 말을 찾을 수 있다면 제게 알려 주십시오. 기꺼이 귀를 기울이겠습니다. 그러나 제가 알기로, 여러분은 그런 말을 찾을 수 없을 것입니다. 성경은 언제나 '그 말씀The Word'입니다. 성경은 언제나 결론적인 말씀입니다. 왜 그렇습니까? 성경은 성경이 말하는 그대로이기 때문입니다. 성경은 하나님의 말씀입니다. 성경은 인간의 책이 아니며, 인간의 이론이나 사상을 담아 놓은 책이 아닙니다. 성경은 하나같이 하나님의 성령으로 "감동되었고" "인도되었다"고 고백하는 다양한 사람들이 쓴 책입니다. 이들은 자신의 의견을 기록한 것이 아니라, 하나님이 자신에게 쓰라고 말씀하신 것을 기록하고 있습니다. 그러므로 성경은 인간과 이 세상에서의 인간의 삶에 관한 하나님의 계시입니다.

교회의 일은 성경을 가르치고, 하나님의 말씀인 성경의 메시지를 설명하고 해설하는 것입니다. 성경을 우리에게 주신 목적은 우리에게 특정한 것들을 가르치기 위해서입니다. 바울은 본문에서 "알지 못하느냐?"라고 묻습니다. 바울은 고린도의 그리스도인들이 특정한 것들을 알기를 기대합니다. 왜냐하면 바울 자신이 고린도에 있으면서 그들을 가르쳤고, 아볼로도 그렇게 했기 때문입니다. 그 결과 고린도의 그리스도인들은 정보를 얻었고 가르침을 받았습니다. 이제 성경이 이 일을 합니다. 성경은 이 세상과 다음 세상에서 우리 삶에 절대적으로 중요한 것이 있다는 것을 가르쳐 줍니다.

달리 말하면, 성경에 따르면 우리가 이 세상에서 겪는 모든 문제는 한 가지 근본적인 원인 때문입니다. 우리가 기본적이며 근본적인 진리를 모르기 때문입니다. 우리는 진리를 분명하고 확실하게 배워야 합니다. 하나님이 우리에게 성경을 주신 것도 바로 이 목적을 이루기 위해서입니다. 하나님의 아들 예수 그리스도께서 세상에 오신 것도 바로 이러한 이유 때문입니다. 그분은 이렇게 말씀하십니다. "[내가] 이를 위하여 세상에 왔나니 곧 진리에 대하여 증언하려 함이로라"(요 18:37). 또한 그분은 "나는 세상의 빛이니"라고 말씀하십니다(요 8:12). 이 말씀을 하실 때 사실은 이렇게 말씀하고 계신 것입니다. "나는 세상이 필요로 하는 지식이다. 나는 사람들을 계몽시킬 수 있는 유일한 자일 뿐 아니라, 사람들의 눈을 열고 그들을 어둠에서 지식으로 옮길 수 있는 유일한 자다." 그분은 가르치러 오셨습니다. 하나님에 대해, 인간에 대해, 구원의 길에 대해 가르치러 오셨습니다.

그러므로 성경은 우리에게 지식을 줍니다. 성경이 우리에게 지식을 주는 방법은 아주 놀랍습니다. 우리가 오늘 밤에 살펴보고 있는 말씀에 완벽한 예가 있습니다. 사람들은 성경을 동화라고 생각하지만 성경은 동화가 아닙니다. 사람들은 성경이 '뜬구름'이며, 비현실적이라고 말합니다. 성경이 비현실적입니까? 성경은 제가 알기로 세상에서 유일하게 절대적으로 현실적인 책입니다. 성경은 우리 자신에 관한 분명하고 거짓 없는 진리를 말하는 책입니다. 로마서 1장을 보십시오. 삶에 관한 묘사가 너무 놀랍지 않습니까? 성경은 우리에게 그 무엇도 숨기지 않습니다. 우리가 지금 살펴보는 단락도 마찬가지입니다.

바꾸어 말하면, 성경은 우리에게 멋진 동화를 들려주거나 좋은 정서를 심어 주거나 우리 모두가 천국에 가서 행복하게 살 것이라고 말하지 않습니다. 성경은 여러분의 얼굴을 똑바로 쳐다봅니다. 여러분의 깊은 곳을 헤아리며 여러분 자신에 관한 거짓 없는 진리를 들려줍니다. 성경은 여러분의 모든 것을 드러냅니다.

더 나아가 성경은 두 가지 중요한 질문을 다룹니다. 성경은 "이것이 생명이다!"라고 말합니다. 신문은 폭로를 자랑합니다. 신문은 거짓 없는 진실을 취재하고 보도한다고 주장합니다. 그러나 물론 신문은 그렇게 하지 않습니다. 신문은 때때로 사실들을 파헤치기도 합니다. 그러나 정말 여러분 자신에 관한 진리를 알고 싶다면 신문을 찾지 마십시오. 신문은 언제나 우리를 칭찬하며, 언제나 우리에게 아첨합니다. 이렇게 하지 않으면 신문은 팔리지 않습니다. 신문은 삶의 근본적인 문제에 대해 거짓말을 합니다. 삶의 근본적인 문제를 모릅니다. 이 혼란 상태에 대한 부분적인 원인이 여기 있습니다. 신문은 인간과 사회, 국가에 대한 진리를 계시하지 않습니다. 세상에서 성경만이 인간과 사회, 국가에 대한 진리를 계시합니다. 성경만이 정직하고 진실한 책입니다. 다시 한번 강조하지만, 성경이 하나님의 말씀이기 때문입니다.

성경은 거짓 없이 아주 거친 방법으로 우리 앞에 사실을 제시한 다음 두 가지 문제를 다룹니다. 첫째, 성경은 왜 세상이 지금과 같은지 말합니다. 이것이 우리가 가장 먼저 알고 싶은 것 아닙니까? 우리 주변의 부도덕에 관해 말하는 것으로는 충분치 않습니다. 문제는 왜 세상이 지금과 같으냐는 것입니다. 성경은 세상이 지금과 같은 원인을 제시하고 설명합니다. 둘째, 감사하게도 성경은 세상이 바로 될 수 있는 유일한 길을 말해 줍니다. 이것이 창세기에서 요한계시록에 이르기까지 모든 성경의 메시지입니다. 이것은 우리가 지금 살펴보는 본문에서 가장 특별한 형태로 요약되어 나타나는 메시지이기도 합니다.

우리는 무엇을 배워야 합니까? 사도 바울은 "알지 못하느냐?"고 묻습니다. 우리가 가장 먼저 알아야 할 사실은, 속는 것이 아주 위험하다는 것입니다. "불의한 자가 하나님의 나라를 유업으로 받지 못할 줄을 알지 못하느냐? 미혹을 받지 말라." 성경은 어디서든 속지(미혹받지) 말라고 경고합니다. 성경은 인간이 알지 못하는 이유가 인간이 속기 때문이라고 말합니다. 인류의 이야기 전체가 잘못된 방향으로 전개된 것은 인간이 마귀에게 속았기 때문입니다.

창세기 3장에 이 이야기가 나옵니다. 하나님이 세상을 창조하셨습니다. 하나님은 세상을 완벽하게 창조하셨습니다. 하나님은 인간을 완벽하게 창조하시고 낙원에 두셨습니다. 인간은 행복하게 살았어야 했습니다. 인간은 하나님과의 교제를 누렸어야 했으며, 불멸의 선물을 받았어야 했습니다. 그러나 인류의 이야기는 이렇게 전개되지 않았습니다. 인류의 이야기는 불행과 질투와 시기와 살인과 전쟁의 이야기입니다. 성경에 묘사된 인류의 이야기는 우리가 세속의 역사에서 흔히 볼 수 있는 공포의 이야기입니다.

그렇다면 왜 인류의 역사가 이렇게 되었습니까? 성경은 한 가지 대답밖에 없다고 말합니다. 마귀가 들어왔기 때문입니다. 마귀는 "들짐승 중에 가장 간교"했으며(창 3:1), 자신의 간교함과 속임수로 아담과 하와를 속였습니다. 이것은 성경의 여러 곳에서 나타나는 핵심입니다. 바울은 고린도후서 11:2-3에서 이렇게 말합니다. "내가 하나님의 열심으로 너희를 위하여 열심을 내노니 내가 너희를 정결한 처녀로 한 남편인 그리스도께 드리려고 중매함이로다. 그러나 나는 뱀이 그 간계로 하와를 미혹한 것같이 너희 마음이 그리스도를 향하는 진실함과 깨끗함에서 떠나 부패할까 두려워하노라."

히브리서 기자도 바울과 똑같이 이렇게 경고합니다. "오직 오늘이라 일컫는 동안에 매일 피차 권면하여 너희 중에 누구든지 죄의 유혹으로 완고하게 되지 않도록 하라"(히 3:13). 이것이 언제나 전반적인 문제의 원인입니다. 인류의 역사가 시작에서부터 지금과 같았던 이유는, 인간이 마귀와 죄의 속임수에 속았기 때문입니다.

이것이 사도 바울 시대의 문제였고 주님 시대의 문제였습니다. 그래서 주님은 복음을 들은 사람들도 "재물의 유혹"에 넘어갈 위험이 있다고 가르치셨습니다(마 13:22). 이들은 "가시떨기에 뿌려진 씨앗"입니다. 사람들은 재물의 유혹에 빠져 삶의 참 의미를 알지 못하고 있습니다. 주님은 세상의 마지막 때도 이와 같을 것이라고 예언하십니다. "노아의 때에 된 것과 같이 인자의 때에도 그러하리라……또 롯의 때와 같으리니……인자가 나타나는 날에도 이러하리라"(눅 17:26-30). 지금도 그렇습니다. 속임수가 인류의 가장 핵심적이고 본질적인 문제입니다. 바울은 "미혹을 받지 말라"고 말합니다. "잘못된 인도를 받거나 어리석게 당하지 말라"고 말합니다. 이것은 우리 세대가 들어야 할 경고이기도 합니다.

현 시대의 인류가 속기 쉬운 위험한 요소들이 있습니다. 그 가운데 몇 가지를 제시하겠습니다. 첫째는 우리가 이미 살펴보았듯이, 성경은 2천 년도 더 된 책이기 때문에 우리에게 말해 줄 것이 없다는 주장입니다. 우리는 그때 이후로 너무나 많은 것을 배웠고 우리의 지식은 너무나 많이 진보했습니다. 그런데 어떻게 성경처럼 오래된 책이 아직까지 우리에게 말해 줄 것이 있겠습니까? 마귀의 강력한 공격 가운데 하나는 사람들이 성경을 읽지 못하게 하는 것입니다. 사람들은 성경에 귀를 기울이지 않을 것입니다. 사람들은 성경을 무시합니다. 그래서 자신들을 도와줄 수 있는 메시지를 잃어버립니다.

사람들은 우리가 "다르기" 때문에 성경이 오늘 우리에게 말해 줄 것이 없다고 말합니다. 그렇다면 지금 우리는 어떻게 다릅니까? 2천 년 전 사람들은 "음행하는 자나 우상숭배하는 자나 간음하는 자나 탐색하는 자나 남색하는 자나 도적이나 탐욕을 부리는 자나 술 취하는 자나 모욕하는 자나 속여 빼앗는 자들"이었습니다. 그렇다면 우리는 더 이상 이런 사람들이 아닙니까? 더 이상 이 부분을 강조할 필요가 없습니까? 현재의 위기는 우리 가운데 이러한 사람들이 있기 때문입니다. 그러므로 성경은 오늘날의 사람들에게 말하고 있습니다. 오늘날의 사람들도 예전 어느 때의 사람들과 전혀 다르지 않습니다. "미혹을 받지 말라." 성경은 지금 여러분에게 말하고 있습니다! 성경은 바울 시대만큼이나 지금도 현재적인 책입니다.

속임수의 두 번째 형태는 도덕사상이 변한다고 말하는 것입니다. 사람들은 이렇게 말합니다. "우리의 생각은 아버지 세대의 생각과 달라. 우리의 생각은 백 년 전 사람들의 생각과 다르고, 성경 시대 사람들의 생각과도 달라. 우리에겐 지식이 있어. 옛날 사람들이 죄라고 여겼던 것을 우리는 생물학적으로나 의학적으로나 심리학적으로 설명할 수 있어. 물론, 옛날 사람들은 매우 무지해서 이것저것을 정죄했지만……새로운 이해력을 가진 우리는 더 이상 그렇게 생각하지 않아."

바꾸어 말하면, 사람들은 도덕이 상대적이며, 변하지 않는 원칙이나 진리란 없다고 말합니다. 한 세대에 옳은 것이 다음 세대에는 옳지 않을 수 있으며, 한 세대에는 옳지 않은 것이 다음 세대에는 옳을 수 있습니다. 예를 들면, 세상은 음행이 항상 나쁜 것은 아니라고 말합니다. 음행이 때때로는 옳고 좋은 것이라고 말합니다. 간음도 항상 잘못된 것은 아니며 때로는 옳은 것일 수 있다고 말합니다. 동성애도 더 이상 잘못된 것이 아니라고 말합니다. 동성애가 어떤 사람들에게는 절대적으로 옳은 것일 수 있다고 말합니다. 거짓말을 하는 것도 항상 잘못된 것은 아니라고 말합니다. 여러분이 가족에게 사랑을 보여주고 가족을 위험에서 보호하고 지키기를 원한다면 거짓말이 어떤 상황에서는 옳을 수 있다는 것입니다. 모든 것이 상대적입니다. 도덕과 의와 진리에 대한 변하지 않는 기준이 없습니다. 이것이 현대의 가르침입니다.

그러나 성경에 따르면, 이러한 가르침은 순전히 속임수일 뿐입니다. 지식이 여러분에게 도덕적 잣대와 원칙을 바꿀 권한을 주지 않습니다. 절대 그렇지 않습니다. 심리학도 이 문제에 답하지 못합니다. 여러분은 어느 심리학파에 속합니까? 심리학자들은 서로의 주장을 무색하게 하며, 어떤 의미에서 주장들이 서로 용광로 속에서 뒤섞이고 있습니다. 그 어떤 과학 지식도 도덕적 잣대에 영향을 미치지 못합니다. 인간이 자신을 기쁘게 하며, 자신을 변명하며, 자신의 악을 덮기 위해 자신의 법을 만들어 낼 뿐입니다. 여러분이 지금과 같은 혼란 속에 있는 것도 이 때문입니다.

속임수의 세 번째 형태는, 여러 면에서 제가 지금까지 언급한 것 중에 가장 심각합니다. 저는 이것이 우리가 겪는 문제의 원인이라고 생각합니다. 다시 말해, 도덕적 기준이 지금처럼 개탄할 정도로 느슨해진 데는 한 가지 큰 원인이 있습니다. 그것은 우리가 신앙 없이도 도덕적일 수 있다고 배워 왔다는 점입니다. 사람들은 이것을 이렇게 해석합니다. "성경의 도덕적 가르침은 매우 훌륭해. 하지만 성경의 신학이나 교리는 받아들일 수 없어."

이것을 매우 분명하게 표현하고 매우 존중했던 사람이 있습니다. 저는 그가 도덕적인 면에서 훌륭한 사람이었다는 것을 의심하지 않습니다. 그러나 저는 기독교의 기초뿐 아니라 그가 그렇게도 관심을 갖는 도덕의 기초 부분에서도 그에게서 충격을 받았습니다. 저는 지금 뛰어난 변호사였던 고故 버킷 경 Lord Birkett을 말하고 있습니다. 그가 텔레비전 인터뷰를 했을 때 사회자가 버킷 경이 한때 감리교 목사였던 사실을 지적했습니다. 감리교 목사였던 그는 왜 마음이 바뀌었을까요? 그는 이렇게 말했습니다. "아시다시피, 사람은 계속해서 배우고 발견하며……변합니다. 저는 더 이상 기독교의 교리를 믿지 않습니다. 저는 물론 윤리를 믿습니다. 저는 더 이상 기독교의 교리는 믿지 않습니다. 그러나 예수님의 윤리는 세상이 아는 최고의 윤리입니다."

버킷 경의 가르침은, 우리가 교리 없이 윤리만 붙들 수 있다는 것입니다. 신앙 없이 도덕만 가질 수 있다는 것입니다. 이것이 우리를 현재의 도덕적 늪으로 몰아넣은 치명적인 가르침입니다. 사람들은 기독교의 전체적인 기본을 흘려버리면서도 기독교가 가르치는 "좋은 것들"을 붙잡을 수 있다고 맹신합니다. 현대의 상황은 신학 없이는 도덕이 있을 수 없다는 것을, 교리를 제거하면 도덕도 곧 잃게 되리라는 것을(우리가 한 나라로서 잃은 것처럼) 아주 고통스럽고 뼈저리게 가르쳐 줍니다.

속임수의 네 번째 형태는, 죽음이 끝이며 그 너머에는 아무것도 없다고 말하는 것입니다. 이것은 오늘날 일반적인 믿음입니다. 사람들은 죽으면 모든 것이 끝이라고 믿습니다. 생명은 끝나고 시신은 무덤에 장사되면, 그것으로 끝이라고 말합니다. 하지만 사람들이 무슨 근거로 이렇게 말합니까? 사람들은 "나는 더 이상 죽음 이후의 삶을 믿지 않아!"라고 말하지만 자신의 말을 증명하지 못합니다. 따라서 이런 말은 그저 말과 이론에 불과합니다. 그러나 사람들은 이것을 믿습니다. 이것을 믿기 때문에 더 이상 하나님을 예배하지 않습니다. 그러나 이것은 순전히 속임수일 뿐입니다. "미혹을 받지 말라!"

속임수의 마지막 형태는, 하나님이 있다면 하나님은 전적으로 사랑이라고 말하는 것입니다. 하나님은 전적으로 사랑이시므로 도덕적 기준도 없고, 심판도 없고, 형벌도 없고, 지옥도 없다는 것입니다. 물론, 이러한 주장은 어리석기 짝이 없습니다. 왜냐하면 하나님은 의로운 재판장이시며, 마지막 때에 온 세상을 심판하실 것이기 때문입니다. 어떤 사람들은 영원히 지옥 형벌을 받을 것입니다.

사람들은 이렇게 말합니다. "하나님은 사랑이시기 때문에 그렇게 될 수 없어! 그건 사실이 아니야!" 그러나 사람들은 자기 말을 뒷받침하는 증거를 찾지 못합니다. 다시 말하지만, 이것은 순전히 속임수이며 사람들은 마귀에게 속고 있습니다.

현대적인 속임수의 모든 형태들에 대한 대답이 본문에 나와 있습니다. 사실은 이렇습니다. "불의한 자가 하나님의 나라를 유업으로 받지 못할 줄을 알지 못하느냐? 미혹을 받지 말라." 바꾸어 말하면, 이 모든 것에 대한 대답은 하나님이 계시다는 것입니다. 하나님이 우리의 창조자시라는 것입니다. 중요한 것은 우리의 생각이나 우리가 생각하는 그분의 말씀이 아니라, 그분이 실제로 하시는 말씀이라는 것입니다. 하나님은 계신 그대로이십니다. 우리가 생각으로 그려 내는 그런 분이 아닙니다. 우리는 하나님의 모습을 그려 낼 수 없습니다. 우리는 철학으로 하나님을 만들어 낼 수 없습니다. 그런데도 우리는 이렇게 하려고 애씁니다. 교회의 고위 성직자들이 이렇게 합니다. 저는 이들도 현재의 도덕적 붕괴에 책임이 있다고 생각합니다. 주교들은 복음의 본질을 부정하면서 현재 일어나는 일들을 비난하지만, 저는 이런 비난에 관심이 없습니다.

우리는 신앙과 도덕을 분리할 수 없습니다. 성경은 하나님이 만물 위에 계신다고 분명히 말합니다. 하나님이 우리를 지으셨지 우리가 우리를 지은 것이 아닙니다. 그러므로 우리는 모두 그분의 손에 있습니다. 우리는 "도덕적 기준 같은 것은 없으며 도덕이라는 것도 항상 바뀐다!"고 말합니다. 우리는 "괜찮아, 하나님은 사랑이시니까 모든 게 괜찮을 거야!"라고 말합니다. 그러나 성경은 "불의한 자가 하나님의 나라를 유업으로 받지 못할 줄을 알지 못하느냐? 미혹을 받지 말라"고 말합니다. 이것이 하나님의 말씀입니다. 이것이 중요하며, 우리의 무지에 대해서는 변명의 여지가 없습니다. 하나님은 이것을 역사가 시작될 때부터 우리에게 계시하셨습니다.

하나님이 우리에게 무엇을 기대하시고 무엇을 요구하시는지 몰라 헤맬 필요가 없습니다. 하나님은 이것을 너무나 분명하게 알려 주셨습니다. 하나님은 이미 에덴동산에서 아담과 하와에게 이것을 분명하게 알려 주셨습니다. 하나님은 이렇게 말씀하셨습니다. "너희가 내 계명을 지키면 내가 너희에게 복을 주고, 너희가 내 계명을 지키지 않으면 내가 너희를 쫓아내리라." 그런데 이들은 쫓겨났으며 그 후로 다시 돌아가지 못했습니다. 영원한 의의 법이 있습니다. 하나님의 법은 절대적인 법입니다. 이 법은 우리 모두의 양심에 있습니다. 하나님은 그분의 법을 모든 인간의 마음에 새기셨을 뿐 아니라 십계명에서처럼 외적으로 반포하셨습니다.

그러나 하나님은 그분이 우리에게 요구하시는 도덕적 기준이 있다는 사실을 분명히 하실 뿐 아니라 심판이 있다는 사실도 똑같이 분명히 하십니다 "불의한 자가 하나님의 나라를 유업으로 받지 못할 줄을 알지 못하느냐?"

이것을 다른 방법으로 이야기해 보면, 이 세상 모든 사람들이 둘 중 한 곳에 있다는 것입니다. 세상 모든 사람은 하나님의 나라 안에 있거나 하나님의 나라 밖에 있습니다. 그러므로 문제는 이것입니다. 여러분은 하나님 나라를 유업으로 받았습니까? 우리 모두는 하나님 앞에 설 것이며, 우리 자신이 하나님의 나라 안에 있는지 밖에 있는지 알게 될 것입니다. 이것이 심판입니다. 성경의 메시지는 이것이 온 세상에서 가장 중요하다고 말합니다.

하나님의 나라 안에 있느냐, 아니면 밖에 있느냐는 너무나 중요합니다. 왜냐하면 이것이 우리의 영원한 상태를 결정하기 때문입니다. 사도 바울이 본문에 나오는 사람들을 그처럼 걱정한 것도 바로 이 때문입니다. 사도 바울은 이렇게 말합니다. "마귀에게 속아 이렇게 말하지 않도록 하십시오. '나는 하나님의 나라 안에 있어! 그러니까 술 취하고 간음하며 내가 좋아하는 건 뭐든지 해도 괜찮아! 하나님이 나를 용서하시잖아!'" 바울은 이렇게 말합니다. "여러분이 계속해서 이렇게 한다면 여러분은 하나님의 나라 밖에 있는 것이며, 따라서 지옥에 갈 것입니다." 이런 사람들은 심판을 받을 것입니다.

현대 세계는 이것을 더 이상 믿지 않습니다. 우리나라가 지금처럼 된 것도 이 때문입니다. 모든 사람에게 각자의 신이 있습니다. 모든 사람이 자기 생각에 옳은 대로 행동합니다. 그렇게 하지 않을 이유가 어디 있겠습니까? 사람들은 자신의 행동을 변명하고 용서합니다. 사람들은 바리새인들처럼 한 사람을 비난하지만, 사실은 자신도 생각으로는 똑같은 죄를 짓습니다. "그들의 눈앞에 하나님을 두려워함이 없"습니다(롬 3:18). 이것은 하나님에 대한 오만하기 이를 데 없는 거역 행위이자, 온 세상을 의로 심판하실 하나님에 대한 대적 행위이기도 합니다. 중요한 것은 우리 모두가 심판을 받아 천국이나 지옥 중 한 곳으로 간다는 사실입니다. 우리는 영원히 복을 누리며 살거나 영원히 비참하게 살 것입니다.

모두가 나라의 상황을 걱정합니다. 그러나 사람들이 영혼의 상태와 영원한 운명에 대해 말하는 것을 들어 본 적이 있습니까? 이것은 중요합니다. 우리 모두에게 중요합니다. 성경이 우리에게 가장 먼저 가르치는 것 가운데 하나가, 속는 것은 너무나 무섭고 위험하다는 것입니다.

그러나 성경이 우리에게 두 번째로 가르치는 것은, 하나님이 보시기에 인간에게 중요한 것은 의義뿐이라는 것입니다. "불의한 자가 하나님의 나라를 유업으로 받지 못할 줄을 알지 못하느냐?" 능력이 있거나 똑똑한 사람이 하나님 나라를 유업으로 받는 것이 아닙니다. 오늘날에는 똑똑한 사람들이 인기가 있고 부러움의 대상이지 않습니까? 사람들은 이렇게 말합니다. "저 남자는 똑똑해. 저 여자는 머리가 좋아." 그러나 성경은 능력이나 지식이나 교양이나 세련미를 갖춘 "도시 사람들", 예술에 관심이 있는 사람들이 하나님 나라를 유업으로 받는다고 말하지 않습니다. 사람들은 즐거움, 쾌락, 돈, 부 같은 것이 중요하다고 말하지 않습니까? 우리에게 돈이 넘쳐납니다. "이렇게 좋았던 적이 없습니다!" 그런데 나라가 지금처럼 나빴던 적도 없습니다!

성경은 하나님이 보시기에 중요한 것은 오직 하나뿐이라고 말합니다. 바로 의義입니다! 여러분이 원한다면, 성품이라고 해도 좋습니다. 내가 똑똑한지 아니면 능력이 모자라는지를 말하는 것이 아닙니다. 내가 많이 배웠는지 아니면 무식한지를 말하는 것이 아닙니다. 내 계좌에 돈이 많은지 아니면 적은지를 말하는 것이 아닙니다. 오히려 나의 지금 모습, 나의 성품, 하나님과 얼굴을 맞대고 있는 내 영혼을 말하는 것입니다. 중요한 것은 의義입니다! 한 나라든 한 개인이든 간에, 하나님에게 중요한 것은 의뿐입니다. "공의는 나라를 영화롭게" 합니다(잠 14:34). 사람들이 자신들의 위대한 공적과 과거의 영광을 노래한다 하더라도 "묵시가 없으면 백성이 방자히 행"합니다(잠 29:18). 사람들은 스포츠와 쾌락과 돈과 성공과 똑똑함을 위해 살지만 "묵시가 없으면 백성이 방자히 행"합니다. 로마와 그 외의 나라들이 이 때문에 무너졌습니다.

그러므로 하나님이 보시기에 중요한 것은 의뿐입니다. 하나님은 에덴동산에서, 십계명에서 이 사실을 계시하셨습니다. 하나님의 백성은 언제나 이 사실을 깨달았습니다. 시편 기자는 이렇게 말합니다. "여호와의 산에 오를 자가 누구며 그의 거룩한 곳에 설 자가 누구인가? 곧 손이 깨끗하며 마음이 청결하며 뜻을 허탄한 데에 두지 아니하며 거짓 맹세하지 아니하는 자로다"(시 24:3-4). 똑똑한 사람들이, 머리 좋은 사람들이, 분명하게 말할 줄 아는 사람들이, 세련된 사람들이, 현대적인 사람들이 아닙니다. 절대로 아닙니다! 손이 깨끗한 사람들입니다! 마음이 청결한 사람들입니다! 이것이 하나님이 원하시는 것입니다.

다윗은 이것을 알았습니다. 그는 다른 곳에서 이렇게 말했습니다. "보소서, 주께서는 중심이 진실함을 원하시오니"(시 51:6). 그렇습니다. 주님은 이렇게 말씀하십니다. "너희 의가 서기관과 바리새인보다 더 낫지 못하면 결코 천국에 들어가지 못하리라"(마 5:20). 그분은 다시 이렇게 말씀하십니다. "너희는 사람 앞에서 스스로 옳다 하는 자들이나 너희 마음을 하나님께서 아시나니 사람

중에 높임을 받는 그것은 하나님 앞에 미움을 받는 것이니라"(눅 16:15). 여러분은 성공 가도를 달리고 있습니다. 장관이 되었으며 사람들에게 칭찬을 받습니다. 그러나 "사람 중에 높임을 받는 그것은 하나님 앞에 미움을 받는 것입니다." 중요한 것은 의입니다.

인간은 하나님이 살게 하신 대로 살아야 했습니다. 하나님의 영광을 위해 살며 그분의 계명을 지키며 살아야 했습니다. 바르게 살아야 했으며, 청결하고 깨끗하며 정직하고 숭고해야 했습니다. 인간은 하나님과 얼굴을 마주하고 그분과 교제를 누리도록 되어 있었습니다. 이것이 의입니다.

그러나 성경은 이렇게 말합니다. "의인은 없나니 하나도 없으며"(롬 3:10). 우리는 모두 본질상 불의하다고 말합니다. 계층, 교육, 돈, 그 외에 모든 것에 따라 모든 사람들이 나눠지지만, 모두가 한결같이 불의합니다. 불의는 다양한 형태를 띱니다. 우리는 특정한 죄의 세세한 부분을 모두 범하지는 않았지만 그래도 모두 죄인입니다. 오늘 밤 이 땅에는 본문에 나오는 죄를 짓는 사람들이 많습니다. 그러나 여러분이 이런 죄를 짓지 않는다고 해서 여러분이 의롭다는 뜻은 아닙니다. 의롭다는 것은 마음을 다하고 성품을 다하고 뜻을 다하고 힘을 다하여 여러분의 하나님을 사랑한다는 뜻이며, 이웃을 자신처럼 사랑한다는 뜻입니다. 이런 의미에서 여러분은 의롭습니까? 여러분은 하나님의 영광과 찬양이 되기 위해 살고 있습니까? 이것이 의입니다. 그러나 그 누구도 의롭지 못합니다. 사도 바울은 이렇게 말합니다. "모든 사람이 죄를 범하였으매 하나님의 영광에 이르지 못하더니"(롬 3:23).

그 원인이 무엇입니까? 성경은 그 원인을 말합니다. 이것은 아주 중요한 메시지입니다. 이 세상에 태어난 모든 사람은 불의합니다. 왜냐하면 인간이 하나님을 떠났기 때문입니다. 아담은 마귀에게 귀를 기울이기 전까지 의로웠습니다. 그러나 그는 타락했고 불의해졌습니다. 인간은 하나님께 등을 돌렸기 때문에 지금도 불의합니다. 인간은 하나님을 거역하는 자이며, 마귀의 노예가 되었고 정욕의 노예가 되었습니다. 인간은 타락하고 추하고 비참한 노예가 되었습니다. 그러므로 성경이 우리에게 가르치는 두 번째 중요한 사실은, 하나님 앞에서 중요한 것은 의뿐이라는 것입니다. 이 사실에 대해서는 앞에서 이미 살펴보았습니다. 하나님 앞에 설 때, 우리는 자신이 죄인이며 불의한 자라는 것을 알게 됩니다.

그러나 감사하게도 복음은 여기서 끝나지 않습니다. 복음이 우리 모두에게 말하는 것이 있습니다. 우리는 이것을 알아야 합니다. 본문을 다시 한번 봅시다. "불의한 자가 하나님의 나라를 유업으로 받지 못할 줄을 알지 못하느냐? 미혹을 받지 말라. 음행하는 자나 우상숭배하는 자나 간음하는 자나 탐색하는 자나 남색하는 자나 도적이나 탐욕을 부리는 자나 술 취하는 자나 모욕하는 자나 속여 빼앗는 자들은 하나님의 나라를 유업으로 받지 못하리라. 너희 중에 이와 같은 자들이 있더니." 이것이 복음의 본질적인 메시지입니다. "주 예수 그리스도의 이름과 우리 하나님의 성령 안에서 씻음과 거룩함과 의롭다 하심을 받았느니라."

그렇다면 복음은 우리가 지금 한 나라로서 처한 통탄할 상황에 대해 뭐라고 말합니까? 복음의 메시지는 단지 우리나라만 아니라 모든 나라에 적용됩니다. 복음은 단순히 죄와 죄인을 고발하는 메시지가 아닙니다. 이것은 굳이 그리스도인이 되지 않더라도 할 수 있는 일입니다. 오늘 밤에도 도덕적인 사람들이 이 시대를 통탄하고 있습니다. 이들은 그리스도인은 아니지만 도덕적인 사람들입니다. 이들은 지금 이 시대를 고발하고 있습니다.

교회의 메시지는 단지 권면이나 호소의 메시지도 아닙니다. 저는 언젠가 교회의 고위 성직자가 우리는 "마구간을 깨끗이 청소해야 합니다"라고 말하는 것을 읽은 적이 있습니다. 모든 지도자들이 "지금의 도덕적 퇴보" 등에 대해 나름의 견해를 표현합니다. 그러나 이들의 행태는 바리새주의에 불과합니다! 주님은 요한복음 8장 첫 부분에 나오는 사건에서 이 문제를 단번에 다루셨습니다. 사람들은 간음하다 현장에서 잡힌 여자를 예수님 앞에 끌고 왔습니다. 사람들은 예수님이 이 여자에게 어떤 판결을 내리는지 알고 싶었습니다. 그러나 예수님은 사람들에게 대꾸하시지 않고 바닥에 뭔가를 쓰기 시작하셨습니다. 그러나 사람들이 예수님을 재촉하자 예수님은 사람들에게 말씀하셨습니다. "너희 중에 죄 없는 자가 먼저 돌로 치라"(7절). 그러자 사람들이 슬금슬금 뒷걸음질 치기 시작했고 마침내 여자와 주님만 남았습니다.

여러분이 무슨 일을 하고 있는지 주의 깊게 살피십시오. 한 사람에게 손가락질하고 그를 비난하며 정죄하는 것은 매우 간단합니다. 그렇다면 여러분 자신은 어떻습니까? 여러분의 마음은 깨끗합니까? 여러분의 손은 깨끗합니까? 주의하십시오! 자신을 살피십시오! 희생양을 만들기란 매우 쉽습니다. 저는 잘못된 행동을 변호하는 것이 아닙니다. 죄는 변호받을 수 없습니다. 그러나 저는 복음이 단지 죄를 고발하거나 도덕적인 호소를 하는 데 그치지 않는다는 점을 강조하고 싶습니다. 우리는 앞으로 죄를 고발하고 도덕에 호소하는 것을 많이 들을 것입니다. 우리는 나라가 하나가 되어야 한다는 강한 호소를 들을 것이며, 자신이 그리스도인이라는 사실을 다시 내세울 것입니다. 그러나 이것은 무가치한 일입니다. 이것은 속임수일 뿐입니다.

복음은 단지 더 많은 도덕 교육이나 다른 형태의 교육에 대한 호소가 아닙니다. 많은 사람들이 교육이야말로 모든 문제의 해답이라고 생각합니다. 최근에 한 정치 지도자가 이렇게 말했습니다. "한 나라의 힘은 교육에 달렸습니다. 교육은 미래의 창고를 여는 열쇠입니다." 교육은 좋은 것입니다. 하지만 교육만으로는 부족합니다. 최고의 교육을 받은 사람들도 악한 일을 도모하고 너무나 개탄스러운 수준으로 추락할 수 있습니다.

복음의 메시지는 단지 사람들에게 그리스도를 믿고 "주여, 주여!"라고 하면 모든 것이 잘 될 것이라고 말하지도 않습니다. 바울은 바로 이 점을 고린도의 그리스도인들에게 경고하고 있습니다. 바울이 고린도전서 5장에서 언급하듯이, 고린도 교회 교인들 가운데는 추하고 끔찍한 죄를 지은 사람들이 있었습니다. 이들은 자신들이 그리스도를 믿기 때문에 괜찮다고 생각했습니다. 오늘날에도 이런 사람들이 많으며, 교회에도 아주 많습니다. 이들은 "나는 그리스도를 위해 결단했고 나를 그분께 드렸어!"라고 말합니다. 그러면서 이것으로 모든 것이 해결되었고 자신이 원하는 대로 살아도 괜찮다고 생각합니다. 그러나 이것은 반율법주의입니다. 다시 말해, 죄 가운데 살며, 부정직하게 살며, 부주의하게 살면서 "주여, 주여!"라고 외치는 것입니다. 이렇게 사는 삶은 소용이 없습니다. "불의한 자가 하나님의 나라를 유업으로 받지 못합니다." 단지 믿는다고 말하는 것으로는 부족합니다. 이것은 기독교가 아닙니다.

그러나 우리 주변에 이런 모습이 많지 않을까 두렵습니다. 우리는 일종의 도덕적 정화가 이루어지는 것을 보게 될 것입니다. 사람들이 예배에 참석할 것입니다. 우리는 언론을 통해 장관들이 예배에 참석하며 사람들이 종교에 관심을 보이고 있다는 보도를 접할 것입니다. 그러나 마음에 변화가 없다면, 이것은 또다시 거짓말이며 속임수입니다. 하나님의 집에 오는 것 자체가 좋고 훌륭한 일이지만 그것으로는 부족합니다.

그렇다면 복음의 메시지는 무엇입니까? 감사하게도 본문에 그 메시지가 있습니다. 복음은 구원의 메시지입니다. 우리는 죄인들을 고발하는 것이 아니라 그들을 구원합니다. 우리는 바리새인들처럼 죄인들을 손가락질하지 않습니다. 우리는 그들에게 다가가 이렇게 말합니다. "당신은 여기서 구원받을 수 있으며, 씻음 받을 수 있으며, 깨끗해지고 새로워질 수 있으며, 주 예수의 이름으로 의롭게 될 수 있습니다." 복음은 희망의 메시지이며 구원의 메시지입니다. 그러나 우리는 신약성경의 메시지, 오래되고 오래된 복음, 분명하고 거짓 없는 말씀이 있다는 사실을 분명히 해야 합니다! 복음은 가장 악한 자에게도 희망을 줍니다. 왜냐하면 복음은 단지 사람들에게 서로 협력하라고 호소하는 데 그치지 않고 하나님이 그들을 붙잡아 주실 것이라고 말하기 때문입니다. "복음은 모든 믿는 자에게 구원을 주시는 하나님의 능력이 됨이라"(롬 1:16). 복음은 타락과 죄와 악의 깊은 수렁에 빠진 사람들에게 다가와 그들이 바뀔 수 있고, 구원받을 수 있으며, 새롭게 될 수 있다고 말하는 메시지입니다. 본문이 말하는 죄의 목록을 보십시오. 바울은 "너희 중에 이와 같은 자들이 있더니"라고 말합니다. "그러나 여러분은 더 이상 이런 사람이 아닙니다. 왜 아닙니까? 여러분은 씻음을 받았기 때문이며, 거룩하게 되었기 때문이며, 주 예수의 이름과 우리 하나님의 능력으로 의롭게 되었기 때문입니다."

저는 복음을 전하는 특권을 누리고 있습니다. 우리에게서 죄의 더러움을 씻어 낼 수 있는 복음, 우리에게서 죄의 얼룩을 씻어 내고 우리를 정결하게 할 수 있는 복음, 우리를 죄의 책임에서 자유하게 하고 우리에게 의의 옷을 주어 거룩한 하나님 앞에 서게 할 수 있는 복음을 전하는 특권입니다. 복음은 용서만 전하는 것이 아니라 새롭게 됨과 거듭남을 전합니다. 복음은 실패의 잿더미에서 새로운 사람들이 일어나 하나님 앞에 성도로 설 수 있다는 사실을 전합니다.

이런 일이 어떻게 일어납니까? 바울은 이 질문에 "주 예수 그리스도의 이름과 우리 하나님의 성령 안에서"라고 대답합니다. 기독교의 메시지는 하나님의 아들, 주 예수 그리스도께서 우리를 구원하려고 천국을 떠나 이 땅에 오셨다는 것입니다. 그분은 단순히 우리를 가르치고 권면하며 우리의 죄를 꾸짖고 "이렇게 살아야 한다, 나를 따르라"고 말씀하러 오신 것이 아닙니다. 그분은 우리가 그분을 따를 수 없다는 것을 아셨습니다. 우리는 정욕과 더러운 욕심으로 가득합니다. 우리는 모두 무엇인가의 노예입니다. 여러분을 넘어뜨리는 것이 있지 않습니까? 이러한 것들을 살펴보니 여러분은 부끄럽지 않습니까? 여러분이 계속해서 범하는 죄가 무엇입니까? 왜 여러분은 그 죄를 끊지 못합니까? 여러분은 그 죄의 노예이기 때문입니다. 그것이 간음은 아닐지 모르지만, 질투나 시기나 악의나 앙심이나 증오나 무절제한 야망이나 이 세상 것들에 대한 자랑일 수 있습니다. 오직 하나님의 능력만이 우리를 구원할 수 있습니다.

그러므로 주님은 우리를 하나님과 화해시키러 오셨습니다. 우리는 하나님 앞에 죄인입니다. 그런데 우리가 어떻게 그분과 교제하며 복을 받을 수 있겠습니까? 나는 내 과거를 취소할 수 없으며, 율법대로 살 수 없습니다. 그렇다면 내가 할 수 있는 것이 무엇입니까? 그리스도께서 오셔서 내가 할 수 없는 것을 대신해서 해주셨습니다. 그분이 인간이 되셨으며, 스스로 율법 아래 서셨으며, 율법을 지키셨으며, 나무 위에서 나의 죄를 친히 담당하셨으며, 나를 위해 채찍에 맞으셨습니다. 그분 안에서 하나님은 나를 용서하시고 그분의 의를 내게 입히십니다. "주 예수 그리스도의 이름과 우리 하나님의 성령 안에서 씻음과 거룩함과 의롭다 하심을 받았느니라."

간음자들, 음행자들, 거짓말쟁이들, 살인자들, 심지어 가장 악한 형태의 배교자들까지도, 주 예수 그리스도를 믿을 때 해방되고 씻음을 받으며 의롭게 되고 거룩해집니다! 하나님의 그리스도께서 이들을 구원하러, 이들을 수렁에서 건져 내어 반석 위에 세우시고 이들의 걸음을 견고하게 하러 오셨습니다. 저는 저와 같이 불쌍한 죄인을 비난하려고 이 자리에 선 것이 아닙니다! 제가 이 자리에 선 것은, 저와 같은 죄인에게 그 사람이 제 말을 들을 수 있고, 그가 듣도록 하나님이 허락하신다면 그가 구원받을 수 있고, 용서받을 수 있고, 새롭게 될 수 있고, 예수 그리스도 안에서 새로운 삶을 시작할 수 있다는 말을 전하기 위해서입니다.

이것이 기독교의 메시지입니다! 기독교의 메시지는 바리새주의가 아니며, 종교적 품위와 허식과 연기가 아닙니다. 기독교의 메시지는 완전히 새로운 사람, 마음에 의가 있고 그리스도의 의가 그 위에 임하며 하나님의 영광을 위해 사는 사람, 즉 거듭난 사람입니다. 사람이 거듭날 수 있는 것은, 하나님의 아들 주 예수 그리스도께서 천국에서 오셔서 십자가에서 죽으셨기 때문입니다. 이것이 복음입니다! 하나님께 감사드립시다! 우리는 단지 손가락질하고 정죄하는 데 그치지 않습니다. 우리는 정죄하되, 치유하기 위해 정죄합니다. 우리는 일으켜 세우기 위해 쓰러뜨립니다. 우리가 사람들에게 그들의 죄와 무기력과 절망과 화를 보여주는 것은 그들이 우리 주 예수 그리스도를 통해, 하나님의 성령으로 구원에 이르게 하는 하나님의 능력에 복종하도록 하기 위해서입니다.

그렇다면 여러분은 어떻습니까? 여러분은 의롭습니까? 여러분은 하나님의 영원한 심판대 앞에 설 준비가 되었습니까? 여러분은 의롭고 거룩한 삶을 살고 있습니까? 여러분은 깨끗합니까? 여러분은 손과 마음이 깨끗합니까? 여러분의 지성과 상상력은 깨끗합니까? 다른 사람들은 다 잊어버리고 여러분 자신에게서 시작하십시오. 여러분도 씻음받고 거룩하게 되어야 한다는 것을 깨달으십시오. 여러분은 윌리엄 쿠퍼William Cowper처럼 고백할 수 있습니까?

> 저 도적 회개하고서 이 샘에 씻었네.
> 저 도적 같은 이 몸도 죄 씻기 원하네.*

여러분은 이렇게 고백합니까? 여러분은 이 메시지를 들었으며, 이렇게 고백할 준비가 되었습니까?

> 내 주의 보혈은 정하고 정하다.
> 내 죄를 정케 하신 주 날 오라 하신다.
> ─루이스 하트사우-Lewis Hartsough*

여러분 자신이 씻음을 받아야 한다는 것을 깨닫지 못했다면, 여러분은 다른 사람을 손가락질할 위치에 있지 못합니다. 여러분이 오직 예수 그리스도의 보혈만이 여러분의 죄의 책임과 권세에서 자유하게 할 수 있음을 깨닫지 못했다면 여러분은 그리스도인이 아닙니다. 스스로 의롭다고 하는 비참한 바리새인입니다. 여러분 자신의 더러움과 부패를 깨닫고 주님께 돌아와 고백하십시오.

* 찬송가 190장 2절.
* 찬송가 186장 1절.

> 내가 주께로 지금 가오니
> 골고다의 보혈로 날 씻어 주소서.*

여러분은 씻음 받고 깨끗해질 때 타락한 사람들에게 동정심을 느낄 것입니다. 여러분은 이들을 손가락질하고 자신은 의롭다고 말하지 않을 것입니다. 여러분은 이들을 불쌍히 여기고, 이들을 위해 기도하며, 이들이 구원받을 수 있도록 이들에게 복음의 메시지를 전하고 싶을 것입니다. 왜 이들이 이처럼 추한 삶을 삽니까? 더 나은 삶을 알지 못하기 때문입니다. 복음을 모르기 때문입니다. 이들은 사탄에게 속고 있으며, 교회 자체가 자주 전하는 현대의 가르침에 속고 있기 때문입니다.

이 세상에서 도덕적인 실패자들을 도울 수 있는 사람들은, 이 순간 우리 사회에 있어야 할 사람들은, 자신의 더러움과 극한 절망을 깨닫고 주님께로 돌아서서 이렇게 고백한 사람들뿐입니다.

> 만세반석 열리니 내가 들어갑니다.
> 창에 허리 상하여 물과 피를 흘린 것
> 내게 효험 되어서 정결하게 하소서.
> —오거스터스 탑레이디*

주님이 이들을 씻으시고 깨끗하게 하셨습니다. 그래서 이들은 다른

---
* 찬송가 186장 후렴.
* 찬송가 188장 1절.

사람들에게 그들도 똑같이 할 수밖에 없다고 말할 수 있습니다. 그들도 하나님의 아들만이 주실 수 있는 도덕적·영적 씻음을 알게 될 것이며, 하나님의 성령만이 가능하게 하시는 새로운 걸음과 새로운 삶을 알게 될 것이라고 말할 수 있습니다. "주 예수 그리스도의 이름과 우리 하나님의 성령 안에서 씻음과 거룩함과 의롭다 하심을 받았느니라."

감사하게도 우리가 처한 상황에도 불구하고 오늘 밤에 소망이 있습니다! 이것이 유일한 소망입니다. 예수 그리스도, 십자가에 못 박히신 분의 복음이 유일한 소망입니다. 여러분은 그분을 압니까? 그분을 의지합니까? 그분을 통해 씻음을 받아 깨끗하고 새롭게 되었습니까?

9

진정한 부

예수께서 둘러보시고 제자들에게 이르시되 재물이 있는 자는 하나님의 나라에 들어가기가 심히 어렵도다 하시니 제자들이 그 말씀에 놀라는지라. 예수께서 다시 대답하여 이르시되 얘들아, 하나님의 나라에 들어가기가 얼마나 어려운지 낙타가 바늘귀로 나가는 것이 부자가 하나님의 나라에 들어가는 것보다 쉬우니라 하시니. 마가복음 10:23-25

여기서 주님은, 방금 그분에게 등을 돌린 채 슬픈 기색으로 근심하며 돌아간 젊은 부자 관원의 경우를 설명하십니다. 우리는 하나님 나라에 관해 얼마나 다양한 어려움들―하나님 나라의 성격과 특징, 그 나라에 들어가기 위해 해야 할 일에 관한 오해들―이 있는지, 어려움들이 서로 어떻게 모순되며 큰 대조를 이루는지, 그러면서도 각각이 모두 문제투성이라는 것을 이미 살펴보았습니다.

여기서도 우리는 동일한 것을 봅니다. 우리는 지난 시간에 고린도전서 6:9에 나오는 사도 바울의 말을 살펴보았습니다. "불의한 자가 하나님의 나라를 유업으로 받지 못할 줄을 알지 못하느냐?" 우리는 이것이 우리 사회에 절실히 필요한 메시지라는 것을 알았습니다. 사람들은 하나님 나라를, 단지 하나님이 사랑이라고 선포하는 것 정도로 생각하는 것 같습니다. 그래서 여러분은 자신이 원하면 무엇이든 할 수 있다고 생각합니다. 약속을 어길 수 있고, 정직하지 않을 수 있고, 결혼서약을 성실히 지키지 않을 수도 있지만 이러한 것들은 문제가 되지 않습니다. 결국에는 하나님은 사랑이시므로 여러분에게는 아무 일도 없을 것이기 때문입니다. 그러나 바울은 말합니다. "미혹을 받지 말라." 하나님 나라에서는 악이 허용되지 않습니다. 본문은 정확히 반대로 말합니다. 악한 자는 하나님 나라에 들어가지 못합니다. 그러나 여기서 핵심은, 선하기만 하다고 하나님 나라에 들어갈 수 있는 것이 아니라는 점입니다. 제가 보기에는, 이것이 소위 '젊은 부자 관원' 이야기에서 중요한 요소 같습니다.

이것이 아마도 여러 면에서, 현 세대의 특징적인 오류입니다. 제가 생각하기로, 오늘날의 주요 문제 가운데 하나는 이것입니다. 사람들이 하나님 나라에 들어가고 하나님과 바른 관계를 갖는 데 꼭 필요한 한 가지를 선이라고 생각한다는 것입니다. 선이 열쇠입니다. 사람들은 더 이상 교리에 관심이 없으며, 신학이 정말 싫다고 말합니다. "어른들은 이러저러하게 가르쳤지요. 하지만 그게 뭐가 중요합니까? 우리가 착한 사람이 되고 착하게 사는 게 하나님이 원하시는 전부가 아닌가요?"

그래서 교리를 버리고 기독교 윤리를 붙잡아야 한다고 말하는 사람들이 있습니다. 그들은 이렇게 말합니다. "물론, 저는 예배드리러 가지는 않습니다. 하지만 제가 믿기로 저는 그리스도인의 삶을 살고 있습니다." 저는 언젠가 어떤 사람이 자신의 아버지에 대해 이렇게 말하는 것을 읽은 적이 있습니다. "물론, 아버지는 제가 아는 가장 멋진 그리스도인이셨습니다." 그는 여기에 한마디를 덧붙였습니다. "아버지는 기독교의 가르침을 전혀 믿지 않았지만 말입니다." 하나님을 예배하는 자리에 전혀 나오지 않는 사람들, 기독교 신앙과 교리에 전혀 관심이 없는 사람들이 자신은 착한 사람이기 때문에 훌륭한 그리스도인이라고 생각합니다.

젊은 부자 관원 이야기는 이 문제를 최종적으로, 그리고 철저히 다룹니다. 젊은 부자 관원 이야기는 특별하면서, 안타깝게도 오해를 사기도 합니다. 젊은 부자 관원 이야기는 부자들에게 주는 특별한 메시지라고 생각하는 사람들이 많습니다. 본문은 20세기 초에 기독교 사회주의를 말하는 사람들이 가장 좋아하는 본문 가운데 하나였습니다. 많은 사람들이 지금도 기독교 사회주의를 말하며 본문을 즐겨 인용합니다. 부자는 정죄를 받았으며, 따라서 부자가 아닌 모든 사람이 옳다는 것입니다. 그러나 이것은 전체적인 사건과 그 가르침을 완전히 오해한 것입니다. 젊은 부자 관원 이야기는 우리 모두에게 주는 메시지입니다. 지금 우리가 처한 특별한 상황이 어떻든 간에, 이 이야기는 그 상황에 대해 직접 말합니다. 이 이야기는 우리 모두에게 적용됩니다.

물론, 젊은 부자 관원 이야기는 신약성경에서 가장 놀라운 이야기 가운데 하나입니다. 주님께 나온 모든 사람들의 이야기 가운데, 젊은 부자 관원 이야기만큼 비그리스도인들을 놀라게 하는 이야기는 없습니다. 여러분은 젊은 부자 관원이야말로 주님이 기뻐하시고 자신에게 나오기 원하신 유형이었다고 생각할 것입니다. 여러분은 모든 사람들 가운데 바로 이 사람이 큰 환영을 받았을 것이며, 아무런 어려움 없이 하나님 나라에 들어갔을 것이라고 생각할 것입니다. 그러나 아주 탁월한 이 청년은 슬픈 기색으로 돌아갔습니다.

현대적인 시각에서 보면, 그는 거의 완벽한 그리스도인입니다. 그러나 그는 하나님의 나라 밖에 있습니다. 이것이야말로 깜짝 놀랄 일입니다. 실제로, 성경은 예수님의 제자들이 하나님 나라를 오해해서 이 젊은이에 대한 예수님의 반응을 이해할 수 없었다고 말합니다. 26절은 이렇게 말합니다. "제자들이 매우 놀라 서로 말하되 그런즉 누가 구원을 얻을 수 있는가?" 제자들은 젊은 부자 관원이 주님을 떠나는 것을 보고 주님이 여기에 대해 하시는 말씀을 이해할 수 없었습니다. 제자들은 이렇게 말했습니다. "저 사람은 하나님의 나라 안에 있지 않은가? 저 사람이 하나님의 나라 안에 있지 않다면 누가 그 나라 안에 있을 수 있단 말인가? 이것은 도저히 불가능해 보이는데."

그러므로 저는 여기서 하나님 나라는 육에 속한 사람이 지금까지 생각했던 모든 것과 전혀 다르다는 점을 다시 한번 강조합니다. 우리가 하나님 나라에 들어가기 원한다면 무엇보다도 먼저 우리의 모든 선입견을 버려야 하며, 우리의 모든 생각을 제거하고 어린아이처럼 겸손하게 주님의 가르침에 순종해야 합니다.

이것이 첫째가는 원리입니다. 우리 모두는, 그리스도인이 누구이며 하나님 나라에 들어가려면 무엇을 해야 하는지 알고 있다고 생각합니다. 그래서 우리는 모두 "바로 이거다"라고 생각합니다. 제자들도 그렇게 생각했습니다. 그러나 주님은 제자들에게 그들이 전혀 잘못 알고 있음을 보여주셨습니다. 이 젊은이의 이야기가 그렇게 중요한 것도 바로 이 때문입니다. 그를 보십시오. 출발이 얼마나 좋습니까! 저는 그를 볼 때마다 전형적인 영국 날씨가 생각납니다. 아침에는 햇빛이 쨍쨍합니다. 그래서 하루 종일 날씨가 좋을 것이라고 생각합니다. 그러나 결국에는 비가 오고 바람이 붑니다. 이 젊은이보다 시작이 더 좋은 사람이 있을 수 있을까요? 그는 매우 착하고 도덕적인 삶을 살아왔습니다. 그러나 어떤 의미에서 그의 가장 훌륭한 점은, 그가 자신에게 뭔가 더 필요하다는 사실을 깨달았다는 것입니다. 그래서 그는 주님을 찾아와 이렇게 말했습니다. "선한 선생님이여, 내가 무엇을 하여야 영생을 얻으리이까?" 그는 너무나 고상하고 탁월했지만 만족하지 못했습니다.

이러한 추가적 필요를 깨닫지 못하는 사람들이 많습니다. 이들은 스스로 만족하고 뿌듯해 합니다. 이것이 대부분의 바리새인들의 문제였습니다. 이들은 하나님 앞에 나와 이렇게 말했습니다. "하나님, 제가 다른 사람들과 다른 것에 감사합니다. 제가 지금의 모습인 것에 감사합니다." 반면에, 젊은 부자 관원은 달랐습니다. 그는 이렇게 물었습니다. "내가 무엇을 하여야 영생을 얻으리이까?"

이 젊은이가 자신에게 부족한 부분이 있음을 깨달은 것은, 그가 주님의 말씀을 들었고 그분을 따라다녔기 때문일 것입니다. 그는 주님을 만나고 그분의 말씀을 들은 그 순간부터 채워지지 않는 빈자리를 느끼기 시작했습니다. 그는 대부분의 사람들보다 나았으나 더 크고 더 훌륭한 이가 그 앞에 있었습니다. 주님은 어떤 필요를 드러내셨고, 그래서 젊은이는 그 필요를 채우는 데 관심을 가졌습니다. 그는 영생을 얻지 못했으므로 어떻게 영생을 얻는지 알고 싶었습니다. 이보다 더 나은 육에 속한 사람은 없을 것입니다.

젊은이는 이 필요를 채우는 데 관심이 있었을 뿐 아니라 이 필요를 채우기 위해 무언가를 했습니다. 그는 주님께 나왔습니다. 그것도 아주 눈에 띄는 방법으로 나왔습니다. "예수께서 길에 나가실 새 한 사람이 달려와서." 젊은이의 에너지와 열정을 보십시오. 그는 "다시 가서 그분의 말씀을 들을 수 있을 거야"라고 말하지 않았습니다. 이 필요가 그에게 큰 문제로 다가왔고, 결국 그는 주님께 달려갔습니다.

젊은이는 주님께 나와 "꿇어앉"았습니다. 젊은이는 주님께 존경을 표했습니다. 이렇게 함으로써, 젊은이는 자신이 주님을 존경하며 그분이 결코 평범한 선생이 아니라 특별한 분이라는 것을 알고 있음을 보여주었습니다. 젊은이는 그리스도께 배우고 싶어서 바른 질문을 했습니다. "영생"에 관한 질문이었습니다. 젊은이는 이 세상에서 매우 잘 살고 있었지만 주님께 이렇게 물었습니다. "내가 무엇을 하여야 영생을 얻으리이까?" 이보다 더 나은 질문을 상상할 수 있겠습니까?

본문은 제가 젊은이를 옳게 이해했다는 것을 증명해 줍니다. "예수께서 그를 보시고 사랑하사." 주님은 젊은이의 질문을 좋아하셨고, 젊은이의 전체적인 태도를 좋아하셨습니다. 얼마나 탁월한 출발입니까? 여러분이라면 이 젊은이가 아무 어려움 없이 곧바로 하나님 나라에 들어갈 것이라고 예상하지 않겠습니까? 그러나 이야기는 다른 쪽으로 흘러갑니다. "그 사람은 재물이 많은 고로 이 말씀으로 인하여 슬픈 기색을 띠고 근심하며 가니라."

이 젊은이의 문제가 무엇이었습니까? 왜 그는 주님을 떠났고, 왜 그는 하나님 나라에 들어가지 못했습니까? 무엇이 문제였습니까? 주님은 이 질문에 이렇게 답하십니다. "예수께서 둘러보시고 제자들에게 이르시되 재물이 있는 자는 하나님의 나라에 들어가기가 심히 어렵도다 하시니 제자들이 그 말씀에 놀라는지라. 예수께서 다시 대답하여 이르시되 얘들아, 하나님의 나라에 들어가기가 얼마나 어려운지." 젊은이가 실망하여 슬픈 얼굴로 돌아간 것은 하나님 나라에 대한 오해 때문이었습니다. 젊은이는 "이 말씀으로 인하여" 마음에 상처를 입고 "슬픈 기색을 띠고 근심하며" 갔습니다.

이제 왜 이 젊은이가 이렇게 돌아갔는지 분석해 보고 알아보기 전에, 간단하고 분명한 질문을 하나 드리겠습니다. 여러분이 그리스도께 나와서 그분께 귀를 기울인 결과가 무엇입니까? 여러분은 하나님 나라의 복음에 어떻게 반응합니까? 신약성경의 가르침에 따르면, 궁극적으로 두 가지 반응밖에 없습니다. 하나는 하나님 나라의 복음에 완전히 사로잡혀 즉시 그 나라에 들어가는 것이고, 다른 하나는 하나님 나라의 복음 때문에 슬퍼하고 불쾌해 하는 것입니다.

여기 그리스도께서 하신 말씀 때문에 "슬퍼한" 젊은이가 있습니다. 그는 불쾌했고 "근심하며" 슬픈 얼굴로 돌아갔습니다. 여러분은 여기에 대해 아는 것이 있습니까? 그리스도께서 여러분에게 무엇을 하셨습니까? 여러분은 그분께 둘 중 한 가지 반응을 보일 수밖에 없습니다. 만일 여러분이 그분께 전혀 반응하지 않았다면, 여러분이 전혀 그분에 가까이 나오지 않았기 때문입니다. 여러분은 교회에 앉아 설교를 듣고 성경을 읽으면서도 그분을 전혀 만나지 못할 수 있습니다. 그분을 만날 때, 여러분은 두 가지 반응 가운데 하나를 보일 수밖에 없습니다.

그리스도께서 여러분을 당황스럽게 하신 적이 있습니까? 여러분이 주님과 너무나 친밀하게 접촉한 나머지, 그분이 여러분을 괴롭히거나 불쾌하게 하신 적이 있습니까? 사도 바울은 "십자가의 걸림돌"에 대해 말합니다(갈 5:11). 저는 때로 오늘날 너무나 많은 사람들의 문제가, 바로 그들이 십자가를 보고도 아무것도 느끼지 못하는 것이라고 생각합니다. 십자가가 아무 의미도 없이 느껴진다는 사실입니다. 사람들은 십자가를 귀찮아 하지도, 불쾌해 하지도 않습니다. 그러나 이 복된 분에게는 무엇인가 있습니다. 그분은 여러분에게 모든 것이 되거나, 아니면 여러분에게 걸림돌이 되어 여러분은 슬퍼하고 근심하며 그분을 떠납니다. 여러분은 그분께 무관심할 수 없으며, 그분을 본 후에는 처음과 똑같을 수 없습니다. 저는 주님에 대해 아무것도 느끼지 않는 사람들보다 그분 때문에 귀찮아하고 불쾌감을 느끼는 사람들을 더 높이 평가하고 싶습니다. 오히려 불쾌감을 느끼는 사람들에게 희망이 있기 때문입니다. 이들은 감동을 받아 죄를 깨달을 수 있습니다. 마음이 상해도 돌아옵니다. 더 많은 것을 원합니다. 그러나 아예 무관심한 사람은 방법이 없습니다. 이것은 주님을 전혀 보지 못했다는 뜻이며, 그분을 전혀 만나지 못했다는 뜻입니다. 그러나 이 젊은이는 슬퍼하고 근심하며 돌아갔습니다. 왜 그랬습니까?

이 질문에 세 가지 항목으로 답해 보겠습니다. 첫째로, 젊은이가 이처럼 돌아간 것은 그리스도께서 그에게 말씀하지 않은 내용 때문입니다. 이상하게 들리지만 사실입니다. 젊은이는 자신이 주님께 올 때 그분이 무언가를 말씀하실 것이라고 기대했다는 것, 자신의 질문에 대해 무언가 특별한 대답을 주실 것이라고 기대했다는 것을 분명하게 보여줍니다. 그는 주님께 이렇게 물었습니다. "선한 선생님이여, 내가 무엇을 하여야 영생을 얻으리이까?" 그는 그리스도께서 자신의 생각을 확증해 주실 것이라고 기대했습니다. 그는 주님의 말씀에 귀를 기울였으며, 그 말씀을 실천했습니다. 그는 주님께 나와 질문을 하면서 정해진 대답을 기대했습니다. 우리는 누구나 이렇게 할 수 있습니다. 우리 모두는 자신의 선입견으로 그리스도께 나와 하나님 나라에 관심을 갖고 그분의 확증을 구할 수 있습니다. 그러나 젊은이는 주님의 확증을 얻지 못했습니다. 주님은 젊은이가 기대했던 대답을 하지 않으셨습니다. 이것이 그가 주님을 떠난 이유 가운데 하나였습니다.

그러나 이것은 일반적인 고찰입니다. 이제 좀 더 세분해서 생각해 봅시다. 젊은이는 주님이 이렇게 말씀하시기를 기대했습니다. "정말 그렇다. 내가 보니 너는 정말 선한 사람인 것이 분명하다. 나는 네가 어떤 사람인지 안다. 너를 보면 너의 태도를 어느 정도 알 수 있다. 너는 지금까지 정말 잘 해왔다. 그러나 해야 할 일이 더 있다. 네가 지금까지 생각하지 못했던 선한 일이 하나 더 있다. 너의 능력이라면 쉽게 할 수 있을 것이다. 가서 그 일을 하라. 너는 이것만 더하면 된다. 이 한 가지만 더하면 하나님 나라에 들어갈 수 있을 것이다." 그러나 주님은 이렇게 말씀하지 않으셨습니다. 주님은 절대로 이렇게 말씀하지 않으십니다. 의심할 여지없이, 이것은 니고데모의 잘못이었습니다. 니고데모도 똑같은 생각을 했습니다. "나는 이스라엘의 선생이지만 이분에게는 내게 없는 게 있어. 난 그걸 갖고 싶어." 우리 모두는 기독교란 우리가 자신의 삶에 덧붙이는 그 무엇이라고 생각합니다. 그러나 기독교는 절대 그런 것이 아닙니다. 기독교는 폭발력이 있습니다. 그래서 우리가 가진 모든 것을 부숴 버립니다. 이 젊은이는 부서졌습니다. 주님이 그를 산산이 부수셨습니다!

기독교는 단순히 수학 문제가 아닙니다. 단순히 여러분이 가진 것에 무언가를 더하는 문제가 아닙니다. 기독교는 전혀 다릅니다. 기독교는 "거듭남"을, 새로운 시작을 의미합니다. 여러분이 가진 모든 것은 쓸모없습니다. 여러분의 의는 "더러운 옷"입니다(사 64:6). 여러분은 가진 것에 무언가를 더 받는 것이 아닙니다. 여러분은 완전히 새로운 것을 받습니다.

둘째로, 젊은이는 그가 비교적 쉽게 할 수 있는 일을 주님이 하라고 말씀하실 것이라 기대했습니다. 젊은이는 "선한 선생님이여, 내가 무엇을 하여야 영생을 얻으리이까?"라고 물었습니다. 주님께 끌린 젊은이는 착하고 이상주의적인 사람이었습니다. 그는 생각이 깊고 도덕적이며 삶의 향상과 인류의 발전에 관심이 많은 젊은이였습니다. 그는 사실 이렇게 말했습니다. "제게 말씀해 주십시오. 저는 준비가 되어 있습니다. 제가 무엇을 하기를 원하십니까?" 주님은 그에게, 그가 하고 싶지 않은 일을 해야 한다고 말씀하셨습니다. 주님은 그에게 하나님 나라에 들어가는 것은 그의 능력 밖이라고 말씀하셨습니다. "사람으로는 할 수 없으되 하나님으로는 그렇지 아니하니 하나님으로서는 다 하실 수 있느니라."

사람들은 스스로의 노력으로 구원받을 수 있고 그리스도인이 될 수 있다고 생각합니다. 자신의 노력으로 하나님 나라에 들어갈 수 있고 하나님의 자녀가 될 수 있다고 생각합니다. 그러나 성경은 처음부터 끝까지 이것이 치명적 오류라고 말합니다. 주님은 분명하게 "아니다!"라고 말씀하십니다. 주님은 사람들이 자신의 능력으로 하나님을 기쁘게 할 수 있고 스스로 의로워질 수 있다고 믿는, 이러한 자기 확신이 잘못이라고 말씀하십니다. 젊은이는 주님이 말씀하지 않으신 것 때문에 마음이 상했습니다.

그러나 보다 긍정적이고 중요한 이유가 있습니다. 젊은이가 슬픈 기색을 띠고 근심하며 떠나간 것은, 그리스도께서 말씀하신 내용 때문이었습니다. 이것이 두 번째 항목입니다. 주님은 젊은이에게 도덕과 선으로는 부족하다는 것을 분명하고 쉽게 말씀하셨습니다. "예수께서 이르시되 네가 어찌하여 나를 선하다 일컫느냐. 하나님 한분 외에는 선한 이가 없느니라. 네가 계명을 아나니." 예수님은 사실 이렇게 말씀하셨습니다. "물론, 너는 계명을 알고 있을 것이다. 네 얼굴을 보면 알 수 있다. 너는 학식 있고, 종교적인 젊은이다. 너는 '살인하지 말라, 간음하지 말라, 도둑질하지 말라, 거짓 증언 하지 말라, 속여 빼앗지 말라, 네 부모를 공경하라' 같은 율법의 가르침에 크게 주목했다." 아시다시피, 이것들은 십계명 가운데 후반부에 해당합니다. 십계명이 오늘날 얼마나 절실히 필요한지 모릅니다. 하나님은 지금도 이 계명을 명하고 계십니다.

젊은이는 주님의 말씀에 이렇게 대답했습니다. "선생님이여, 이것은 내가 어려서부터 다 지켰나이다." 그는 사실 이렇게 말했습니다. "물론 저도 동의합니다. 선생님 말씀이 맞습니다. 이것이 바로 제가 살아온 삶입니다. 저는 다른 것은 전혀 하지 않았습니다. 항상 계명에 순종했습니다. 그러니 이 정도면 충분하지 않습니까?"

주님은 어떻게 대답하십니까? "예수께서 그를 보시고 사랑하사 이르시되 네게 아직도 한 가지 부족한 것이 있으니." 주님은 사실 이렇게 말씀하셨습니다. "그것으로는 부족하다. 너는 계명을 지켰지만 그것으로 하나님 나라에 들어가는 것은 아니다. 너는 이 계명들을 지킬 수 있다. 그러나 이것은 후반부일 뿐이다. 나는 전반부를 말하지 않았다. 네가 후반부를 제대로 지킨다고 하나님 나라에 들어가는 것은 아니다." 우리 시대의 입장은 이런 것이 아닙니까? 깨끗한 삶을 살고, 인류의 운명을 개선하고, 희생하며 사는 선하고 도덕적인 사람, 이 사람이 가장 멋진 그리스도인 아닙니까? 그리스도께서는 이렇게 말씀하십니다. "아니다. 도덕과 선으로는 충분치 못하다. 이것으로는 하나님 나라에 들어갈 수 없다."

그러나 두 번째 항목의 두 번째 요점은 이것입니다. 여기서 우리는 문제의 핵심에 이릅니다. 젊은이가 슬픈 기색을 하고 돌아간 이유는, 그리스도께서 그에 관한 단순하고 분명하며 꾸밈없는 진리를 말씀하셨기 때문입니다. 그리스도께서 그의 삶의 진짜 문제를 말씀하셨기 때문입니다. 여기서 우리는, 주님이 인간의 본성에 대해 탁월한 이해력을 가지고 계심을 봅니다. 여러분은 요한이 자신의 복음서에서 주님에 대해 아주 흥미로운 말을 한 것을 알고 있을 것입니다. "유월절에 예수께서 예루살렘에 계시니 많은 사람이 그의 행하시는 표적을 보고 그의 이름을 믿었으나 예수는 그의 몸을 그들에게 의탁하지 아니하셨으니 이는 친히 모든 사람을 아심이요 또 사람에 대하여 누구의 증언도 받으실 필요가 없었으니 이는 그가 친히 사람의 속에 있는 것을 아셨음이니라"(요 2:23-25). 여기 젊은 부자 관원, 고상한 젊은이가 주님 앞에 서 있습니다. 주님은 그의 마음 깊은 곳을 꿰뚫어 보시고 그의 진짜 문제와 필요를 드러내십니다.

이것이 기본 원리입니다. 우리 모두는 우리가 우리의 필요를 알며, 우리 자신과 우리의 상황을 진단하는 데 전문가라고 생각합니다. 우리는 이렇게 말합니다. "나는 이런저런 것을 시도하고 있지만 이것만으로는 부족하다. 내게는 더 많은 견해나 더 많은 지식,

더 많은 이해가 필요하다. 나는 아직도 별로 의롭지 못하고 별로 행복하지도 못하다. 어려운 신학에 대해 완전한 지적 이해가 부족해서 사랑이신 하나님이 어떻게 동시에 벌을 내리실 수 있는지 아직 모르겠다. 한 사람이 다른 사람을 대신해서 죽는다는 대속이라는 개념도 아직 제대로 이해하지 못하겠다. 내가 보기에는 그다지 도덕적이지 못한 것 같은데 내 문제는 지적인 것이지. 그래서 나의 지적인 문제와 질문들, 어려움을 해결하려고 그리스도께 나온 거야." 우리는 자신에게 이렇게 말하지 않습니까?

젊은이는 이런 마음으로 주님께 나왔습니다. 그러나 그는 펼쳐진 책을 읽듯이 우리를 훤히 읽으시는 분께 나왔으며, 우리가 아는 것보다 우리를 더 잘 아시는 분께 나왔으며, 자신을 속이고 다른 사람들을 속이는 우리의 모든 속임수와 가면을 꿰뚫어 보시는 분께 나온 것입니다. 그분은 그 속임수를 폭로하시는데, 그것이 우리를 힘들게 합니다. 그분은 젊은이에게도 이렇게 하셨습니다. "예수께서 그를 보시고 사랑하사 이르시되 네게 아직도 한 가지 부족한 것이 있으니 가서 네게 있는 것을 다 팔아 가난한 자들에게 주라. 그리하면 하늘에서 보화가 네게 있으리라. 그리고 와서 나를 따르라 하시니." 바로 이것입니다!

이 특별한 젊은이의 경우, 문제는 그의 부富였습니다. 여기에 대해서는 전혀 의심의 여지가 없습니다. 그러나 문제는 부富 그 자체가 아니었습니다. 주님은 이것을 아주 분명히 하십니다. "예수께서 둘러보시고 제자들에게 이르시되 재물이 있는 자는 하나님의 나라에 들어가기가 심히 어렵도다 하시니 제자들이 그 말씀에 놀라는

지라. 예수께서 다시 대답하여 이르시되 얘들아, 하나님의 나라에 들어가기가 얼마나 어려운지 낙타가 바늘귀로 나가는 것이 부자(them that trust in riches, 부를 믿는 자)가 하나님의 나라에 들어가는 것보다 쉬우니라 하시니."

젊은이의 문제는 단순히 그가 부자라는 것 때문이 아니었습니다. 문제는 부가 아니라 부에 대한 자랑, 부에 대한 믿음이었습니다. 젊은이의 문제는 부의 힘, 부를 가지고 할 수 있는 일, 부를 통해 이룰 수 있는 일이었습니다. 돈은 힘이 있으며, 젊은이는 이 사실을 알았습니다. 부자가 매우 위험한 처지에 있는 이유도 여기 있습니다. 다시 말해, 궁극적으로 우리 모두의 문제는 우리가 힘을 원한다는 사실입니다.

그러나 돈의 경우만 문제 되는 것이 아닙니다. 지적 교만이나 지성의 힘이나 말의 힘이나 그 외 모든 힘은 항상 위험합니다. 모든 힘은 부패합니다. 이 젊은 부자 관원의 경우는 돈의 힘이 문제였습니다. 왜냐하면 그는 돈으로 선한 일을 많이 할 수 있었고 자신이 선을 행하기를 좋아했으나, 자신의 때에 자신의 방법으로 하기를 좋아했기 때문입니다. 다시 말해, 선행은 그에게 큰 자기만족을 주었습니다. 이 젊은이를 오해하지 마십시오. 그는 실제로 자신의 돈으로 선한 일을 많이 했습니다. 그러나 선을 행하는 주체가 그 자신이었습니다. 그의 목적은 자기만족과 자랑이었으며, 그는 부를 손에서 놓고 싶지 않았습니다. 그러나 그리스도께서 말씀하십니다. "부를 포기하라. 그리고 내게 결정권을 넘겨라."

단지 돈이 아니라 돈에 대한 그의 태도, 돈에 대한 그의 의존, 돈에 대한 그의 믿음이 문제였기 때문입니다. 의심할 나위 없이 젊은이의 문제는 부분적으로 그가 돈으로 살 수 있는 것들―먹을 것과 친구와의 교제, 편안한 삶, 그 외 모든 것들―을 누린 데서 비롯되었습니다. 그가 자신의 돈을 스스로 관리하고 다스렸으며 그 돈으로 무엇이든지 할 수 있었다는 것이 문제의 본질이었습니다.

주님이 단지 돈에 대해서만 말씀한다고 생각하지 마십시오. 우리는 모두 무언가를 붙잡고 있으며 무언가를 자랑하고 있는데, 바로 이것이 우리가 하나님 나라에 들어가지 못하도록 막는 장애물이 됩니다. 여러분의 장애물은 부가 아닐 수 있습니다. 실제로 영국의 대대적인 평준화 정책으로 인해 요즘 그 어느 때보다 부자들을 공격하는 데 이 이야기가 많이 사용되고 있습니다만, 옛날에는 가난한 사람들의 고민도 부자가 되고 싶다는 것이었습니다. 부가 아니라 남들은 부한데 자신은 그렇지 못하다는 사실이었습니다. 가난한 사람도 부자만큼 탐욕스러울 때가 많습니다. 우리가 이 점에서 얼마나 속고 있는지 모릅니다!

그러나 문제는 돈만이 아닙니다. 우리가 그리스도께 나오고 종교에 관심할 때 우리는 도움을 원하며, 지식과 이해를 원합니다. 우리는 우리에게 지적인 이해가 필요하다고 생각합니다. 그러나 우리에게 필요한 것은 결코 지적인 이해가 아닙니다. 여기서 주님은 우리 세대에게 말씀하십니다. 우리 세대는 종교의 문제를 지적인 문제라고 생각하게 만듭니다. 우리 세대가 그 많은 책을 내놓는 이유도 여기 있습니다. 우리 세대는 이렇게 말합니다. "과학과 교육의 시대에 낡은 복음을 전해 봐야 아무 소용이 없어. 사람들이 받아들이지 않을 거야. 그러니 사람들의 지성에 호소하고 그들의 이해에 호소하는 메시지를 전해야 해. 따라서 우리는 신앙을 재건하고 새롭게 시작하며, 현대인을 위한 복음을 내놓아야 해."

하나님의 아들이 여기에 대해 최종적으로 답하십니다. "문제는 지적인 것이 아니다. 문제는 도덕적인 것이다." 문제는 항상 도덕적인 것입니다. 하나님 나라에 관한 어려움은 결코 지적인 것이 아닙니다. 우리는 도덕적인 문제를 지적인 문제로 위장합니다. 따라서 우리가 보기에 우리를 괴롭히고 있는 것 같은 지적인 문제는, 거짓 문제일 뿐입니다. 그러므로 우리의 질문 자체가 잘못되었습니다. 우리는 무언가 숨기고 있지만 그리스도께서 꿰뚫어 보시고 말씀하십니다. "너희의 문제는 이것이다. 너희의 문제는 돈을 자랑하는 것이며, 돈을 의존하는 것이며, 돈이 너희에게 주는 힘이다. 너희는 바로 이런 힘을 자랑하고 있다. 그러나 사실 너희가 내게 묻는 질문은 여기에 관한 것이 아니다. '가서 네게 있는 것을 다 팔아라.'" 젊은이가 슬픈 기색을 하고 돌아간 이유도 여기 있습니다. 그리스도께서 문제를 드러내셨으며, 젊은이가 그의 본질적인 죄를 깨닫게 하셨습니다. 그분은 언제나 이렇게 하십니다.

주님이 여러분의 특별한 죄를 지적하셨습니까? 여러분이 "예"라고 말할 수 없다면, 여러분이 그분을 전혀 만나지 못했다는 뜻입니다. 이것은 깜짝 놀랄 일입니다. 우리는 우리의 지적인 문제를 주님 앞에 가져오고, 우리에게 여기저기 약간의 도움이 필요하다고 생각합니다. 그러나 주님은 말씀하십니다. "아니다! 너희의 문제는 지적인 것이 아니다. 너희의 문제는 너희를 지배하는 정욕이다. 돈의 정욕, 권력의 정욕, 육체의 정욕, 성적인 정욕이다." 그분은 곧바로 중심을 꿰뚫으십니다. 그 결과 우리는 자신을 직시하고 크게 찔림을 받습니다.

젊은이가 주님을 떠난 두 번째 항목 가운데 세 번째 요점은, 그리스도께서 하나님 나라는 다른 누구의 방식이 아니라 바로 그분의 방식으로 들어가야 한다고 분명하게 말씀하셨기 때문입니다. 주님은 절대적인 명령을 하시며 젊은이의 전부를 요구하셨습니다. "가서 네게 있는 것을 다 팔아 가난한 자들에게 주라……그리고 와서……."

이것이 구원 복음의 기본 원리입니다. 우리가 어떻게 하나님 나라에 들어가는가의 문제는 그분이 결정하시지 우리가 결정하는 것이 아닙니다. 우리는 단지 그분께 복종하고 순종하며 그분을 따를 뿐입니다. 우리는 단지 그분께 우리 자신을 절대적으로 내어맡길 뿐입니다. 이렇게 하는 것은 우리의 생각이 아니라 그분의 생각입니다. 우리는 불쾌해 합니다. "슬픈 기색을 띠고 근심하며 가니라." 왜 그랬습니까? 젊은이는 사실 이렇게 말했습니다. "저는 하나님 나라에 들어가려면 제가 이미 한 것들을 하면서 무언가를 덧붙이면 된다고 생각했습니다. 저는 이렇게 할 준비가 되어 있었고, 제가 이렇게 할 수 있다고 믿었습니다. 그런데 그분은 불가능한 요구를 하셨습니다. 저는 그분의 요구를 따를 수 없습니다. 터무니없는 요구이기 때문입니다."

성경은 말합니다. "십자가의 도가 멸망하는 자들에게는 미련한 것이요 구원을 받는 우리에게는 하나님의 능력이라.……유대인은 표적을 구하고 헬라인은 지혜를 찾으나 우리는 십자가에 못 박힌 그리스도를 전하니 유대인에게는 거리끼는 것이요 이방인에게는 미련한 것이로되"(고전 1:18, 22-23). 그들에게는 십자가가 없습니다! 십자가는 거치는 것이며 혐오스러운 것입니다. 그러나 십자가뿐입니다. 주님은 다른 길은 없다고 말씀하십니다. 여러분에게는 이 길밖에 없습니다. 여러분의 지성은 수치를 당할 것이며, 여러분의 자랑도 땅에 떨어질 것입니다. 여러분은 어린아이처럼 나와야 합니다. 여러분은 하나님 나라에 들어가야 합니다. 하나님 나라에 들어가는 길은 예수 그리스도, 십자가에 못 박히신 그분밖에 없습니다. 사람들은 십자가를 싫어하며 반대합니다. 그래서 사람들은 말합니다. "저는 예수님을 믿고, 예수님을 좋아하며, 그분의 성품에 감복하며, 그분의 가르침을 좋아합니다. 산상설교는 제게 환상적입니다. 저는 그분의 윤리를 좋아하며 높이 삽니다. 그러나 그분이 저를 위해 죽었으며, 저의 형벌을 대신 받았다는 말을 들을 때는 터무니없다는 생각이 듭니다. 그것은 비도덕적입니다. 저는 믿을 수 없고, 믿지도 않을 겁니다." 그래서 이들은 젊은 부자 관원처럼 가장 영광스러운 것에 걸려 넘어져 더 나아가지 못하고 돌아서 떠나갑니다.

그러나 결정하시는 주체는 여러분이나 제가 아니라 주님이십니다. 바울은 이렇게 말합니다. "내가 너희 중에서 예수 그리스도와 그가 십자가에 못 박히신 것 외에는 아무것도 알지 아니하기로 작정하였음이라"(고전 2:2). "이 닦아 둔 것 외에 능히 다른 터를 닦아 둘 자가 없으니 이 터는 곧 예수 그리스도라"(고전 3:11). 예수님은 이렇게 말씀하십니다. "내가 곧 길이요 진리요 생명이니 나로 말미 알지 않고는 아버지께로 올 자가 없느니라"(요 14:6). "인자가 온 것은 섬김을 받으려 함이 아니라 도리어 섬기려 하고 자기 목숨을 많은 사람의 대속물로 주려 함이니라"(마 20:28). 길은 이것밖에 없습니다. 그러나 젊은이는 이 길을 따를 수 없었습니다. 그래서 그는 슬픈 기색을 하고 돌아갔습니다.

마지막 요점은, 주님은 그분을 따르며 그분께 충성하라고 요구하신다는 것입니다. 그분은 이렇게 말씀하십니다. "소유를 판 돈을 모두 포기하고 '십자가를 지고 나를 따르라.'" 이것은 여러분이 가장 존경받는 지성인 그룹에 들어간다는 뜻이 아니며, 사람들로부터 모든 박수와 갈채를 받는다는 뜻도 아닙니다. 이것은 여러분 자신의 십자가를 진다는 뜻입니다. 예수님이 바로 마가복음 10장 끝부분에서 말씀하시듯이, 이것은 여러분과 가장 가깝고 여러분이 가장 사랑하는 사람들과 헤어진다는 뜻일 수 있습니다. 이것은 아버지를, 어머니를, 아내를, 자녀를, 땅을 버리고……십자가를 진다는 뜻일 수 있습니다! 이것은 가족에게 박해를 받는다는 뜻일 수 있습니다. 이것은 여러분의 마음이 찢어지는 아픔을 겪는다는 뜻일 수 있습니다. 이것은 세상에서 버림받고 바보 취급을 당한다는 뜻일 수 있습니다! "십자가를 지고 나를 따르라!"

주님은 어디로 가고 계십니까? 주님은 이어서 제자들에게 말씀하십니다. 주님은 예루살렘으로 가고 계십니다. "보라, 우리가 예루살렘에 올라가노니 인자가 대제사장들과 서기관들에게 넘겨지매 그들이 죽이기로 결의하고 이방인들에게 넘겨주겠고 그들은 능욕하며 침 뱉으며 채찍질하고 죽일 것이나……"(막 10:33-34). 기독교는 놀랍고 멋지며 온 세상이 감탄하는 것입니까? 아닙니다. 기독교는 십자가를 지는 것이며, 수치를 당하는 것이며, 멸시받는 것이며, 욕을 먹는 것이며, 그리스도를 위해 바보가 되는 것입니다. 주님은 여러분에게 이것을 요구하십니다. 세상의 개혁이 아니라, 인기가 아니라, 즐거움이 아니라 정반대의 것을 요구하십니다. 그분은 "이것이 길이다"라고 말씀하십니다. 젊은 부자 관원이 슬픈 기색으로 돌아간 것은 주님이 이런 것들을 말씀하셨기 때문입니다.

그러므로 젊은이는 그리스도께서 말씀하지 않으신 부분 때문에 돌아갔을 뿐 아니라 그리스도께서 말씀하신 부분 때문에 돌아갔습니다.

셋째로, 젊은 부자 관원이 슬픈 기색으로 돌아간 이유는, 그가 그리스도를 떠났기 때문입니다. 그는 자신의 진정한 필요를 깨닫지 못했습니다. 젊은이는 실제 자신에게 추가적으로 필요한 것이 있기는 하지만 그래도 자신은 괜찮은 사람이라고 생각했습니다. 그러나 그는 자신이 잃은 자이며, 자신이 하나님의 진노 아래 있다는 사실을 몰랐습니다. 그는 자신에게 아무 도움도 아무 희망도 없다는 것을 깨닫지 못했습니다. 자신이 하나님의 나라 밖에 있으며, 계속 그 나라 밖에 있으면 지옥에 간다는 것을 깨닫지 못했습니다.

이것이 그리스도를 떠나는 사람들의 문제입니다. 이들은 지적인 흥미를 갖고 나와서 좋은 질문을 하는, 아주 선한 사람들입니다. 그러나 어떤 의미로 보면, 이것이야말로 이들의 문제입니다. 이들은 자신이 잃은 자라는 사실, 자신이 죄인이라는 사실, 자신이 스스로를 구원할 수 없다는 사실을 전혀 깨닫지 못합니다. 이들은 무엇이 자신을 기다리는지 전혀 모릅니다. 이들은 자신들의 위치가 절망적이며 희망이라고는 없다는 것을 전혀 모릅니다. 젊은 부자 관원이 이것을 깨닫기만 했다면 결코 주님을 떠나지 않았을 것입니다. 오히려 주님을 유일한 희망으로 알고 그분 곁에 머물면서 그분을 붙잡았을 것입니다. 그러나 그는 결코 이것을 깨닫지 못했습니다.

더 나아가 그는, 그리스도가 누구이며, 왜 세상에 오셨는지도 깨닫지 못했습니다. 그는 주님을 그저 매우 선한 사람이자 특별한 선생 정도로 여겼습니다. 특별한 선생, 어쩌면 역사상 가장 위대한 선생으로 여겼습니다. 젊은이에게 주님은 그런 존재일 뿐이었습니다. 그래서 그는 주님께 끌렸던 것입니다. 젊은이가 예수님께 "선한 선생님이여, 내가 무엇을 하여야 영생을 얻으리이까?"라고 물었을 때, 예수님은 "네가 어찌하여 나를 선하다 일컫느냐?"고 반문하셨습니다. 그분은 사실 이렇게 말씀하신 것입니다. "네가 지금 하는 말이 무슨 뜻인지 아느냐? 네가 사용한 단어에 주목해 보라. 너는 내가 '선하다'고 했다. 네 말이 맞다. 선하신 분은 한 분, 하나님뿐이다. 그런데 너는 선하다는 말을 내게 사용했다. 그러나 너는 자신이 무슨 말을 하는지 모르고 있다. 네가 우연히 진리를 말하기는 했다. 나는 하나님의 아들이다! 나는 영원을 떠나 시간 속으로 들어왔다. 나는 세상에 내려온 아들 하나님(God the Son, 성자)이다."

젊은이는 이것을 깨닫지 못했으나 이것은 진리입니다. 그는 바른 질문을 했습니다. "내가 무엇을 하여야 영생을 얻으리이까?" 주님은 그에게 사실 이렇게 말씀하셨습니다. "나는 영생이다. 너는 바른 질문을 했다. '내가 온 것은 양으로 생명을 얻게 하고 더 풍성히 얻게 하려는 것'이다(요 10:10). 내가 이렇게 할 수 있는 이유는, 나는 스스로 있는 자이기 때문이다. 사람은 너에게 영생을 줄 수 없지만 나는 줄 수 있다. 나는 영생을 주러 왔기 때문이다. 나는 생명을 주는 자다. 나는 생명 그 자체다. 나는 하나님으로부터 왔고, 하나님이 나를 보내신 것은 '잃어버린 자들을 찾아 구원하시기' 위해서다. 나를 보고, 네가 무슨 말을 하고 있는지 깨달으라. 나는 네가 하는 모든 질문의 해답이다. 나는 세상의 빛이다. 나는 세상의 생명이다. 나는 모든 것이며, 모든 것이 내 안에 있다."

그러나 젊은이는 이것을 깨닫지 못했습니다. 그가 자신의 필요와 자신이 잃어버린바 된 자라는 사실, 자신의 상태와 자신 앞에 계신 분이 세상을 구원하도록 보내심을 받은 하나님의 아들—"세상 죄를 지고 가는 하나님의 어린양"(요 1:29)—이라는 사실을 깨닫기만 했다면, 그는 결코 그분을 떠나지 않았을 것입니다. 오히려 "제가 믿습니다. 저를 받아 주소서!"라고 했을 것입니다. 그러나 그는 자신에 관한 진리, 하나님의 아들에 관한 진리, 자기 영혼의 구원자에 관한 진리를 깨닫지 못했습니다.

마지막으로, 젊은 부자 관원은 하늘의 보화에 관한 진리를 전혀 깨닫지 못했습니다. "네게 아직도 한 가지 부족한 것이 있으니 가서 네게 있는 것을 다 팔아 가난한 자들에게 주라. 그리하면 하늘에서 보화가 네게 있으리라." 그는 땅에 있는 자신의 보화에는 전문가였으나 하늘의 보화는 몰랐습니다. 그는 용서의 기쁨을 전혀 몰랐습니다. 그는 새 생명을 얻는 것이 무엇이며, 하나님의 자녀와 아들이 되는 것이 무엇인지 몰랐습니다.

불쌍한 젊은이에게는 땅이 있었습니다. 그 지역에서 가장 비옥하고 넓은 땅이었으며, 모든 사람들이 부러워하는 땅이었습니다. 그러나 그리스도께서는 이렇게 말씀하십니다. "사랑하는 젊은이여, 네가 나를 믿어 네 것이 될 하늘의 유산에 비하면 네가 이 땅에서 가진 유산은 아무것도 아니다." 그는 천국과 하나님의 상속권, 그리스도와의 공동 상속권, 하나님의 자녀들을 기다리는 영원한 영광을 전혀 몰랐습니다. 그는 순간에 집착한 나머지 영원을 알지 못했습니다. 그가 가진 모든 것은 곧 사라질 것이며, 죽을 때 모든 것을 남겨 두고 떠나야 할 것입니다. 아무것도 가져갈 수 없기 때문입니다. 그의 모든 땅, 그의 모든 재산, 그의 모든 소유, 그의 모든 것은 부서지고 썩어질 것이며 그는 죽을 것입니다. 욥은 이렇게 말했습니다. "내가 모태에서 알몸으로 나왔사온즉 또한 알몸이 그리로 돌아가올지라"(욥 1:21). 우리는 빈손으로 돌아갑니다!

그리스도께서는 이렇게 말씀하십니다. "너희를 위하여 보물을 땅에 쌓아 두지 말라. 거기는 좀과 동록이 해하며 도둑이 구멍을 뚫고 도둑질하느니라. 오직 너희를 위하여 보물을 하늘에 쌓아 두라. 거기는 좀이나 동록이 해하지 못하며 도둑이 구멍을 뚫지도 못하고 도둑질도 못하느니라"(마 6:19-20). 그곳이 여러분의 보물을 쌓아 두어야 할 곳입니다. 그러나 이 젊은이는 그곳에 대해 전혀 알지 못했으며, 현재에 지나치게 관심이 많아서 미래를 생각하지 못했습니다. 그가 슬픈 기색으로 돌아간 것도 이 때문입니다. 그는 그리스도를 떠났습니다!

지금까지 살펴본 것들이 젊은 부자 관원 이야기가 우리에게 주는 교훈입니다. 여러분은 이러한 교훈들을 얻었습니까? 여러분은 자신에게 있는 것—돈, 지식, 도덕성, 선한 삶, 선행, 이타심—을, 자신이 좋아하는 것을 의지하는 것이 얼마나 위험한지 깨달았습니까? 이 가운데 하나라도 의지하고 있다면, 여러분은 하나님의 나라 밖에 있는 것입니다. 첫 번째 교훈은 이것입니다. 여러분이 가진 것이나 여러분이 할 수 있는 일을 의지하고 믿는 것은 치명적인 잘못입니다.

두 번째 교훈은 그리스도께 등을 돌리면 언제나 슬픔을 맞게 된다는 것입니다. 여러분은 그리스도 없이 이 세상에서 결코 행복해질 수 없습니다. 여러분은 자신이 행복하다고 생각하겠지만 그 행복은 오래 가지 않습니다. 세상은 죄와 수치로 가득하며, 불행과 실망으로 가득합니다. 슬픔은 그리스도께 등을 돌리는 모든 사람의 운명입니다. 유다는 후에 그리스도께 등을 돌렸습니다. 그는 밤에 나가(요 13:30 참조), 스스로 목숨을 끊었습니다. 그리스도를 떠나는 것은 언제나 영적 자살입니다. 그리스도를 떠나는 것은 여러분의 구원자에게 등을 돌리는 것이며, 진정한 생명을 떠나는 것이며, 여러분을 위해 죽고 여러분을 구원하기 위해 오신 하나님의 아들을 떠나는 것입니다. 여러분에게 행복과 평안과 기쁨을 줄 수 있는 단 한분에게 등을 돌리는 것입니다. 아우구스티누스는 이렇게 말했습니다. "당신이 우리를 지으셨으니, 당신 안에서 쉼을 얻기까지 우리 마음은 쉴 수 없나이다." 이 세상에서 그리스도 외에는 쉴 곳이 없습니다. 그러므로 그리스도를 떠난다면, 여러분은 언제나 슬픔을 맞게 될 것입니다.

현세에서 이렇다면 내세에서는 어떻겠습니까? 이생에서 그리스도께 등을 돌린다는 것은 내세에 영원한 비극 가운데 살게 된다는 뜻입니다. 이것이 열 처녀의 교훈입니다. 혼인집에 너무 늦게 도착한 어리석은 다섯 처녀는 문을 두드리며 소리쳤습니다. "문 좀 열어 주세요!" 그러나 들려오는 대답은 "안돼! 너무 늦었어!"라는 소리뿐이었습니다. 이들은 어리석었고 그래서 비참해졌습니다.

누가복음 16장에 나오는 부자와 거지 나사로의 이야기도 생각해 보십시오. 부자도 너무 늦게 알았습니다. 그는 형제들이 자신과 똑같은 실수를 저지르는 어리석은 자가 되지 않게 하려고 그들에게 사자使者를 보내고 싶었습니다. 그래서 "나사로를 내 아버지의 집에 보내소서.……그들에게 증언하게 하소서"라고 간청했지만 때는 이미 늦었습니다. 영원한 비극이 있을 뿐입니다. "하나님이 세상을 이처럼 사랑하사 독생자를 주셨으니 이는 그를 믿는 자마다 멸망하지 않고 영생을 얻게 하려 하심이라"(요 3:16). 그러나 믿지 않는 사람들은 멸망하며, 영원히 멸망합니다. 그리스도께 등을 돌린다면 언제나 슬픔뿐입니다. 그리스도께 등을 돌리면 슬픔이 찾아오며, 모든 것이 슬픔으로 끝납니다. 하나님은 젊은 부자 관원 이야기에서 하나님 나라에 들어가는 방법에 관한 교훈을 주십니다. 찬송가 가운데 하나가 이 교훈을 이렇게 표현합니다.

예수님 우리를 부르시네.
거친 인생의 바다 위로
나팔소리 들리네.

날마다 그분의 따스한 음성 들리네.
"그리스도인이여, 나를 따르라."

예수님 우리를 부르시네.
예배 가운데
헛된 세상의 황금 창고를,
우리를 붙잡는 우상을 버리라 하시네.
"그리스도인이여, 나를 더 사랑하라."

여러분은 그분의 음성을 들었습니까? 여러분을 부르시는 그분의 음성을 들었습니까? 그분은 여러분에게 영생과 영원한 복과 기쁨을 주실 수 있는 하나님의 아들이십니다. 그분이 여러분을 부르고 계십니다. 여러분은 찬송가 작사자처럼 말할 수 있습니까?

예수님 우리를 부르시네.
자비로운 구세주여,
우리 마음 드리며 순종하게 하시고
힘을 다해 섬기며 사랑하게 하소서.
—세실 프랜시스 알렉산더 Cecil Frances Alexander*

주님을 떠나지 마십시오. 주님을 떠나는 것은 마지막이자 유일한

---

* 찬송가 366장 1, 2, 4절 참조.

소망을 버리는 것입니다. 남은 것은 슬픔과 영원한 불행뿐입니다. 그분을 떠나지 마시고, 있는 모습 그대로 자신을 그분께 드리십시오. 그분이 전에 말씀하셨듯이, 이제도 여러분에게 말씀하게 하십시오. 그분이 여러분의 진짜 문제를, 여러분의 진짜 죄를, 여러분이 그분 대신 붙잡고 있는 것을 드러내셨습니다.

그분이 누군지 생각해 보십시오. 그분이 여러분을 위해 무엇을 하실 수 있는지 생각해 보십시오. 여러분이 "자기의 소유를 다 팔아서 사며", 자신의 십자가를 지고 그분을 따를 때 여러분을 위해 예비된 기쁨을 생각해 보십시오. 간절히 바라건대, 그분의 음성을 듣고 그분에게 등을 돌리지 마십시오. 그렇지 않으면 영원한 비극에 빠질 것입니다. 그분의 발 아래 엎드려 그분의 얼굴을 보며 말하십시오. "내가 여기 있사오니 나를 받아 주소서."

> 큰 죄에 빠진 날 위해
> 주 보혈 흘려 주시고
> 또 나를 오라하시니
> 주께로 거저 갑니다.
> —샬롯 엘리엇*

지금까지 주님께 이렇게 고백한 적이 없다면, 너무 늦기 전에 지금 고백하십시오.

---

* 찬송가 339장 1절.

10

아주 가깝고도 아주 먼 나라

서기관 중 한 사람이 그들이 변론하는 것을 듣고 예수께서 잘 대답하신 줄을 알고 나아와 묻되 모든 계명 중에 첫째가 무엇이니이까. 예수께서 대답하시되 첫째는 이것이니 이스라엘아, 들으라. 주 곧 우리 하나님은 유일한 주시라. 네 마음을 다하고 목숨을 다하고 뜻을 다하고 힘을 다하여 주 너의 하나님을 사랑하라 하신 것이요, 둘째는 이것이니 네 이웃을 네 자신과 같이 사랑하라 하신 것이라. 이보다 더 큰 계명이 없느니라. 서기관이 이르되 선생님이여, 옳소이다. 하나님은 한분이시요 그 외에 다른 이가 없다 하신 말씀이 참이니이다. 또 마음을 다하고 지혜를 다하고 힘을 다하여 하나님을 사랑하는 것과 또 이웃을 자기 자신과 같이 사랑하는 것이 전체로 드리는 모든 번제물과 기타 제물보다 나으니이다. 예수께서 그가 지혜 있게 대답함을 보시고 이르시되 네가 하나님의 나라에서 멀지 않도다 하시니 그 후에 감히 묻는 자가 없더라.

마가복음 12:28-34

우리는 이 단락에서 하나님 나라에 관한 오해를 불러일으키는 또 하나의 원인을 볼 수 있습니다. 하나님 나라에 관해 어려움에 빠진 또 한 사람이 나옵니다. 그러나 그에게는 그가 다른 모든 사람들보다 앞서 있다고 할 수 있는 몇 가지 특징이 있습니다. 그는 주님에게 칭찬받았으며, 격려의 말까지 들었습니다. 주님에게서 "네가 하나님의 나라에서 멀지 않도다"는 말을 들은 사람은 그가 처음입니다. 한 걸음 더 나아가면, 그는 하나님 나라에 "가는 중on the way"이라고 할 수 있습니다. 전혀 움직이지 않아서 하나님 나라에서 먼 사람들이 있지만 이 사람은 그렇지 않습니다. 그는 거의 하나님의 나라 안에 있습니다.

이 서기관은 확실히 몇 가지 자신만의 특징을 가지고 있습니다. 그는 우리가 살펴본 사람들과는 다릅니다. 누가복음 9장 마지막에 나오는 사람들이나 젊은 부자 관원과는 다릅니다. 그는 "주여, 주여!"라고 외치는 것으로 충분하다고 생각하면서 자신들의 삶에 신중하지 못했던 고린도 교회의 교인들과도 다릅니다. 고린도 교회 교인들은 스스로를 속였기 때문에 "불의한 자가 하나님의 나라를 유업으로 받지 못하리라"는 말을 들어야 했습니다.

그러나 이 사람은 한 단계 나아간 사람을 대표합니다. 제 생각에는 이 서기관의 경우를 분석해 보면, 그가 우리 시대 많은 사람들을 대표하고 있음을 알게 될 것입니다. 그는 아주 기묘한 위치에 있습니다! 주님은 "그가 지혜 있게 대답함을 보시고 이르시되 네가 하나님의 나라에서 멀지 않도다"고 하십니다. 이 말씀에서 문제가 저절로, 아주 자연스러우면서도 필연적으로 드러납니다.

여기에는 세 가지 큰 원리들이 있습니다. 첫 번째는, 우리와 하나님의 관계에 대한 일반적 관점입니다. 하나님 나라가 있으며, 주님은 서기관에게 "네가 하나님의 나라에서 멀지 않도다"고 말씀하십니다. 서기관은 하나님 나라와 관계가 있습니다. 그러나 주님이 하신 말씀은 이 문제에 아주 큰 실마리를 던져 주는데, 이 부분을 잘못 생각하는 사람들이 많습니다. 그러므로 이 부분을 좀 더 자세히 설명하겠습니다.

여기서 나타나는 첫 번째 핵심은, 신약성경 전체에서 나타나는 바와 같이 아주 분명합니다. 다시 한번 강조해 말하면, 우리와 하나님 나라 관계는 전혀 모호하거나 불분명하지 않습니다. 우리는 하나님의 나라 안에 있거나 밖에 있거나 둘 중 하나입니다. 그러나 오늘날의 전반적인 비극은 사람들이 이것을 매우 모호한 문제로 생각한다는 것입니다. 이미 앞에서 보았듯이, 우리는 교리나 정의正義나 신학을 싫어하는 시대에 살고 있습니다. 사람들은 기독교가 모호하고 일반적인 정신, 사람들이 "붙잡는" 무엇이라고 말합니다. 기독교는 "배우는 것이 아니라 붙잡는 것"이라고 말합니다. 여러분은 어떤 사람이 그리스도인이거나 그리스도인이 아니라고 말할 수 없습니다. 여러분이 취할 수 있는 유일한 입장은 이것입니다. 모든 사람이 자신이 그리스도인이기를 바랄 수 있지만, 여러분이 나서서 그들이 그리스도인이라고 규정할 수는 없다는 것입니다.

그러나 이것은 성경의 분명한 가르침과 완전히 모순됩니다.

"네가 하나님의 나라에서 멀지 않도다." 그러나 이 말씀은 "너는 하나님의 나라 안에 있는 것이 아니라 밖에 있다"는 뜻입니다. 주님은 어떤 사람이 하나님의 나라 안에 있는지 밖에 있는지 아실 수 있습니다. 성경 어디에나 나타나는 가르침은, 사람들이 자신의 위치가 어디인지 말할 수 있어야 한다는 것입니다. 하나님 나라는 한 나라 어디쯤에 있는 오아시스 같은 것이 아닙니다. 전혀 그렇지 않습니다. 하나님 나라는 분명하게 정의됩니다. 그리고 그 나라로 들어가는 문이 있습니다. 여기서 조금 더 나가 보겠습니다. 주님은 그 문이 "좁은 문"이라고 말씀하십니다. 하나님 나라의 문은 사람들이 쉽게 들어갈 수 있는 넓고 큰 문이 아닙니다. 따라서 여러분은 안에 있는지 밖에 있는지, 누가 들어갔는지, 얼마나 많이 들어갔는지 확실히 알 수 없습니다. 하나님 나라의 문은 "좁은 길"로 이어지는 좁은 문입니다. 우리는 이렇게 표현할 수도 있습니다. 하나님 나라에 들어가는 좁은 문은 회전문이어서 한 번에 한 사람밖에 못 들어갑니다.

여러분은 이렇게 말할 것입니다. "하지만 집회에서 한꺼번에 많은 사람들이 회심하지 않습니까?" 맞습니다! 그러나 하나님이 보시기에 이들은 각 개인입니다. 여러분은 떼를 지어 하나님 나라에 들어갈 수 없습니다. 우리는 가족으로 구원받을 수 없습니다. 여러분의 부모가 그리스도인이라고 해서 여러분이 그리스도인인 것은 아닙니다. 여러분의 조상이 항상 그리스도인이었다고 해서 여러분이 그리스도인인 것은 아닙니다. "기독교 국가"라는 것은 없습니다. 기독교는 매우 개인적인 문제이기 때문입니다. 우리는 한 사람씩 하나님과 대면할 수 있으며, 하나님은 우리를 한 사람씩 대면하고 다루십니다. 하나님 나라의 시민인 모든 사람의 삶에는, 그 옛날 야곱처럼 홀로 남겨지는 때가 있습니다. 여러분이 가장 가깝고 가장 사랑하는 사람에게서 멀어지고, 홀로 하나님과 대면하는 때가 있습니다. 기독교는 개인적인 문제입니다.

이것이 매우 중요한 핵심인 것은 분명합니다. 자신이 그리스도인인지 아닌지 확신할 수 없다면, 저는 그들이 그리스도인이 아니라고 말하고 싶습니다. 신약성경에 따르면, 그리스도인은 "나는 과거에는 그러했지만 지금은 이렇습니다"라고 말할 수 있는 사람입니다. 사도 바울이 고린도 교회의 성도들을 이렇게 묘사하지 않았습니까? 그는 "너희 중에 몇몇은 이러했었다"고 말합니다. 이들은 과거에 술주정뱅이나 간음자들이나 음행자들이었습니다. "그러나 이제는 그렇지 않다. '주 예수 그리스도의 이름과 우리 하나님의 성령 안에서 씻음과 거룩함과 의롭다 하심을 받았느니라'"고 말합니다. 사도 베드로도 정확히 똑같은 표현을 사용했습니다. "너희가 전에는 백성이 아니더니 이제는 하나님의 백성이요 전에는 긍휼을 얻지 못하였더니 이제는 긍휼을 얻은 자니라"(벧전 2:10). 바로 이것입니다!

사도 바울은 다시 골로새 교회의 성도들에게 말합니다. "그가 우리를 흑암의 권세에서 건져 내사 그의 사랑의 아들의 나라로 옮기셨으니"(골 1:13). 움직임이 있었고 무슨 일이 일어났습니다. 사도 바울은 골로새 교회의 성도들에게 무슨 일이 일어났음을 알고 있으며, 성도들도 자신들에게 무슨 일이 일어났음을 알고 있습니다. 자신의 영혼에 하나님의 생명을 받았다면 자신에게 무슨 일이 일어났는지를 의심할 수 없습니다. 이 일은 너무나 분명하기 때문입니다. 사람들은 하나님의 나라 안에 있거나 밖에 있거나 둘 중 하나입니다. 사도 바울은 에베소 교회의 성도들에게 이렇게 편지합니다. "이제는 전에 멀리 있던 너희가 그리스도 예수 안에서 그리스도의 피로 가까워졌느니라"(엡 2:13). 그러므로 하나님의 나라 안에 있는지 밖에 있는지 불분명하다는 현대의 모든 주장은 마귀에게서 온 것입니다.

둘째로, 어떤 사람이 하나님의 나라 안에 있는지 밖에 있는지는 모호하지 않지만, 하나님 나라와의 관계에서 보면 사람들마다 서로 다른 위치에 있다고 할 수 있습니다. 주님은 서기관에게 "네가 하나님의 나라에서 멀지 않도다"고 말씀하셨습니다. 이것은 주님이 모든 사람에게 하신 말씀이 아니라 이 사람에게 하신 말씀입니다. 그러므로 하나님의 나라 밖에 있는 사람들의 위치는 서로 다를 수 있습니다.

우리는 사도 바울이 에베소 교회의 성도들에게 쓴 글을 보았습니다. 에베소 교회 성도들은 이방인이었습니다. 사도 바울은 이방인들이 "멀리 있던" 사람들이라고 말하나 유대인들은 그리스도인이 되기 전에 멀리 있었다고 말하지 않습니다. 유대인들은 이교도와는 매우 다른 위치에 있었습니다. 다른 사람들은 하나님 나라로부터 최대한 멀리 있었으나 유대인들은 하나님 나라의 문턱에 있었습니다. 이방인들은 다신론자였습니다. 아테네 사람들을 보십시오. 아테네 도처에 다양한 신을 섬기던 다양한 신전이 흩어져 있었습니다. 그러나 유대인들은 이들보다 훨씬 앞서 있었고, 오직 하나의 하나님밖에 없음을 알았습니다. 그래서 유대인들은 여전히 이교도에 빠져 있는 사람들보다 하나님 나라에 훨씬 더 가까이 있었습니다.

지금도 사람들이 하나님 나라와의 관계에서 매우 다양한 위치에 있다고 할 수 있습니다. 하나님 나라를 한번도 생각해 본 적이 없는 사람들이 있습니다. 성경을 전혀 읽어 본 적이 없으며 따라서 하나님 나라에 전혀 관심이 없는 사람들이 있습니다. 이들은 하나님 나라를 전혀 모릅니다. 이들은 하나님에 대해, 주 예수 그리스도에 대해, 영혼에 대해 전혀 관심이 없으며, 주변 어디서나 볼 수 있는 그런 삶을 삽니다.

그러나 하나님 나라에 매우 관심이 많은 사람들이 있습니다. 이들은 성경을 읽으며, 예배에 참석하며, 기독교에 관한 라디오 강연을 듣고 책도 읽습니다. 이들은 관심이 있습니다. 이들은 다른 사람들과 같은 처지에 있지 않습니다. "네가……멀지 않도다." 주님은 다른 누군가에 대해 말씀하신 것이 아닙니다. 이것은 우리가 하나님 나라와의 관계에서 어디에 있는지 생각해 볼 때 가장 먼저 마주치는 말씀입니다.

셋째로, 한 사람이 하나님 나라를 향해 아주 많이 나아갔지만 그럼에도 여전히 그 나라 밖에 있다는 사실입니다. 놀랍지 않습니까? 본문에 나오는 서기관은 말하자면, 바로 문 밖에 서 있습니다. 그러나 그는 어찌 되었든 하나님의 나라 밖에 있습니다. 복음서를 보면 주님은 현대의 많은 전도자들과 완전히 정반대로 하시는 것

같습니다. 그분은 사람들을 끌어들이려고 할 수 있는 모든 일을 하시는 것이 아니라, 오히려 사람들을 밖에 세워 두려 하시는 것 같습니다. 여기에 관한 몇 가지 예를 이미 살펴보았습니다. 그분은 하나님 나라에 들어오는 것을 어렵게 만드시는 것 같습니다. 여기에는 큰 진리가 숨어 있는데, 이제 이 진리를 살펴볼 것입니다. 그러나 한 사람이 하나님 나라에 아주 가까이 왔으면서도 여전히 그 나라 밖에 있을 수 있다는 사실이 우리에게는 충격이 아닐 수 없습니다.

이 사실은, 첫 번째 핵심의 마지막 요점을 우리에게 보여줍니다. 하나님의 나라 밖에 있는 사람들이 서로 다른 위치에 있지만, 결국 그 차이는 중요하지 않다는 것입니다. "하나님의 나라에서 멀지 않은" 곳에 있다고 유리한 것이 아닙니다. 여러분은 이렇게 말할 것입니다. "그러나 목사님 말씀은 바로 문 앞에 있는 사람이 완전히 반대쪽 끝에 있는 사람에 비해 아무 이점이 없다는 뜻입니까?" 정확히 그렇습니다! 바로 이 부분에서 마귀가 참으로 많은 사람들을 속입니다.

제가 보기에는, 이것이 서기관의 본질적인 문제입니다. 바로 이 부분에서 우리는 스스로를 속입니다. 우리는 이렇게 말합니다. "저 사람을 봐라. 악하고 죄만 짓고 살잖아. 하나님을 전혀 생각하지 않고, 하나님 나라에서 아주 멀리 떨어져 있어! 하지만 나는 다르다! 나는 하나님 나라에 아주 관심이 많아. 나는 바로 문 밖에 서 있다고!" 그러나 마지막 때에 여러분이 바로 문 밖에 서 있다고 해서 여러분에게 무슨 이점이 있겠습니까? 이것은 여러분이 하나님의 나라 안에 있다는 뜻이 아닙니다. 여러분은 아주 멀리 있는 사람과 다를 바 없이 하나님의 나라 밖에 있습니다. "너무나 가까이 있지만 너무나 멀리 있습니다." 바로 문턱에 있습니다. 그러나 그것이 뭐가 중요하며 무슨 도움이 되겠습니까? 우리는 이러한 차이를 인식하지만 결국 그 차이는 아무 가치도 없습니다. 심판대 앞에서는 그 차이가 아무 소용이 없습니다.

간단하고 분명한 예를 들어 보겠습니다. 여러분이 버스정류장에 줄을 서 있다고 합시다. 여러분은 아주 힘든 하루를 보냈고 매우 피곤합니다. 그때 갑자기 버스가 보입니다. 여러분은 희망과 행복을 느끼기 시작합니다. 여러분은 이렇게 말합니다. "이제 곧 집에 가겠구나!" 줄이 조금씩 줄어들기 시작하고 여러분도 앞으로 한 발씩 움직입니다. 여러분 바로 앞에 선 사람이 버스에 오릅니다. 그런데 바로 그 순간, 차장이 손을 흔들면서 더 이상 탈 수 없다고 말합니다. 여러분은 버스를 거의 탈 뻔했지만, 결국은 버스를 타지 못했습니다. 여러분은 다음 버스를 기다려야 합니다. 여러분이 마지막으로 버스를 탄 사람 바로 뒤에 있었다는 사실이 여러분이 버스를 탔다는 뜻은 아닙니다. 버스는 여러분을 태우지 않은 채 떠나 버렸고 여러분은 정류장에 그대로 서 있습니다.

본문의 정황이 이와 똑같습니다. "네가 하나님의 나라에서 멀지 않도다." 우리는 이 말씀을 너무나 쉽게 오해할 수 있습니다. 주님은 이 사람을 칭찬하고 계셨으며, 여기에는 의심의 여지가 없습니다. 그러나 그것이 무슨 가치가 있겠습니까? 이 사람은 하나님의 나라 안이 아니라 밖에 있습니다. 그러므로 저는 이 단락을 끝내면서 한 가지 질문을 하고 싶습니다. 여러분은 자신이 하나님의 나라 안에 있다는 것을 아십니까?

이것이 우리의 첫 번째 원리입니다. 우리와 하나님 나라의 관계에 대한 일반적인 원리입니다. 두 번째 원리가 있습니다. 왜 주님은 이 사람에게 "네가 하나님의 나라에서 멀지 않도다"라고 말씀하셨을까요? 물론, 이 말씀은 이 서기관과 같은 모든 사람에게 적용됩니다. 이것은 칭찬입니다. 주님은 틀림없이 이 사람을 좋아하셨고 이 사람의 여러 가지 모습을 좋아하셨습니다. 그러므로 주님은 사실 이렇게 말씀하셨습니다. "너는 하나님의 나라에서 멀지 않다. 이것은 너를 두고 하는 말이다." 한 사람이 어떻게 해서 멀지 않은 위치에 있게 됩니까? 여기서 핵심단어는 "지혜 있게"입니다. 34절은 "예수께서 그가 지혜 있게discreetly 대답함을 보시고"라고 말합니다. 이것은 아주 좋은 번역이지만 본문의 의미를 이해하는 데 도움이 되는 몇 가지 다른 번역을 제시해 보겠습니다. "예수께서 그가 지적으로intelligently 대답하시는 것을 보시고." "예수께서 그가 분별 있게sensibly 대답하시는 것을 보시고." 이 둘도 똑같이 좋은 번역입니다.

이 부분은 우리에게 매우 흥미롭습니다. 우리가 이 서기관을 뭐라고 비판하든, 주님은 그에게는 하나님 나라에 대한 지적인 관심이 있었다고 말씀하십니다. 물론 제가 이 점을 강조하는 이유는, 오늘날의 보통 사람들은 그리스도인들이 지적이지 않다고 생각하기 때문입니다! 사람들은 현대가 과학의 시대라고 생각합니다. 그래서 아직도 그리스도인이기를 고집하는 사람들은 무식한 사람이며, 기독교는 눈물이나 짜내는 감성주의라고 생각합니다. 이것이 일반적인 생각이 아닙니까? 사람들은 기독교를 전혀 모르면서 기독교를 배척합니다. 이런 사람들에게 할 수 있는 말은 하나뿐입니다. "당신이야말로 전혀 지적이지 못한 사람이다!" 그러나 주님은 이 서기관이 지적이라고 칭찬하시며, 그가 자신의 지성과 이성을 활용했다고 칭찬하십니다.

아주 쉽게 설명해 보겠습니다. 제게 있어서, 하늘 아래 복음만큼 많은 생각을 하게 하는 것은 없습니다! 주일이면 일요신문 가십란과 그 밖의 기사를 읽으면서 하루를 보내는 사람들이 있습니다. 그러나 이들은 너무나 지적이어서 예배의 자리에는 나올 수 없습니다! 이들은 너무나 지적이어서 그리스도인이 될 수 없습니다. 그러나 정확히 말하면 이와 정반대입니다. 영광스러운 하나님의 복된 복음만큼 사람들로 하여금 많이 추론하게 하고 많이 생각하게 하고 많이 숙고하게 하는 것은 없습니다. 주님은 한 사람이 숙고하면서 하나님께 받은 재능을 활용하는 모습을 보실 때 "멋진데!"라고 말씀하십니다. 주님은 서기관이 지적으로, "지혜 있게" 대답하는 모습을 보셨습니다.

그렇다면 서기관이 자신의 지성을 어떻게 활용했습니까? 첫째로, 서기관은 주님께 적대적이지 않았습니다. 단지 주님께 시비를 걸고 주님을 함정에 빠뜨리기 위해 그분을 찾아온 것이 아니었습니다. 왜냐하면 그는 자신의 지성과 이성을 활용하고 있었기 때문입니다. 언젠가 바리새인들과 헤롯당원들은 "예수의 말씀을 책잡으려고" 보냄을 받았습니다(막 12:13). 이들은 주님을 칭찬하고 주님께 아첨했습니다. 그러나 주님은 모든 것을 꿰뚫어 보셨습니다. 예수님은 "그 외식함을 아시고 이르시되 어찌하여 나를 시험하느냐?" 하고 물으셨습니다(15절).

그러나 서기관은 주님을 혼란에 빠뜨릴 목적으로 교묘한 질문을 하려고 주님을 찾아온 것이 아니었습니다. 주님을 말로 꼼짝 못하게 하고 그에게 올가미를 씌우는 즐거움을 맛보려고 주님을 찾아온 것이 아니었습니다. 바리새인들과 헤롯당원들과 사두개인들은 지식이나 정보를 원하지 않았습니다. 이들은 도움을 원하지 않았습니다. 이들은 단지 자신들이 더 똑똑하다는 것을 증명하려 했습니다. 그러나 서기관은 너무나 지적이어서 이렇게 하지 않습니다. 지적이지 못한 사람들만이 이런 짓을 합니다.

여러분은 가인의 아내가 누군지 모르기 때문에 자신은 아직도 그리스도인이 아니라고 말합니까? 아니면 여러분은 아직도 이렇게 말합니까? "저는 그리스도인이 아닙니다. 왜냐하면……물고기가 요나를 삼켰다면서요? 도대체 어떻게 된 건가요?" 여러분은 아직도 옛날 이야기를 끄집어내고 있습니까? 그렇다면 여러분은 자신이 지적이지 않다는 사실을 보여주고 있습니다. 이것은 유치한 짓이기 때문입니다. 마치 여러분 자신이 똑똑하고, 교묘한 질문을 던짐으로써 성경 전체를 무시하고, 교회와 기독교의 이야기 전체를 무시할 수 있기라도 하듯이 말입니다!

그러나 저는, 여러분이 본문에 나오는 서기관과 같지 않은지 생각해 봅니다. 여러분에게는 감각이 있으며, 여러분에게는 어느 정도 이해력이 있습니다. 여러분은 막무가내로 기독교를 깎아내리려 하지도 않습니다. 저는 여러분이 삶에서 너무나 실패했기 때문에,

오늘날의 세상에 너무나 놀랐기 때문에, 이렇게 말할 것이라고 생각합니다. "맞붙거나 똑똑한 척할 시간이 없어. 우리는 진실을 원해. 우리는 하나님을 알고 싶고, 복음이 우리를 도울 수 있는지 알고 싶어" 하고 말입니다.

둘째로, 서기관은 자신이 주님을 인정한다는 사실을 보여줌으로써 자신이 지적이라는 것을 증명해 보였습니다. "서기관 중 한 사람이 그들이 변론하는 것을 듣고 예수께서 잘 대답하신 줄을 알고 나아와 묻되……"(막 12:28). 아시다시피, 서기관은 그리스도인이 아니었고, 주 예수 그리스도를 믿는 사람도 아니었습니다. 그런데도 그는 주님과 다른 사람들의 변론에 귀를 기울이면서 스스로에게 이렇게 말했습니다. "정말 놀라운 분이다! 목수일 뿐인데도 놀라운 통찰력을 가졌어." 그는 주님이 대답하시는 방식을 좋아했습니다. 그는 주님이 사람들을 잘 다루며 그들에게 대답을 잘 하시는 것을 보았습니다. 그리고 그는 "이분에게 질문하고 싶다. 이분이라면 내게 뭔가 말해 줄 수 있을 거야!"라고 할 만큼 정직하고 지적인 사람이었습니다. 그는 주님과 그분의 성품에 끌렸습니다. 이것이 그에 관해 아주 좋게 말할 수 있는 부분입니다.

여러분은 나사렛 예수와 얼굴을 맞대어 보았습니까? 여러분은 그분이야말로 여러분이 반드시 의논해 봐야 할 분이라고 느꼈습니까? 여러분은 그분의 성품이 세상 그 누구보다 뛰어나다고 느꼈습니까? 여러분은 그분의 말씀에 귀를 기울일 준비가 되어 있습니까?

더 나아가, 서기관은 주님의 가르침과 그분의 대답도 인정했습니다. 그는 "예수께서 잘 대답하신 줄을" 알았습니다. 주님은 다른 사람들에게 대답하시면서 성경에 대한 아주 깊은 이해를 보여주셨습니다. 이 사람은 서기관입니다. 성경을 필사하는 것이 그의 일입니다. 그래서 서기관은 주님을 보고 이렇게 말합니다. "이분은 성경에 능통하시다. 이분의 성경 해석이 맘에 든다. 이분은 사람들에게 대답하면서 철학적으로 대답하지 않고 성경을 인용하시거든." 서기관은 주님의 이런 부분을 좋아했습니다. 왜냐하면 그 서기관은 궁극적으로 우리가 성경이 아니고서는 이 문제들에 대한 지식을 얻을 수 없음을 알기 때문이었습니다. 기독교는 철학이 아닙니다. 기독교는 사람들이 속으로 생각하는 그런 것이 아닙니다. 우리는 계시된 것 외에는 아무것도 모르는데, 여기 계시 위에 서 있는 분이 있습니다. 서기관은 바로 이 부분 때문에 주님을 좋아했으며, 주님의 이러한 부분을 인정했습니다.

그뿐만이 아닙니다. 서기관은 주님이 사두개인들을 대하실 때 어떻게 부활의 교리를 단언하고 변호하시며 어떻게 전하시는지 보았습니다. 주님은 성경을 인용하면서 부활을 믿지 않는 사두개인들을 곧바로 어려움에 빠뜨렸습니다. 주님은 부활을 믿으셨으며, 서기관은 이것을 인정했습니다. 왜냐하면 서기관으로서 그도 부활을 믿었기 때문입니다. 두 사람과 사두개인들 사이에는 다른 부분이 있었습니다. 서기관은 기독교의 가르침과 교리를 인정했으며, 주님이 영혼을 강조하시는 것도 보았습니다. 주님은 "가이사의 것은 가이사에게, 하나님의 것은 하나님께 바치라"고 말씀하셨습니다(마 22:21). 서기관은 영혼에 대해, 다가오는 심판과 부활에 대해 주님의 강조하시는 것을 좋아했습니다. 그는 이렇게 말했습니다.

"정말로 건전한 가르침과 교리다!"

그러나 서기관은 여기서 한 발 더 나갔습니다. 서기관이 주님의 말씀에 어떻게 덧붙이는지 보십시오. 그가 주님께 물었습니다. "모든 계명 중에 첫째가 무엇이니이까?" 주님이 그에게 대답하셨습니다. "첫째는 이것이니 이스라엘아, 들으라. 곧 우리 하나님은 유일한 주시라. 네 마음을 다하고 목숨을 다하고 뜻을 다하고 힘을 다하여 주 너의 하나님을 사랑하라 하신 것이요, 둘째는 이것이니 네 이웃을 네 자신과 같이 사랑하라 하신 것이라. 이보다 더 큰 계명이 없느니라." 그러자 서기관이 주님께 말했습니다. "선생님이여, 옳소이다. 하나님은 한분이시요 그 외에 다른 이가 없다 하신 말씀이 참이니이다."

이것이 서기관에게는 절대적으로 중요했습니다. "그 외에 다른 이가 없다." 한분이시요 유일하게 참되시며 살아 계신 하나님에 대한 그의 믿음 말입니다. 이 믿음은 유대인들이 받은 특별한 유산이었습니다. 서기관은 여기에 덧붙였습니다. "또 마음을 다하고 지혜를 다하고 힘을 다하여 하나님을 사랑하는 것과 또 이웃을 자기 자신과 같이 사랑하는 것이 전체로 드리는 모든 번제물과 기타 제물보다 나으니이다."

주님은 이 부분을 언급하지 않으셨지만, 지혜로운 서기관은 종교의 형식, 곧 "모든 번제물과 기타 제물"을 의지하는 것이 아무 소용이 없음을 아주 분명하게 보여주었습니다. 유대인들은 하나님을 믿었으나 계속 죄를 지었습니다. 유대인들은 이렇게 말했습니다. "나는 하나님께 죄를 지었지만 번제만 드리면 모든 게 괜찮을 거야. 내가 끔찍한 짓을 하더라도 문제될 게 없어. 제물을 바치면 되니까!" 이것은 이렇게 말하는 것과 같습니다. "네 마음대로 살아라. 그런 다음에 가서 제사장에게 고백해라. 그러면 깨끗해질 것이다! 무릎을 꿇어라. 몇 가지 선한 일을 하거나 좋은 일에 기부해라. 네 선행으로 네 악행을 대신해라. '번제물과 기타 제물'이면 다 해결된다!"

이것은 종교의 외적인 형식에 의존하는 것입니다. 이것은 하나님을 기쁘시게 하기 위해 선행에 의존하는 것입니다. 이것은 어리석고 무지한 믿음입니다. 이것은 우리가 하나님을 매수할 수 있으며 우리가 이따금 하나님의 집에 나오기만 하면 모든 것이 깨끗해진다는 믿음입니다. 이것은 우리가 이따금 하나님께 제물을 드리면 하나님이 우리를 "완전히 깨끗하게" 하시고 우리는 이후로 영원히 행복해질 것이라는 믿음입니다. 그런데 서기관은 그렇게 말하지 않습니다. 하나님은 우리가 이런 방법으로 매수할 수 있는 분이 아니라고 말합니다.

서기관은 그 다음 요점으로 넘어갑니다. 그는 율법의 본질적인 요구를 깨달았으며, 이러한 요구가 근본적으로 영적이라는 사실을 깨달았습니다. 그가 한 말의 요지는 이것입니다. "이 사람들은 율법의 지엽적인 부분과 사소한 부분을 놓고 언쟁하고 있다. 이들은 '박하와 회향과 근채의 십일조는 드리지'만 모든 게 잘못 되었다(마 23:23). 이들은 율법의 영적 특징을 전혀 보지 못한다. 단순히 기술적인 부분이나 낱낱의 세부항목들을 모아 놓는다고 해서 하나님과 바른 관계를 맺는 것이 아니다. 하나님이 요구하시는 것은, 인간이 자신의 전부를 다해 하나님을 사랑하고 그분을 섬기며 이웃을 자신처럼 사랑하는 것이다." 서기관은 율법에 대한 영적 이해가 있었습니다. 어떤 사람에게 이런 이해가 있다고 말하는 것은 굉장한 평가입니다.

바리새인들은 일반적으로 이런 이해가 없었습니다. 바리새인들은 실제로 사람을 죽이지 않는 한 "살인하지 말라"는 계명을 지킨 것이라고 했습니다. 바리새인들은 이렇게 말했습니다. "나는 결코 간음한 적이 없다. 그러므로 나는 '간음하지 말라'는 계명 앞에서 웃을 수 있다." 그러나 주님은 이러한 계명들을 이렇게 해석하십니다. "형제를 대하여……미련한 놈이라 하는 자는 지옥불에 들어가게 되리라"(마 5:22). 이런 사람은 이미 살인을 했다는 뜻입니다. "음욕을 품고 여자를 보는 자마다 마음에 이미 간음하였느니라"(마 5:28). 이것이 율법의 영적 성격입니다.

그러나 무엇보다도, 하나님은 그분에 대한 전적인 충성을 요구하십니다. 하나님은 사람들이 그분과 그분의 영광을 위해 살기를 원하십니다. 하나님은 이런 목적을 위해 인간을 지으셨고, 또한 이것을 인간에게 기대하십니다. 서기관은 이 모든 것을 알았습니다. 그러므로 주님은 그에게 "네가 하나님의 나라에서 멀지 않도다"라고 말씀하셨습니다.

여러분은 이 서기관이 얼마나 앞서 간 사람인지 아십니까? 그가 내딛는 발걸음, 그의 관심사와 걱정거리를 아십니까? 그는 하나님 나라의 문턱에 있었습니다. 주님은 그에게 사실 이렇게 말씀하셨습니다. "너는 하나님이 사람들에게 그분의 영광을 위해 살라고 요구하시는 것을 안다. 하나님은 사람들의 사랑을 원하시며, 그들의 모든 것을 요구하신다. 너는 종교의 모든 겉치레와 위선과 행위와 외형이 쓸모없다는 것을 잘 알며, 하나님 나라의 영적인 성격도 안다. 너는 이것들을 알기 때문에, 하나님 나라에서 멀지 않다."

그러나 그는, 여전히 하나님의 나라 밖에 있었습니다. 그는 하나님 나라에서 멀지 않았고, 하나님 나라의 문을 통해 안쪽을 들여다보고 있었으나, 아무 소용이 없었습니다. 그는 하나님의 나라 안에 있지 않았던 것입니다. 그렇다면 왜 이처럼 뛰어난 서기관이 하나님의 나라 밖에 있었을까요? 비판적이거나 해석적인 예리함이 있어야 이 질문에 답할 수 있는 것은 아닙니다. 이 질문의 답을 찾기란 어렵지 않습니다.

첫 번째 이유는, 그의 관심이 이론적이고 지적인 데 머물렀기 때문입니다. 바로 이런 점에서 그는 우리 시대의 지적이고 훌륭한 많은 젊은이들에게, 그리고 중년층과 노년층에게도 큰 경고가 됩니다. 이론적이며 지적인 관심에서, 이 서기관은 주님이 바리새인들 및 헤롯당원들과 하시는 논쟁, 사두개인들과 하시는 논쟁에 귀를 기울였습니다. 그래서 그는 이렇게 말했습니다. "정말 놀라운 분이다. 내 평생에 이런 분을 본 적이 없어! 이분에게는 권위가 있고, 이해력이 있고, 통찰력도 있어. 이분은 성경을 꿰뚫고 있으며, 변론도 정말 놀라울 정도다. 그러니 이분이 이 문제에 대해 뭐라고 말하는지 들어 봐야겠다. 이분의 의견이라면 들어 볼 가치가 있어." 그래서 그는 주님께 질문을 합니다.

이 시대에도 종교는 사람들의 흥미를 끌고 꽤 인기가 있습니다.

종교를 논하는 책이 베스트셀러가 되는 이유는, 종교가 항상 좋은 이야깃거리이기 때문입니다. 사람들은 이렇게 말합니다. "저는 종교에 관심이 아주 많습니다. 물론 예배의 자리에는 가 본 적이 없지만 종교에 관해 읽고 이야기하고 토론하고 논쟁하기를 좋아합니다." 사람들은 정말로 이렇게 하고 있습니다. 어떤 의미에서는 진심을 쏟아 냅니다. 그러나 종교에 대한 이들의 관심은 지적일 뿐입니다. 이 서기관은 사실 이렇게 말했습니다. "첫째이자 가장 큰 계명이 무엇입니까? 저는 그 계명에 관심이 있습니다. 저는 여러 주장을 알고 있으며 동료 서기관들과 바리새인들의 주장도 알고 있습니다. 그 모든 주장을 잘 알고 있지만 제가 보기에는 모두 핵심을 벗어난 것 같습니다. 그래서 선생님이 생각하시는 첫째 되고 가장 큰 계명이 무엇인지 알고 싶고, 선생님의 대답을 듣고 싶습니다."

저는 이러한 입장을 취하는 사람들을 수십 명도 더 만났습니다. 이들은 매우 좋은 사람들이며, 일반적으로 지적인 사람들입니다. 이들은 "이 모든 종교 문제에 매우 큰 흥미를 느낍니다"라고 말하며, 이 문제와 그 외의 것들에 대한 저의 의견을 듣고 싶어 합니다. 그러나 그뿐입니다. 이들의 관심은 지적인 수준에서 멈추며, 순전히 이론적인 수준에서 그칩니다. 이것은 끔찍한 일입니다. 이러한 태도에 대해 서로 경고하고 모두에게 경고합시다. 사람들은 자신이 그리스도인이라고 생각할지 모르지만, 그들이 실제로 관심을 갖는 것은 신학입니다.

신학에 대한 관심보다 지적인 것은 없습니다. 지금까지 나온 가장 훌륭한 책 가운데 몇 권은 신학에 관한 것입니다. 사람들은 철학적 문제와 씨름하기를 즐기기 때문에 신학에 관한 이러한 책이 잘 팔립니다. 하나님은 누구신가? 그분은 저기 위에 계시는가, 아니면 저기 밖에 계시는가? 사람들은 말합니다. "멋집니다. 저는 하나님의 존재를 다루는 책을 즐겨 읽습니다." 그래서 하나님은 하나의 주제가 되고 우리는 그 주제를 탐구하고 살핍니다. 그러나 끔찍한 사실은, 너무나 많은 사람들이 여기서 멈춘다는 것입니다. 본문의 서기관도 여기서 멈추었습니다. 저는 이것을 증명할 수 있습니다. 서기관이 하나님의 나라 밖에 있었던 둘째 이유도 그의 모든 관심이 율법과 율법의 첫째 되고 가장 중요한 계명에 쏠려 있어서 정작 그는 "제가 율법을 지켰습니까?"라고 물어야 한다는 생각이 전혀 들지 않았기 때문입니다. 이것은 그가 거의 생각할 수 없는 질문이었습니까? 그는 주님께 사실 이렇게 말한 사람이 아닙니까? "좋습니다. 예수님, 당신은 정말 놀라운 대답을 하셨습니다! 당신의 대답에 완전히 동의합니다!" 그러나 불행하게도, 그는 여기서 멈추고 맙니다.

이것이 비극입니다. 첫째이며 가장 중요한 하나님의 계명은, 마음을 다하고 목숨을 다하고 뜻을 다하고 힘을 다하여 하나님을 사랑하고 이웃을 내 자신처럼 사랑하는 것입니다. 그러나 이 말씀에 동의하는 순간 저는 더 나아가 분명히 이렇게 물어야 합니다. "제가 이렇게 하고 있습니까? 이것이 하나님이 제게 하라고 요구하시는 것인데 제가 이것을 행했습니까?" 그러나 서기관은 순전히 지적인 대답에 만족하며, 더 이상 나가지 않습니다. 그는 이렇게 말합니다. "정말로 그렇습니다. 그것이 바로 제가 늘 주장하는 것입니다. 우리는 여기에 대해 많은 토론을 벌였고, 저는 언제나 이것이 첫째 되고 가장 중요한 계명이라고 말했습니다. 선생님 말씀이 백 번 옳습니다."

하나님의 율법은 여러분의 찬사를 받기 위해 있는 것이 아니라, 여러분의 삶에 적용하라고 있는 것입니다. 바울은 이것을 이렇게 표현합니다. "하나님 앞에서는 율법을 듣는 자가 의인이 아니요 오직 율법을 행하는 자라야 의롭다 하심을 얻으리니"(롬 2:13). 서기관은 바로 이 부분에서 실패했습니다. 아주 비참하게 실패했습니다. 이것이 온 유대인의 문제였습니다. 유대인들은 이렇게 말합니다. "우리는 하나님의 백성이다! 하나님이 우리에게 율법을 주셨다. 그러나 이방인들은 율법 밖에 있고, 율법이 없는 사람들이다." 그러므로 유대인들은 자신들에게 율법이 있기 때문에 모든 것이 잘되며 자신들만이 구원받았다고 생각했습니다.

바울은 그렇지 않다고 말합니다. 여러분에게 율법이 있다고 해서 여러분이 의롭다는 뜻은 아닙니다. 여러분은 율법을 지켰습니까? 하나님은 여러분을 단지 율법의 관리자나 보호자로 지으신 것이 아닙니다. 하나님은 여러분이 율법에 동의하는 정도를 원하시는 것이 아닙니다. 하나님은 여러분이 율법을 실천하기를 원하십니다. 어리석은 서기관은 결코 이 문제를 직시하지 못했습니다.

그렇다면 여러분은 이 문제를 해결했습니까? 율법은 여러분이 율법을 행하라고, 율법을 성취하라고 요구합니다. 여러분은 그렇게 했습니까? 서기관이 하나님의 나라 안에 있지 못했던 이유는 이 문제를 직시하지 못했기 때문입니다. 그는 여전히 하나님의 나라

밖에 있었습니다. 그는 율법에 대한 지적인 이해가 있었고 율법에 동의했지만, 율법을 적용하지 않았습니다. 더 나아가야 할 때 그 자리에 멈추었습니다. 그는 "율법에 비춰 볼 때……"라고 말했어야 했습니다. 그러나 그는 전혀 회개하지 않았습니다.

이제 훨씬 더 중요한 것을 살펴보겠습니다. 서기관은 이렇게 질문하는 데까지 나가지 못했습니다. 자신이 율법을 지키지 못했음을 깨달을 때 어떻게 해야 합니까? 그는 이렇게 말하지 않았습니다. "하나님의 율법이 있으며, 저는 영원한 심판대 앞에 서야 합니다. 저는 율법을 지키지 못했습니다. 그러니 제가 어떻게 해야 합니까?" 서기관은 너무나 기뻐했습니다. 주님이 그가 항상 하는 말에 동의하셨고, 자신이 기대했던 대답을 들었기 때문입니다. 그래서 그는 떠날 준비를 했습니다. 모든 것이 괜찮았기 때문입니다. 결국 실패에 대한 인정도 없었고, 필요에 대한 인식도 없었습니다. 이 서기관은 자신에게 구원이 필요하다는 것도 깨닫지 못했습니다. 자신은 순전히 이론가일 뿐이고, 그저 종교에 관심이 있을 뿐이라는 사실을 깨닫지 못했습니다. 그는 자신이 동의한 부분이 오히려 자신을 정죄할 뿐 아니라, 자신을 불확실한 자리, 자신이 벗어나야 하는 자리에 옭매어 둔다는 것을 알지 못했습니다. 서기관은 중요한 다음 질문을 하지 않았던 것입니다. "제가 구원을 받으려면 어떻게 해야 합니까?"

이러한 사실은, 우리를 마지막 핵심으로 이끕니다. 마지막 핵심은, 서기관이 주 예수 그리스도가 누구신지, 왜 그분이 세상에 오셨는지 전혀 깨닫지 못했다는 것입니다. 만약 깨달았다면, 여기서 멈추지 않았을 것입니다. 서기관이 율법의 진정한 의미를 깨닫고 자신이 율법을 지키지 못했다는 사실을 깨달았다면, 그러므로 자신이 하나님의 진노 아래 있으며 하나님의 생명에서 제외되었다는 사실을 알았다면, 자신의 필요를 절실히 깨달았을 것입니다. 그는 도와 달라고 부르짖었을 것입니다. 특히 자신 앞에 서 있는 분에게, 자신이 그렇게도 칭송하는 분에게, 성경을 훤히 꿰뚫고 있는 분에게, 놀라운 통찰력과 이해력이 있는 분에게 구했을 것입니다. 그는 그분 앞에 무릎을 꿇고 이렇게 말했을 것입니다. "저를 도와주십시오. 저는 율법을 지키지 못했습니다. 저는 율법을 어겼습니다. 저는 하나님을 사랑하지 못했으며, 그 누구도 하나님을 사랑하는 것이 불가능하다는 것을 깨닫습니다. 저를 도와주십시오."

서기관은 무엇보다도 이러한 처지의 사람을 도와줄 수 있는 분은, 그가 첫 질문을 던진 바로 그분밖에 없음을 깨닫지 못했습니다. 서기관은 그분이 성육신하신 하나님의 아들이라는 것을, 갈릴리를 다니고 가르치며 이적을 행하시고 곧 십자가에 달리실, 육신이 되신 영원한 말씀이라는 것을 이해하지 못했습니다. 만약 그것들을 이해했더라면, 그는 하나님의 아들이신 이분이 바로 이런 이유—온 세상이 하나님 앞에 참으로 죄악되어서—때문에 이 세상에 오셨다는 사실을 깨달았을 것입니다. 그분이 세상에 오신 이유는, 하나님의 율법이 우리를 정죄하기 때문입니다. 그 누구도 하나님을 사랑하지 않았으며, 그분이 요구하시는 대로 그분을 사랑할 수 없습니다. 그뿐 아니라 이웃을 자신처럼 사랑할 수도 없습니다. 그러므로 우리는 잃어버린 자들입니다. 그러나 바울이 갈라디아 교회의 성도들에게 쓴 대로, 때가 차매 하나님이 "그 아들을 보내사 여자에게서 나게 하시고 율법 아래 나게 하신 것은 율법 아래에 있는 자들을 속량하시고 우리로 아들의 명분을 얻게 하려" 하셨습니다(갈 4:4-5). 우리는 율법을 지키지 않으면 하나님 나라에 들어갈 수 없습니다. 그런데 우리는 율법을 지킬 수 없습니다. 율법을 지키신 분은 오직 한분뿐이며, 그분은 율법을 지키려고 세상에 오셨습니다. 그분은 우리를 정죄하는 율법 아래 자신을 두시려고 인간이 되셨습니다. 그래서 그분은 율법대로 사셨고, 율법을 존중하셨으며, 율법을 완전히 지키셨고, 율법의 일점일획도 어기지 않으셨습니다.

그러나 그분은 여기서 훨씬 더 나아가셨습니다. 하나님의 율법은 존중되어야 했으므로 그분은 율법을 존중하셨습니다. 그러나 인간은 율법을 어겼습니다. 그 율법을 어긴 대가는 죽음입니다. "죄의 삯은 사망이요"(롬 6:23). 죄와 악과 허물에 대한 율법의 정죄가 여기 있습니다. 율법은 여기에 대한 형벌을 정확히 집행할 것입니다. 그러므로 그분은, 하나님의 율법을 어긴 데 대한 형벌을 받으려고 세상에 오셔서 인간의 본성을 입고 사셨으며, 친히 십자가를 지셨습니다. "여호와께서는 우리 모두의 죄악을 그에게 담당시키셨도다"(사 53:6). 그분이 저의 벌을 대신 받으셨습니다. 율법이 긍정적 의미와 부정적 의미에서 만족되었습니다. 율법의 요구가 충족되었고 하나님은 우리를 값없이 용서하셨습니다.

마지막으로, 서기관이 하나님 나라에서 멀지 않았으나 여전히 하나님의 나라 밖에 있었던 이유는, 그 나라에 들어가는 길이 하나님의 독생자의 이름을 믿는 것밖에 없다는 사실을 깨닫지 못했기 때문입니다. 그는 하나님 나라에 들어가는 유일한 길은 "하나님께 대한 회개와 우리 주 예수 그리스도께 대한 믿음"(행 20:21)뿐이라는 것을 알지 못했습니다. 그는 가슴 아파하지도 않았습니다. 자신에게는 도움도 없고 희망도 없음을 알지 못했습니다. 복된 하나님의 아들에게 나와 이렇게 말하지도 않았습니다. "내게 자비를 베푸소서! 나를 불쌍히 여기시고, 나를 구속하시며, 나를 구원하소서! 나의 전부를 당신께 맡깁니다."

하나님은 우리를, 종교와 하나님 나라에 대한 단순한 지적·이론적인 관심에서 구해 내십니다. 여러분은 하나님의 율법이 여러분에게 하는 말을 들어 보았습니까? 우리 모두가 최후의 심판대 앞에서 대답해야 할 질문이 있습니다. "너는 마음을 다하고 성품을 다하고 뜻을 다하고 힘을 다하여 하나님을 사랑했는가? 그리고 네 이웃을 자신처럼 사랑했는가?" 하나님께 여러분이 행한 온갖 선행을 말하는 것은 아무 소용이 없을 것입니다. 그것은 하나님이 여러분에게 원하시는 것이 아닙니다. 하나님은 여러분의 마음, 여러분의 삶, 여러분 자체를 원하십니다!

하나님과 바른 관계를 갖는 길은 하나뿐입니다. "내가 온 것은 양으로 생명을 얻게 하고 더 풍성히 얻게 하려는 것이라"(요 10:10)고 말씀하시는 분의 발 앞에 엎드려, 그분을 경배하며 믿는 것뿐입니다. "그리스도는 모든 믿는 자에게 의를 이루기 위하여 율법의 마침이 되시니라"(롬 10:4). 여러분은 이것을 믿습니까? 믿는다면, 여러분은 하나님 나라 안에 있습니다. 믿지 않는다면, 여러분은 하나님 나라에 아무리 가깝다 하더라도, 그 나라 밖에 있습니다. 그리고 여러분이 그 상태로 죽는다면 영원한 비극에 처할 것입니다. 주 예수 그리스도를 믿고 구원받으십시오.

11

거듭남

예수께서 대답하여 이르시되 진실로 진실로 네게 이르노니 사람이 거듭나지 아니하면 하나님의 나라를 볼 수 없느니라.……예수께서 대답하시되 진실로 진실로 네게 이르노니 사람이 물과 성령으로 나지 아니하면 하나님의 나라에 들어갈 수 없느니라.

요한복음 3:3-5

인류에게 가장 필요한 일은, 앞에서 살펴보았듯이, 하나님의 나라로, 하나님의 다스림과 통치로, 하나님의 축복으로 돌아가는 것입니다. 그러나 우리는, 기독교 신앙 및 하나님 나라의 시작과 핵심 요소와 본질에 대한 어리석은 오해가 항상 있어 왔다는 사실을 확인했습니다. 따라서 주님은, 이 세상에 계시는 짧고 소중한 3년 가운데 아주 많은 시간을 논쟁하고 논박하며 질문에 답하는 데 쓰셨습니다. 그러나 그분은 기꺼이 이렇게 하셨습니다. 왜냐하면 그분은 사람들을 도우러 오셨으며, 그들을 일깨우고 그들에게 길을 보여주러 오셨기 때문입니다. 그분은 큰 인내심으로 사람들의 질문에 귀를 기울이고 답하셨습니다.

우리는 본문에서, 하나님 나라에 대한 또 다른 오해를 볼 수 있습니다. 이러한 오해는 주님과 니고데모의 유명한 대화 속에서 나타납니다. 이것은 성경 전체에서 가장 중요한 이야기 가운데 하나이자, 아주 극적인 이야기입니다. 니고데모는 이스라엘의 지도자요 선생이며 바리새인인데, 늦은 밤에 주님을 면담하러 왔습니다. 한 목수에 불과한 주님을 말입니다! 주님은 공식적인 선생은 아니셨지만, 그럼에도 전파하고 가르치며 기적을 행하고 계셨습니다. 얼마나 멋진 만남입니까? 여러분이 드라마에 관심이 있다면 드라마 소재로 니고데모의 이야기를 충분히 고려해 볼 가치가 있을 것입니다.

그러나 더 나아가 여기에는 놀라운 진리가 나타납니다! 우리의 관심을 끄는 진리입니다. 왜냐하면 주님께서 다른 어느 곳보다도 바로 여기서, 모든 것을 훨씬 쉽고 분명하게 말씀하시는 것으로 보이기 때문입니다. 우리가 지금까지 다루었던 거의 모든 경우에서, 주님은 특별히 어려운 문제들을 다루셨고 질문에 답하셨습니다. 그러나 여기서는 그렇게 하지 않으십니다. 니고데모의 이야기에서, 주님은 어느 때보다 분명하고 명확하게 말씀하십니다.

이제 하나님 나라에 관한 연속 설교도 거의 끝나 갑니다. 우리는 지금까지 단계별로 차근히 살펴보면서 사람들이 하나님 나라에 점점 더 가까워지는 것을 보았습니다. 지난 설교에서(10장) 살펴보았던 사람은, 하나님 나라에서 멀지 않았습니다. 이제 본문과 마태복음 18:1-4에서, 우리는 신약성경에서 하나님 나라에 관한 가장 분명한 두 말씀을 봅니다. 마태복음 18장은 이렇게 말합니다. "그때에 제자들이 예수께 나아와 이르되 천국에서는 누가 크니이까? 예수께서 한 어린아이를 불러 그들 가운데 세우시고 이르시되 진실로 너희에게 이르노니 너희가 돌이켜 어린아이들과 같이 되지 아니하면 결단코 천국에 들어가지 못하리라"(1-3절). 이 말씀은 오늘 요한복음의 본문에서 하신 말씀과 완전히 똑같습니다.

여기서 우리는 문제의 핵심에, 하나님 나라에 들어가는 진짜 비결에 이릅니다. 우리는 주님의 말씀을 살펴보았습니다. "너희는 먼저 그의 나라와 그의 의를 구하라. 그리하면 이 모든 것을 너희에게 더하시리라"(마 6:33). 그러나 제가 어떻게 이렇게 할 수 있습니까? 제가 어떻게 하나님 나라에 들어갈 수 있습니까? 여기서 주님은 이 중요한 질문에 대한 분명하고 최종적인 답변을 주십니다. 가장 흥미로운 방법으로 그렇게 하십니다. 주님은 그분이 니고데모에게 하시는 말씀을 통해서뿐 아니라, 니고데모를 대하시는 방법을 통해 대답하십니다.

니고데모의 이야기에는 매우 주목할 만한 점이 있습니다. 지난 시간에 살펴보았던 서기관의 경우와는 달리, 주님은 니고데모에게 질문조차 허용하지 않으십니다. 보십시오. "바리새인 중에 니고데모라 하는 사람이 있으니 유대인의 지도자라. 그가 밤에 예수께 와서 이르되 랍비여, 우리가 당신은 하나님께로부터 오신 선생인 줄 아나이다. 하나님이 함께하시지 아니하시면 당신이 행하시는 이 표적을 아무도 할 수 없음이니이다." 이때 갑자기 주님이 니고데모의 말을 끊으십니다. "예수께서 대답하여 이르시되, 진실로 진실로 네게 이르노니 사람이 거듭나지 아니하면 하나님의 나라를 볼 수 없느니라." 니고데모는 아무것도 묻지 못하고 단지 주님을 칭찬했을 뿐인데 주님은 니고데모의 말을 가로막으셨습니다. 니고데모는 질문을 하려 했지만 주님은 허락하지 않으셨습니다.

이것이 제가 여러분에게 보여드리고 싶은 것입니다. 주님은 즉시 니고데모의 말을 가로막으심으로써 우리에게 매우 큰 교훈을 주십니다. 주님은 하나님 나라의 본질과 그 나라에 들어가는 유일한 방법에 관한 심오한 진리를 제시하십니다. 주님이 니고데모의 말을 이렇게 가로막으신 것은, 갑자기 그를 제지하고 막은 후 그에게 모든 것을 아주 간결하게 보여주시기 위해서입니다.

먼저 주님의 이러한 특이한 행동을 두 가지 면에서 살펴본 후 본문을 분석해 보겠습니다. 물론, 이 사건에서 우리를 가장 먼저 놀라게 하는 부분은 주님의 성품입니다. 주님의 지식과 이해는 놀랍습니다. 앞에서 보았듯이, 요한복음 2:23-25은 이렇게 말합니다. "유월절에 예수께서 예루살렘에 계시니 많은 사람이 그의 행하시는 표적을 보고 그의 이름을 믿었으나 예수는 그의 몸을 그들에게 의탁하지 아니하셨으니 이는 친히 모든 사람을 아심이요 또 사람에 대하여 누구의 증언도 받으실 필요가 없었으니 이는 그가 친히 사람의 속에 있는 것을 아셨음이니라." 니고데모의 이야기는 이것을 보여주는 완벽한 예입니다. 바리새인이요 "유대인의 지도자"요 "이스라엘의 선생"인 니고데모는 보통 사람들에게 종교와 하나님의 율법을 가르치는 특별한 위치에 있습니다. 그런데 주님이 그의 말을 가로막으십니다. 주님은 니고데모의 마음을 읽으십니다. 그를 아시며, 그를 꿰뚫어 보십니다. 왜냐하면 니고데모는 주님 앞에서 펼쳐진 책과 같기 때문입니다.

이것은 그분이 하나님의 아들이라는 사실을 입증하는 증거 가운데 하나입니다. 니고데모는 말을 하려 합니다. 주님은 니고데모가 어떤 유형의 사람인지 아십니다. 주님은 이 특별한 사람을 아십니다. 그분은 니고데모가 먼저 인사말을 건넨 다음 이렇게 말하리라는 것을 아십니다. "선생님, 제가 원하는 것은 이렇습니다. 저는 선생님께 있는 좋은 것이 무엇인지 알고 싶습니다. 저는 이스라엘의 지도자입니다. 저는 선생입니다. 선생님께 있는 특별한 것이 무엇입니까? 저는 다른 모든 선생들을 알고 있으며 그들을 존경합니다. 하지만 선생님은 우리보다 한 차원 높은 분이십니다. 선생님께만 있는 특별한 것이 무엇입니까? 그것을 갖고 싶습니다. 그러려면 제가 어떻게 해야 합니까?" 그러나 주님은 니고데모가 말하도록 허락하지 않으십니다.

여기서 주님의 하나님 되심, 주님의 특별한 신성이 놀랍게 나타납니다. 주님은 사람들 가운데 하나였습니다. 겉으로 보기에는 평범한 목수지만, 놀라운 통찰력을 갖고 계셨습니다. 그러므로 여러분이 그분께 가까이 갈 때, 여러분이 열린 눈으로 성경을 읽고 그분을 만나려고 할 때, 그분은 여러분을 살피실 것입니다. 그분은 여러분을 탐색하시고 여러분의 모든 것을 말씀하실 것입니다. 그래서 여러분은 자신을 속속들이 알게 될 것입니다. 우리는 이것을 가리켜 "죄에 대한 자각conviction of sin"이라고 합니다. 그분은 마치 펼쳐진 책을 보듯이 우리를 읽으십니다. 우리는 그분에게 그 무엇도 숨길 수 없습니다. 그분은 우리의 모든 위장과 가면을 걷어 내십니다. 우리의 모든 지성과 교양은 모든 것을 꿰뚫어 보시는 하나님의 독생자 앞에서 완전히 무색해집니다.

두 번째 핵심은, 니고데모가 자신에 대한 주님의 지식이 절대적으로 옳다는 사실을 증명한다는 것입니다. 앞으로 살펴보겠지만, 니고데모는 자신의 어리석은 말과 바보 같은 질문으로 이것을 증명합니다. 지금 주님은 시간을 허비할 여유가 없으십니다. 그분은 지금까지 설교를 하시고 이적을 행하시느라 매우 피곤하셨습니다. 무엇보다도 주님은 니고데모를 바른 위치에 두려고 하십니다. 그래서 주님은 니고데모의 말을 가로막으시고, 실제로 거의 무례하게 그를 대하십니다. 주님이 왜 이렇게 하십니까? 주님은 훌륭한 니고데모를 이렇게 다뤄야 했습니다. 주님은 니고데모에게 정확히 어디가 잘못되었는지 보여주십니다. 이것이 주님이 갑작스럽고 특별하게 니고데모의 말을 가로채신 목적입니다. 신약성경에서 주님이 이렇게 하신 것은 거의 유일무이한 경우입니다.

이렇게 하심으로, 그리고 이 일을 말씀하심으로써, 주님은 우리에게 하나님 나라와 그 나라에 들어가는 유일한 방법에 관한 명확하고 분명한 가르침을 주십니다. 이것은 누구도 무시할 수 없는 크고 중요한 가르침입니다. 현대인의 혼란에 대한 진정한 해답이 여기 있습니다. 왜냐하면 니고데모의 태도가 곧 현대인의 태도이기 때문입니다. 그렇지 않습니까? 앞에서 살펴보았듯이, 우리가 과학적인 현대인들에게 복음을 전할 때 사람들은 우리에게 성경의 모든 용어를 버리고, 자신들과 마주앉아 함께 마시고 함께 욕하며 그 외 많은 것을 함께해야 한다고 말합니다. 우리가 그들의 수준에서 그들을 만나야 하고, 그렇게 할 때 그들은 받아들이기 시작한다는 것입니다.

그러나 여기 이 문제에 대한 해답이 있습니다. 현대인들은 어떤 제지를 받을 필요가 있습니다. 현대인들은 자신들이 똑똑하다고 생각하며, 자신들이 안다고 생각합니다. 그러나 현대인들은 정작 어떻게 살아야 하는지는 모릅니다. 그런데도 현대인들은 자신들이 안다고 생각합니다. 자신들이 모든 것을 안다고 생각합니다. 차라리 현대인들은 달콤한 말이나 입에 발린 소리를 듣기보다 제지를 받고 침묵당할 필요가 있습니다. 저는 하나님이 바로 이렇게 하고 계신다고 믿습니다. 이것이야말로 오늘날 세상이 가장 필요로 하는 것입니다. 스스로 똑똑하다고 생각하는 어리석은 세상 사람들은 살아 계신 하나님의 말씀으로 제지당할 필요가 있습니다.

주님은 여기서 세 가지를 말씀하십니다. 첫째는, 이 말씀을 단순히 반복하십니다. "너는 거듭나야 한다." "너는 다시 태어나야 한다." 주님은 니고데모에게 도전을 주십니다. 그분은 사실 이렇게 말씀하십니다. "좋다. 네가 무슨 말을 하려는지 안다. 하지만 너는 그 말을 할 필요가 없다. 그 말은 모두 잘못된 것이다. 너는 반드시 거듭나야 한다. '진실로 진실로' 거듭나야 한다." 주님이 가끔씩 사용하시는 "진실로 진실로"라는 표현은 특별히 진지하고 깊은 의미가 내포되어 있습니다. 그분은 이렇게 말씀하십니다. "진실로 진실로 네게 이르노니, 사람이 거듭나지 아니하면 하나님의 나라를 볼 수 없느니라."

거듭남! 이것은 중요한 어휘이며, 기독교의 핵심 어휘입니다. 어떤 사람들은 이 어휘를, "위로부터 나다born from above"로 번역해야 한다고 말합니다. 또 어떤 사람들은 "새롭게 나다born anew"로 번역해야 한다고 말합니다. 저는 이러한 번역들이, 주님께서 니고데모에게 분명히 아람어로 말씀하고 계신 진리에 가장 가깝다고 생각합니다. 아람어가 헬라어로 번역되었고 헬라어가 영어로 번역되었습니다. 그러나 원어는 아람어였을 것입니다. 아람어로 이 말은 "한 번 더 태어나지another birth 않으면, 하나님 나라를 결코 볼 수 없다"는 뜻입니다. "다시 태어나다", "한 번 더 태어나다", "위에서 나다", "성령으로 나다"는 모두 같은 뜻입니다. 여러분이 좋은 대로 어느 표현을 사용해도 괜찮습니다.

이것은 신약성경의 중요한 교리입니다. 소극적인 의미로써, 기독교는 단순히 우리가 이미 가진 것에 무언가를 더하는 것이 아닙니다. 우리가 그리스도인이 된다는 것은 이전보다 조금 나아진다는 것이 아닙니다. 우리에게 필요한 것은 기존의 사상을 보충할 몇 가지 새로운 사상이 아닙니다. 우리에게 필요한 것은 기존의 생각에 조금 덧붙일 만한 것이 아닙니다. 바꾸어 말하면, 기독교는 우리가 취사선택할 수 있는 것이 아닙니다. 이 모든 것은, 주님이 여기서 말씀하시는 것과 모순됩니다.

주님이 니고데모의 말을 가로막으신 이유가 여기 있습니다. 니고데모가 바로 이런 태도를 취했습니다. 그는 이렇게 말합니다. "저를 보십시오. 저는 유대인의 지도자며, 이스라엘의 선생입니다. 저는 추가로 뭔가를 원합니다. 제가 가질 수 있는 모든 것을 원합니다. 저는 학생이자 선생입니다. 그래서 제가 보는 새로운 모든 것을 원합니다……." 그때 주님이 말씀하십니다. "침묵해라! 너는 아무것도 덧붙일 수 없다. 너는 반드시 '거듭나야' 한다. 너에게는 아무것도 없다. 너에게는 새로운 기초가 필요하다. 너는 살아 있는 것이 아니라 죽어 있다. 그러므로 다시 태어나야 한다." 이것이 주님의 가르침의 소극적 의미이며, 주님의 말씀에 내포되어 있는 의미입니다.

적극적 의미도 있습니다. 우리는 먼저 완전히 새로운 출발을 해야 그리스도인이 될 수 있습니다. 우리는 있는 곳에서 출발하는 것이 아니라 처음으로 돌아가야 합니다. 현대의 도시를 예로 들어서 설명할 수 있습니다. 새 빌딩들이 세워지고 있습니다. 그러나 빌딩을 세우기 전에 기존의 건물을 무너뜨려야 합니다. 해체해야 새로운 건축이 가능합니다. 여기서 강조되는 것은 해체입니다. 우리가 가진 모든 것은 선하지 못합니다. 그러므로 모두 제거되고 해체되어야 합니다. 그래야 다시 세울 수 있습니다. 우리가 세우는 것은 새로운 건물입니다. 우리에게 필요한 것은 새로 페인트를 칠하거나 유리창을 몇 개 갈거나 지붕을 새로 얹거나 하는 정도가 아닙니다. 우리는 완전히 새롭게 시작해야 합니다! 주님은 이렇게 말씀하십니다. "너희는 기존의 것 위에 세우거나 기존의 것에 덧붙이는 것이 아니다. 너희에게 필요한 것은 다시 태어나는 것이며, 절대적으로 새롭게 시작하는 것이다. 마치 이전에 아무것도 없었던 것처럼. 이것은 새 생명이 태어나는 것과 같다."

이것이 신약성경의 가르침입니다. 이것은 때로 "새로운 창조"나 "거듭남"이라 불립니다. 여러분은 새롭게 태어납니다. 물론 이러한 주님의 말씀은 여러분이 본성적으로는 쓸모없고 희망이 없으므로 "새로운 사람"이 되어야 한다는 뜻입니다. 그러므로 여러분에게는 새로운 생명이, 새로운 본성이 필요합니다. 하나님은 우리를 고치시는 것이 아닙니다. 하나님은 우리를 개선하거나 조금 더 좋게 만드시는 정도가 아닙니다. 하나님은 새 생명을 우리에게 불어넣으십니다. 하나님은 우리의 영혼을 수술하시고 생명을, 새로운 기질을 불어넣으십니다. 그 결과로 우리는 "신성한 성품에 참여하는 자"가 됩니다(벧후 1:4).

사도 바울은 고린도 교회의 성도들에게 말합니다. "그런즉 누구든지 그리스도 안에 있으면 새로운 피조물이라. 이전 것은 지나갔으니 보라, 새 것이 되었도다"(고후 5:17). 그리스도 안에 있는 사람은 새롭게 보고 새롭게 이해하기 시작하며, 그 속에 새로운 바람이 자리잡습니다. 그는 자신을 알지 못합니다. 그는 새로운 피조물입니다. 그는 갑자기 태어나 이렇게 말하는 사람과 같습니다. "예전의 내가 아니야. 어떻게 된 거지?"

둘째로, 주님은 이런 일이 "모두"에게 일어나야 한다고 말씀하십니다. 이것이 가장 중요합니다. 기억하십시오. 주님은 니고데모에게 말씀하고 계십니다. 요한은 우리에게 조심스럽게 이야기를 시작합니다. "니고데모라 하는 사람이 있으니 유대인의 지도자라." 이 부분은 니고데모에 관해 많은 정보를 줍니다. 주님은 모든 사람 가운데 이 사람 니고데모에게 "너는 거듭나야 한다!"라고 말씀하신다는 것입니다. 만약 주님이 세리에게 이렇게 말씀하셨다면 우리는 놀라지 않을 것입니다. 그렇지 않습니까? 만약 주님이 그분께 나아와 눈물로 그분의 발을 적시고 머리털로 닦은 불쌍한 창녀에게 이렇게 말씀하셨다면 우리는 놀라지 않을 것입니다. 만약 주님이 이 여자에게 "여자여, 네게는 새로운 본성이 필요하며, 새로운 출발이 필요하며, 새로운 생명이 필요하다"라고 말씀하셨다면 우리는 이해할 것입니다. 그러나 주님은 이러한 말을 다름 아닌 니고데모에게 하고 계십니다!

여기서 추론할 수 있는 결론은 하나뿐입니다. 자신의 모습 그대로 하나님 나라에 들어갈 수 있는 사람은 아무도 없습니다. 니고데모도 예외가 아닙니다. 니고데모는 바리새인이자 선생이고, 매우 종교적인 사람이며 의를 가르치는 사람입니다. 그뿐 아니라 바리새인들은 이런 것들을 믿었습니다. 바리새인들은 하나님의 작정作定, divine decree을 믿었으며, 인간의 도덕적 책임과 부도덕성을 믿었습니다. 바리새인들은 몸의 부활을 믿었고, 영의 존재를 믿었으며, 미래의 상급과 형벌을 믿었습니다. 바리새인들은 이 모든 것을 믿었습니다. 바리새인들은 매우 종교적이었으며, 이러한 문제들에 대해 정통적인 입장을 취했습니다.

그뿐 아니라 저는 니고데모에 대해 더 많은 말씀을 드릴 수 있습니다. 니고데모는 밤에 예수님을 찾아왔습니다. 이것은 니고데모에게 매우 좋은 점수를 줄 수 있는 부분입니다. 사람들이 그리스도께 오고 싶을 때, 그들에게는 무엇인가 선한 것이 작용합니다. 니고데모는 예루살렘에서 무리 가운데 있었고 주님의 말씀을 들었습니다. 니고데모가 주님께 하는 첫마디가 이것을 보여줍니다. 니고데모는 사실 이렇게 말했습니다. "저는 선생님을 쭉 지켜보았는데, 선생님처럼 말씀하는 분을 본 적이 없습니다……." 이것이 니고데모의 큰 장점입니다. 니고데모는 그리스도께 끌렸고, 그분을 존경했습니다. 니고데모는 주님의 가르침이 탁월하다는 것을 알았으며, 주님이 이적을 행하시는 모습도 보았습니다. 주님의 이적은 하나님의 손길을 분명하게 보여주는 놀라운 것이었습니다. 니고데모는 이렇게 말합니다. "이분은 사람이 아니다! 이분은 특별한 하나님의 사자使者다!" 니고데모는 통찰력이 있었습니다.

반면에, 그리스도를 보고도 그분의 얼굴에 침을 뱉는 사람들이 있었습니다. 오늘날 그분의 이름을 맹세와 저주(욕)에나 사용하는 사람들도 여기에 속한다고 볼 수 있습니다. 그리스도에 대해 전혀 모르는 사람들도 있습니다. 그러나 여기 그리스도께 끌리며, 그분께 도움을 구하려고 자신을 낮추면서까지 찾아온 사람이 있습니다.

이것이 니고데모의 장점입니다. 그는 바리새인이며, 유대인의 지도자이며, 백성의 선생인데도 이런 자세로 주님을 찾아왔습니다.

그러나 이러한 니고데모라도 반드시 거듭나야 합니다. 이것이 핵심입니다. 니고데모라도 어린아이로 돌아가 새롭게 시작해야 합니다. 니고데모라도 하나님 나라에 들어가기는 고사하고, 그 나라를 볼 수도 없습니다. 주님이 니고데모의 말을 가로막으신 이유가 여기 있습니다. 니고데모는 매우 선하고 뛰어나기 때문입니다. 니고데모는 자신의 힘과 자신이 할 수 있는 일을 크게 신뢰하기 때문입니다. 니고데모는 보통 사람으로 온 것이 아니라, 다만 조금 더 필요한 사람으로 왔습니다. 니고데모는 결코 남에게 뒤지지 않는 사람입니다. 그러므로 그리스도께서는 니고데모를 거꾸러뜨려야 했습니다. 말하자면, 니고데모를 침묵시키고, 그로 하여금 자신이 아무것도 아니라는 사실을 깨닫게 해야 했습니다. 그래서 주님은 니고데모를 극적인 방법으로 대하십니다.

그런 다음에 주님은 첫 번째 근본 원리 즉, 우리가 거듭나야 한다고 말씀하신 것입니다. 이제 두 번째 원리로 넘어가겠습니다. "진실로 진실로 네게 이르노니 사람이 거듭나지 아니하면 하나님의 나라를 볼 수 없느니라." 그렇다면, 왜 우리가 거듭나야 합니까? 여기 아주 분명하게 나와 있습니다. 첫 번째 이유는, 우리는 본질상 우리의 모습 그대로이기 때문입니다. 이것이야말로 분명한 사실 아닙니까? 내게 새 생명이 필요하다면, 지금 내게 있는 생명은 무엇인가 잘못되었기 때문입니다.

니고데모에게서 이 부분이 어떻게 나타나는지 보십시오. 우리는 하나님 나라에 대한 우리의 모든 사상과 생각이 잘못되었다는 사실을 통해 우리가 어떤 사람인지 살펴보았습니다. 이것은 니고데모의 본질적인 문제이기도 했습니다. 그의 생각과 말을 보십시오. 니고데모가 하나님 나라에 접근한 방식은 총체적으로 잘못되었습니다. 그는 전제를 가지고 주님께 나와 말합니다. "선생님의 말씀을 들으니 기쁩니다. 선생님이 행하신 기적을 보니 기쁩니다. 이것이 제가 원하는 것입니다. 이제 선생님께 이러한 도움을 받을 생각입니다." 그러나 주님은 말씀하십니다. "틀렸다. 그만해라! 침묵해라! 내 말을 들으라. 너는 아무것도 가진 것이 없다."

우리 역시 그리스도인이 된다는 것은, 다만 우리 자신을 현재보다 조금 더 낫게 하는 정도라는, 이상한 생각을 갖고 있습니다. 우리는 한두 가지를 그만 두고 두세 가지를 더하면 그리스도인이 된다고 생각합니다. 그렇습니까? 그리스도인이 된다는 것은 하나를 벗고 다른 것을 입는다는 뜻입니까? 새옷을 입고 좀 더 밝아지거나, 자신을 좀 더 깨끗하게 하면 여러분은 괜찮은 사람이 된다고 생각합니까? 그러나 이것은 기독교가 아닙니다. 이것은 도덕이나 윤리적 행위나 철학입니다. 이것이 괜찮은 것이기는 해도 기독교는 아닙니다. 이것은 기독교와는 전혀 관계가 없습니다. 기독교에 대한 우리의 생각이 모두 잘못되었습니다!

우리는 이런 모습을 실제로 봅니다. 오늘날 언론이나 그 밖의 여러 곳에서, 실제 그리스도인의 삶을 살며 기독교 운동을 주창하는 사람들 가운데 유명한 무신론자들이 많다는 어처구니없는 기사가 자주 실리는 이유가 여기 있습니다. 그 이유는 간단합니다. 단지 원자폭탄을 반대한다는 이유로, 사람들은 이들을 그리스도인이라고 말합니다. 하나님 나라에 대한 우리의 생각이 이보다 더 잘못될 수 있겠습니까?

그러나 이제, 다른 것을 보여드리겠습니다. 우리는 거듭나야 합니다. 왜냐하면 우리가 현재의 모습으로는 영적인 생각을 할 수 없기 때문입니다. 니고데모의 이야기를 읽을 때면 늘 이 사실이 강하게 다가옵니다. 니고데모는 이 사실을 아주 철저하게 증명합니다. 잊지 마십시오. 니고데모는 바리새인이고, 매우 훌륭한 사람이며, 유능한 사람입니다. 니고데모는 교육을 잘 받았으며 유대교의 전문가입니다. 그러나 한마디로 말하면, 니고데모는 자신을 완전히 속이고 있습니다! 그는 너무나 우둔하고 어리석습니다! 그는 주님께 너무나 우스꽝스러운 말을 합니다! 니고데모는 영적인 생각을 하지 못합니다.

주님은 니고데모의 말을 가로막으면서 말씀하십니다. "진실로 진실로 네게 이르노니 사람이 거듭나지 아니하면 하나님의 나라를 볼 수 없느니라." 이것은 가장 위대한 선언까지는 아니더라도 가장 위대한 선언들 가운데 하나입니다. 니고데모의 반응을 보십시오. "니고데모가 이르되 사람이 늙으면 어떻게 날 수 있사옵나이까? 두 번째 모태에 들어갔다가 날 수 있사옵나이까?" 니고데모는 하이드 파크의 자유 발언대에 오르더라도 창피를 당할 것입니다. 그의 말은 괴상하고 우스꽝스럽습니다. 얼마나 어리석은 말입니까? 주님은 놀라운 영적 선언을 하시지만 니고데모는 이해하지 못합니다.

예수님은 다시 말씀하십니다. "진실로 진실로 네게 이르노니 사람이 물과 성령으로 나지 아니하면 하나님의 나라에 들어갈 수 없느니라." 이어서 말씀하십니다. "바람이 임의로 불매 네가 그 소리는 들어도 어디서 와서 어디로 가는지 알지 못하나니 성령으로 난 사람도 다 그러하니라." 그러자 니고데모가 묻습니다. "어찌 그러한 일이 있을 수 있나이까?" 니고데모는 완전히 헤매고 있으며 아직도 주님의 말씀을 이해하지 못합니다.

니고데모는 인간의 전형적인 모습을 보여주고 있습니다. 사도 바울은 이것을 의미심장하게 표현합니다. "육에 속한 사람은 하나님의 성령의 일들을 받지 아니하나니 이는 그것들이 그에게는 어리석게 보임이요 또 그는 그것들을 알 수도 없나니 그러한 일은 영적으로 분별되기 때문이라"(고전 2:14). 현대인들은 신약성경에서 이러한 영적 진리와 마주칠 때 "이게 도대체 무슨 말이야?"라고 합니다. 이들은 진리를 이해하지 못하며 따를 수도 없습니다. 이들은 완전히 무지합니다. 이들이 얼마나 똑똑한지는 중요하지 않습니다. 저는 이들이 세상에서 가장 위대한 철학자들인지는 관심이 없습니다. 여러분이 물과 성령을 이들 앞에 제시한다면, 이들은 니고데모처럼 틀림없이 헤맬 것입니다.

왜 그렇습니까? 완전한 설명이 여기 있습니다. 주님은 이렇게 말씀하십니다. "니고데모야, 너는 나를 따를 수 없다. 너는 내가, 사람이 육체적으로 두 번째 태어나는 것을 말하고 있다고 생각한다. 그러나 나는 육체적인 것이 아니라 영적인 것을 말하고 있다. '영으로 난 것은 영이니.' 이것이 내가 말하고 있는 것입니다. '내가 네게 거듭나야 하겠다 하는 말을 놀랍게 여기지 말라.'"

주님은 이어서 말씀하십니다. "그러나 네가 왜 나를 따를 수 없는지 네 자신이 더 잘 안다. 너는 육에 속했고 '육으로 난 것은 육이며' 너 자신을 넘어설 수 없다. 계속 자신의 본성대로 사는 것 외에 아무것도 할 수 없기 때문이다. 내가 선생이 거듭나야 한다고 말하는 이유가 여기 있다. 니고데모야, 너는 나처럼 생각할 수 없다. 너는 전혀 다른 영역에서 살고 있다. 너는 태어날 때부터 귀가 들리지 않는데도 음악을 이해하려는 사람이나, 눈이 완전히 멀었는데도 미술 비평가가 되려는 사람과 같다. 너는 할 수 없다. 왜냐하면 너의 본성이 잘못되었기 때문이다."

사도 바울은 주님께 배운 것을 이렇게 표현합니다. "육신의 생각은 하나님과 원수가 되나니 이는 하나님의 법에 굴복하지 아니할 뿐 아니라 할 수도 없음이라"(롬 8:7). 사람들이 그리스도인이 되지 못하는 이유가 여기 있습니다. 이들은 눈이 멀었기 때문에 볼 수 없습니다. 이들이 가진 육적인 본성은 하나님과 맞섭니다. 이들의 육신의 생각은 우둔하고 맹목적이고 어리석을 뿐 아니라 "하나님과 원수가 됩니다." 육신의 생각은 하나님을 미워하며 하나님을 욕합니다. 사도 바울은 다른 곳에서 "내 속 곧 내 육신에 선한 것이 거하지 아니하는 줄을 아노니"라고 말합니다(롬 7:18). 주님은 요한복음 3:19에서 이것을 훨씬 더 분명하게 말씀하십니다. "그 정죄는 이것이니 곧 빛이 세상에 왔으되 사람들이 자기 행위가 악하므로 빛보다 어둠을 더 사랑한 것이니라."

현대의 선생들이 이 부분에서 잘못된 길로 나갑니다. 현대인들에게 어떻게 복음을 전해야 하는지에 대한 선생들의 모든 사상과 말이 잘못되었습니다. 앞에서 보았듯이, 이들은 마치 문제가 지적인 데 있는 것처럼 말합니다. "그 정죄는 이것이니 곧 빛이 세상에 왔으되……." 왜 사람들이 그 빛으로 향하지 않습니까? 왜 사람들이 그 빛을 믿고 받아들이지 않습니까? 주님은 "사람들이 자기 행위가 악하므로 빛보다 어둠을 더 사랑한 것이니라"고 말씀하십니다. 왜 사람들이 그리스도를 믿지 않는지 말씀드리겠습니다. 사람들이 음행과 간음을 사랑하기 때문입니다. 사람들이 악을 사랑하기 때문입니다. 사람들의 마음이 부패했고, 사람들이 하나님을 미워하기 때문입니다. "육으로 난 것은 육이요." 육은 결코 자신의 수준과 본성을 뛰어넘지 못합니다. 우리가 거듭나야 하는 이유가 여기 있습니다. 우리의 본성은 하나님의 진리를 대적합니다. 그러므로 우리에게는 새로운 본성이 필요합니다.

그러나 두 번째로, 훨씬 더 중요한 이유가 있습니다. 우리가 거듭나야 하는 이유는, 우리가 우리 모습 그대로일 뿐 아니라 하나님 나라도 그 나라 모습 그대로이기 때문입니다. 그 나라는 "하나님의 나라"입니다. 소크라테스나 플라톤이나 아리스토텔레스의 나라가 아닙니다. 모차르트나 베토벤의 나라가 아닙니다. 그 나라는 하나님의 나라입니다! 그 나라는 외적인 것이 아니라 영적인 것입니다. "하나님의 나라는 너희 안에 있느니라"(눅 17:21). 하나님의 나라는 도덕이나 행동 규범이 아닙니다. 하나님의 나라에 들어간다는 것은 영적인 영역으로써, 전능하고 영원하신 하나님과의 교제의 자리로 들어간다는 뜻입니다. 하나님의 나라에 들어간다는 것은, 하나님 나라의 시민이 되고 하나님과 함께 동행한다는 뜻입니다.

기억하십시오. "하나님은 빛이시라. 그에게는 어둠이 조금도 없으시다는 것이니라"(요일 1:5). 시편 기자는 이것을 이해했습니다. "여호와의 산에 오를 자가 누구며 그의 거룩한 곳에 설 자가 누구인가. 곧 손이 깨끗하며 마음이 청결하며 뜻을 허탄한 데에 두지 아니하며 거짓 맹세하지 아니하는 자로다"(시 24:3-4). 이것은 관점이나 사상이나 대립의 영역이 아니라 개인적인 관계의 영역입니다. 이것은 여러분이 하나님과의 영적 교제를 누린다는 것입니다. 여러분이 하나님께 말하고 하나님이 여러분에게 말씀하신다는 뜻입니다. 하나님과 아담 및 하와 사이의 옛 관계가 회복되며, 여러분은 하나님의 친구가 됩니다. 여러분은 하나님의 상속자로, 영적인 영역에서 살아가는 것입니다.

그러나 문제는 이것입니다. 우리가 어떻게 하나님과 함께 거하고 그분과 교제할 수 있습니까? 사도 바울은 고린도 교회의 성도들에게 말합니다. "너희는 믿지 않는 자와 멍에를 함께 메지 말라." 그 이유가 무엇입니까? "의와 불법이 어찌 함께하며, 빛과 어둠이 어찌 사귀며, 그리스도와 벨리알이 어찌 조화되며, 믿는 자와 믿지 않는 자가 어찌 상관하며, 하나님의 성전과 우상이 어찌 일치가 되리요? 우리는 살아 계신 하나님의 성전이라. 이와 같이 하나님께서 이르시되 내가 그들 가운데 거하며 두루 행하여 나는 그들의 하나님이 되고 그들은 나의 백성이 되리라"(고후 6:14-16). 이것이 하나님의 나라 안에 있다는 뜻입니다.

빛나는 성이 있으니

죄인은 못 들어가네.

더러운 자는 못 들어가네.

더러운 자는 못 들어가네.

―메리 앤 샌더슨 데크 Mary Ann Sanderson Deck

하나님 나라는 빛과 영광이 넘치는 곳입니다. 그 나라에 들어가려면 우리 속에 있는 것이 그 나라에 맞아야 합니다.

그러나 하나님 나라는 단지 한 나라의 본성과 관계된 것이 아니라, 하나님의 목적과 생각과 계획과 관련이 있습니다. 우리 각자가 거듭나야 하는 이유가 여기 있습니다. 하나님은 이사야 55장에서 선지자의 입을 통해 이것을 아주 분명하게 말씀하셨습니다. "이는 내 생각이 너희의 생각과 다르며 내 길은 너희의 길과 다름이니라. 여호와의 말씀이니라. 이는 하늘이 땅보다 높음같이 내 길은 너희의 길보다 높으며 내 생각은 너희의 생각보다 높음이니라"(사 55:8-9). 어리석은 니고데모가(그를 달리 어떻게 부를 수 있겠습니까?) 보잘것없는 육신의 생각으로 이러한 진리 곧 하나님의 생각과 목적에 맞서는 것을 보십시오.

모든 것이 우리 앞에 분명하게 나타납니다. "니고데모가 대답하여 이르되 어찌 그러한 일이 있을 수 있나이까? 예수께서 그에게 대답하여 이르시되 너는 이스라엘의 선생으로서 이러한 것들을 알지 못하느냐? 진실로 진실로 네게 이르노니 우리는 아는 것을 말하고 본 것을 증언하노라. 그러나 너희가 우리의 증언을 받지 아니하는도다. 내가 땅의 일을 말하여도 너희가 믿지 아니하거든 하물며 하늘의 일을 말하면 어떻게 믿겠느냐?"(9-12절) 주님은 사실 이렇게 말씀하십니다. "니고데모야, 내 말을 들으라. 너는 거듭나야 한다. 왜냐하면 나는 하늘의 일을 말하고 있기 때문이다. 나는 네가 신문에서 읽을 수 있는 것을 말하고 있는 것이 아니다. 네가 네 머리로 연구하고 이해할 수 있는 수학에 대해 말하고 있는 것도 아니다. 나는 너에게 인간 상상력의 극치라 할 수 있는 시를 읊고 있는 것도 아니다. 나는 너에게 하늘의 일을 말하고 있다. 하나님의 일을 말하는 것이다. 그러나 너는 거기에 이를 수 없다. 그러니 헛된 수고를 하지 마라. 너는 거듭나야 한다."

그렇다면 하늘의 일은 무엇이며, 하나님의 생각은 무엇입니까? "하늘에서 내려온 자 곧 인자 외에는 하늘에 올라간 자가 없느니라"(13절). 이 말씀이 무슨 뜻인지 아십니까? 니고데모는 알지 못합니다. 그는 이해하려고 애쓸 뿐입니다. 니고데모는 자신이 면담하러 찾아온 분을 이해하고 있다고 생각합니다. 니고데모는 이분이 놀라운 선생, 우리 가운데 가장 위대한 분이라고 생각합니다!

그렇더라도 니고데모는 이분이 사람일 뿐이라고 생각합니다. 주님은 자신이 사람에 불과하지 않다는 사실을 니고데모에게 말씀하십니다. "니고데모야, 나는 너에게 땅에서 말하고 있지만 하늘에 있다. 나는 인자다. 이해할 수 있겠느냐? 받아들일 수 있겠느냐? 물론, 그럴 수 없을 것이다. 네가 거듭나야 하는 이유가 여기 있다." 주님은 육신이 되신 말씀입니다! 성육신은 하나님이 인간이 되신 기적입니다! 주님은 동정녀에게서 태어나셨습니다! 이것이 성육신의 모든 영광입니다! 어떻게 인간의 머리로 이해할 수 있겠습니까?

그러나 주님은 이어서 말씀하십니다. "모세가 광야에서 뱀을 든 것같이 인자도 들려야 하리니, 이는 그를 믿는 자마다 영생을 얻게 하려 하심이니라. 하나님이 세상을 이처럼 사랑하사 독생자를 주셨으니 이는 그를 믿는 자마다 멸망하지 않고 영생을 얻게 하려 하심이라"(14-16절). 주님은 말씀하십니다. "이제 이해하겠느냐?" 사람들이 어떻게 그리스도인이 됩니까? 사람들이 어떻게 구원받습니까? 사람들이 어떻게 하나님 나라에 들어갑니까? 노력하고 더 나은 삶을 살며 예배에 참석하면 됩니까? 아닙니다! 길은 오직 하나밖에 없습니다. 인자가 반드시 내려와 광야에서 뱀이 들렸듯이 들리셔야 합니다.

이것은 육에 속한 사람이 절대로 받아들일 수 없고 절대로 이해할 수 없는 것입니다. 그리스도께서 말씀하십니다. "누구든지 구원받을 수 있는 길은 오직 하나뿐이다. 그래서 내가 그를 위해 죽었다. 그 옛날 광야에서 놋뱀이 들렸으며 뱀에게 물렸으나 그 놋뱀을 바라보았던 모든 사람이 나았듯이 나도 들려야 한다. 내가 죄의 형벌을 받아야 하며, 누구든지 나를 바라보고 믿는 자는 구원을 받는다." 이것이 메시지입니다. 그러나 바울은 "십자가의 도가 멸망하는 자들에게는 미련한 것이요"라고 말합니다. 지금도 마찬가지며, 항상 그러했습니다. "유대인은 표적을 구하고 헬라인은 지혜를 찾으나 우리는 십자가에 못 박힌 그리스도를 전하니 유대인에게는 거리끼는 것이요 이방인에게는 미련한 것이로되"(고전 1:22-23). 지금도 그렇습니다! 인간은 이것을 이해할 수 없습니다. 그래서 인간은 말합니다. "한 사람이 모두를 위해 죽어야 한다는 것은 부도덕하다! 불가능하다! 이해할 수 없다! 내가 나를 구원해야 한다." 아닙니다. 이 십자가의 도가 길이건만 육에 속한 사람은 이 길을 싫어하고 거부합니다.

여기에 거듭남의 문제 전체를 덧붙여 보겠습니다. 사람들은 나이 들고 죽기 직전이라도 거듭나고 새로운 본성을 가질 수 있습니다. 새롭게 시작할 수 있으며, 새 생명을 얻을 수 있습니다. 이것이 하나님 나라와 그 가르침의 본질입니다. 그러나 육에 속한 사람은 이것을 받아들일 수 없습니다. 그러므로 육에 속한 사람은 거듭나야 합니다.

이 모든 것은 마지막 원리로 이어집니다. 인간이 어떻게 거듭날 수 있습니까? 거듭나는 것이 어떻게 가능합니까? 이 문제의 해답이 여기에 있습니다. 이것은 여러분과 제가 할 수 있는 일이 아닌 것이 분명합니다. 여러분은 스스로 자신을 거듭나게 할 수 없습니다. 여러분은 자신의 본성을 바꿀 수 없습니다. 여러분은 어린아이처럼 될 수 없으며 새롭게 시작할 수도 없습니다. 하고 싶어도 할 수 없습니다. 불가능합니다. 우리는 반드시 거듭나야 합니다. 우리는 위로부터 나야 하며, 성령으로 나야 합니다.

거듭남은 하나님의 위대한 역사役事입니다. "바람이 임의로 불매 네가 그 소리는 들어도 어디서 와서 어디로 가는지 알지 못하나니 성령으로 난 사람도 다 그러하니라"(요 3:8). 거듭남은 큰 신비입니다. 왜냐하면 거듭남은 기적이기 때문입니다. 실제로 거듭남은 이미 요한복음의 첫머리에서 언급되었습니다. "영접하는 자 곧 그 이름을 믿는 자들에게는 하나님의 자녀가 되는 권세를 주셨으니, 이는 혈통으로나 육정으로나 사람의 뜻으로 나지 아니하고 오직 하나님께로부터 난 자들이니라"(요 1:12-13). 새로운 본성은 하나님만이 주실 수 있습니다. 새로운 본성은 하나님의 선물입니다. 우리를 다시 지으신 분은 하나님이십니다.

저도 거듭남을 이해하지 못합니다. 거듭남은 바람과 같습니다! 여러분은 바람이 빚어낸 결과를 보며 바람이 부는 소리를 듣지만 이해하지는 못합니다. 여기에 신비가 있습니다. 바람은 왔다가 가며 무언가를 하지만 보이지는 않습니다. "성령으로 난 사람도 다 그러하니라." 한 사람이 새 사람이 된 자신을 발견합니다. 사람들이 말합니다. "내게 무슨 일이 일어났습니다. 전에는 전혀 보지 못했던 게 보입니다. 느끼고 압니다. 이게 무엇입니까?" 사람들은 자신들이 알지 못하는 무슨 일이 일어났음을 압니다. 이것이 하나님의 재창조입니다. 사람들은 깨지고 회복되며 다시 만들어집니다. 사람들은 자신들이 그리스도 예수 안에 있는 새 사람이라는 것을 압니다.

여러분은 말합니다. "우리가 할 수 있는 것이 하나도 없습니까?" 있습니다. 여러분이 할 수 있는 일을 말씀드리겠습니다. 여러분은 자신이 거듭나야 한다는 사실을 인정할 수 있습니다. "사람이 물과 성령으로 나지 아니하면 하나님의 나라에 들어갈 수 없느니라"(5절). "물로 난다"는 것은 세례이며, 여러분이 원한다면 회개라고 해도 좋습니다. 한 사람이 말합니다. "이제야 제가 눈이 멀었다는 것을 알겠습니다. 저는 악하고 더럽습니다. 저는 깨끗해져야 합니다. 이런 모습으로는 하나님 앞에 설 수 없습니다. 저는 씻겨야 하며 새롭게 되어야 합니다." 이것이 회개입니다!

여러분은 자신이 거듭남에 대해 아무것도 할 수 없다는 사실을 인정해야 합니다. 여러분은 애원하는 자로서, 도와줄 이 없는 자로서, 희망이 없는 가난한 자로서, 자신을 하나님의 자비에 맡겨야 합니다. 여러분은 하나님의 자비에 자신을 맡기고, 여러분을 용서하고 받아들이며 새 생명을 주시도록 그분께 구해야 합니다. 여러분은 이해하려는 노력을 그쳐야 합니다. "내가 네게 거듭나야 하겠다 하는 말을 놀랍게 여기지 말라." 거듭남이 하늘의 진리이며 하나님이 하늘에서 하시는 일이라는 것을 인정하십시오. 여러분의 작음과 유한한 능력과 무지를 인정하십시오. 포기하고 항복하십시오. 여러분이 이스라엘의 위인일지라도 고백하십시오. 회개하고 믿으며 자신을 전능하신 사랑의 하나님의 손에 맡기십시오.

하나님의 아들의 이름을 믿으십시오. 그분을 믿으십시오. 그분은 니고데모를 대면하시고 그의 말을 가로막으며 말씀하셨습니다. "너는 아무것도 가진 것이 없다. 그러나 나는 너에게 뭐든지 줄 수 있다. '하나님이 세상을 이처럼 사랑하사 독생자를 주셨으니 이는 그를 믿는 자마다 멸망하지 않고 영생을 얻게 하려 하심이라.'"

12

흔들리지 않는 나라

너희는 삼가 말씀하신 이를 거역하지 말라. 땅에서 경고하신 이를 거역한 그들이 피하지 못하였거든 하물며 하늘로부터 경고하신 이를 배반하는 우리일까보냐. 그때에는 그 소리가 땅을 진동하였거니와 이제는 약속하여 이르시되, 내가 또 한번 땅만 아니라 하늘도 진동하리라 하셨느니라. 이 또 한번이라 하심은 진동하지 아니하는 것을 영존하게 하기 위하여 진동할 것들 곧 만드신 것들이 변동될 것을 나타내심이라. 그러므로 우리가 흔들리지 않는 나라를 받았은즉 은혜를 받자. 이로 말미암아 경건함과 두려움으로 하나님을 기쁘시게 섬길지니 우리 하나님은 소멸하는 불이심이라. 히브리서 12:25-29

이제 하나님 나라에 관한 연속 설교의 마지막 시간입니다. 이제 한 부분만 남았습니다. "삼가 말씀하신 이를 거역하지 말라." 이것을 질문 형태로 바꾸면 이렇습니다. 우리는 주 예수 그리스도께서 하시는 말씀을 들었습니까? 우리는 하나님 나라와 그 나라에 들어가는 유일한 길에 관한 그분의 가르침을 들었습니까? 말씀이 우리에게 주어졌습니다. 신약성경의 말씀입니다. 문제는 우리가 그 말씀에 대해 무엇을 했느냐는 것입니다. 말씀은 반응과 수용을 요구하는데, 우리는 말씀을 받아들였습니까? 우리는 말씀을 붙잡고 말씀대로 실천했습니까? 우리는 하나님 나라를 구하고 그 나라를 세웠으며, 그 나라에 들어갔습니까?

신약성경 전체의 가르침에 따르면, 이것이 가장 중요하고 긴급한 문제입니다. 히브리서 기자는 이 문제를 이렇게 표현합니다. "너희는 삼가 말씀하신 이를 거역하지 말라. 땅에서 경고하신 이를 거역한 그들이 피하지 못하였거든 하물며 하늘로부터 경고하신 이를 배반하는 우리일까 보냐."

그러므로 여러분은 하나님 나라에 들어가는 것이 긴급하다는 사실을 깨달았습니까? 이것이 우리 모두에게 가장 중요한 질문이라는 사실을 깨달았습니까? 여러분은 주님의 말씀을 기억하십니까? "너희는 먼저 그의 나라와 그의 의를 구하라." 우리는 그렇게 했습니까? 하나님 나라가 우리 앞에 열렸고, 그 나라와 그 나라에 들어가는 길에 관한 진리가 계시되었습니다. 그러므로 우리는 하나님 나라의 메시지를 들은 후에도 예전과 똑같을 수는 없습니다. 하나님 나라의 메시지를 들은 사람은 누구든지 그 메시지를 받아들이거나 거부하거나, 둘 중 한 가지 태도를 취합니다. 다른 선택은 없기 때문입니다. 우리는 이 문제에 대해 중립을 취할 수 없습니다. 하나님 나라의 메시지를 받아들인다는 것은 하나님 나라에 들어간다는 뜻입니다. 우리는 자신이 그 나라에 들어갔다는 것을 압니다. 우리는 이것을 알 수 있고 기뻐할 수 있습니다.

본문에서 히브리서 기자는 하나님 나라에 관한 가르침을 자신의 방식으로 제시했습니다. 이제 편지의 결말 부분에 이릅니다. 그는 13장에서 몇 가지 실제적인 것을 말하지만, 사실 12장이 편지의 끝입니다. 그러므로 그는 큰 가르침을 제시하면서 "너희는 삼가 말씀하신 이를 거역하지 말라"고 말합니다. 저도 같은 말을 하고 싶습니다.

그렇다면 우리가 왜 여기에 "가장 큰 주의"를 기울여야 합니까? 왜 우리는 여기에 가능한 한 가장 크게 주목하고, 실제로 여기에 대해 무언가를 해야 합니까? 히브리서 기자는 우리에게 그 이유를 말합니다. 우리가 신약성경의 메시지와 기독교 복음의 가르침에 귀를 기울여야 하는 첫 번째 이유는, 이것을 말씀하신 분, 이것을 우리에게 주신 분 때문입니다. "너희는 삼가 말씀하신 이를 거역하지 말라." 이것이 바로 우리가 절대로 놓치지 말아야 할 핵심입니다. 바로 이분 때문에, 복음 전파가 매우 특별한 일이며 세상에서 일어나는 그 어떤 일과도 완전히 다릅니다.

오늘날 세상에는, 자신이 세상의 문제에 대한 해답과 해결책을 제시할 수 있다고 주장하는 사람들이 많습니다. 제가 이 자리에 선 것은 이런 사람들을 비난하기 위해서가 아닙니다. 저는 이 사람들에게 그들도 사람일 뿐이라고 말해 주고 싶습니다. 이들의 해답과 해결책은 인간의 사상과 이론일 뿐입니다. 하나님 나라의 메시지가 완전히 다른 범주에 속하는 이유는 "말씀하신 이" 때문입니다. 하나님 나라의 메시지는 하나님의 말씀입니다! 이것은 인간의 사상이 아니며, 인간의 제안이 아니며, 문제 해결을 위한 인간의 노력이 아닙니다. 히브리서 기자는 계속해서 말합니다. 그는 히브리서를 시작하면서 이렇게 말합니다. "옛적에 선지자들을 통하여 여러 부분과 여러 모양으로 우리 조상들에게 말씀하신 하나님이 이 모든 날 마지막에는 아들을 통하여 우리에게 말씀하셨으니……"(히 1:1-2). 그렇습니다. 말씀하고 계시는 분은 하나님이십니다!

말씀하고 계시는 분이 하나님이시기 때문에, 이 문제는 아주 긴급합니다. 우리는 인간의 뛰어난 생각이나 인간의 다양한 사상을 보고 있는 것이 아닙니다. 여기, 하나님께로부터 나온 말씀이라고 주장하는 것이 있습니다. 하나님은 선지자를 통해 조상들에게 말씀하셨습니다. 구약성경은 하나님의 말씀입니다. 여러분은 이스라엘 자손들의 이야기를 달리 설명할 수 없습니다. 하나님이 그들에게 말씀하셨고 그들에게 메시지를 주셨으며 그들에게 자신의 길을 보여주셨습니다. 이스라엘 자손들은 이것을 깨달았습니다. 그들이 하나님의 백성이었던 이유가 여기 있습니다.

그러나 구약성경이 하나님의 말씀이라면 신약성경은 더욱더 하나님의 말씀이지 않겠습니까? 기독교 전체는 역사에서 어떤 일이 일어났다는 사실에 근거합니다. 복음이 특별한 이유도, 바로 역사에서 일어난 사건 때문입니다. 나사렛 예수는 역사적 인물입니다. 기독교는 많은 선생들을 보면서 누가 가장 낫고 가장 위대하며 가장 고상한지 평가하는 문제가 아닙니다. 여기, 자신은 전혀 다른 범주에 속한다고 주장하시는 분이 있습니다. 기독교가 소위 세상의 큰 종교 및 철학과 다른 이유는 간단합니다. 가르침보다 선생이 더 중요하기 때문입니다.

무엇보다도, 기독교는 인생관이 아닙니다. 기독교는 일어난 일에 대한 기사입니다. 기독교는 역사적 종교입니다. 기독교는 어떻게 살아야 하는지에 대한 좋은 아이디어나, 삶을 위한 프로그램도 아닙니다. 기독교는 그 이상입니다. 기독교는 하나님이 하신 일에 대한 선언이자 선포입니다. 성경은 맨 첫 장에서, 하나님이 "천지를 창조하셨으며" 바다와 그 속에 있는 모든 것을 지으셨다고 선포합니다. 하나님은 그분의 백성을 끊임없이 찾아오셨습니다. 앞에서 보았듯이, 복음의 핵심은 이것입니다. "때가 차매 하나님이 그 아들을 보내사 여자에게서 나게 하시고 율법 아래에 나게 하신 것은 율법 아래에 있는 자들을 속량하시고 우리로 아들의 명분을 얻게 하려 하심이라"(갈 4:4-5). 하나님이 "그 백성을 돌보사 속량하셨습니다"(눅 1:68).

우리는 이것을 이렇게 표현할 수 있습니다. 복음의 메시지가 특별한 것은, 실제로 이 세상에 속하지 않으셨으나 이 세상에 계신 분이 있었다는 사실 때문입니다. 세상은 위대한 철학자들과 과학자들과 정치가들과 음악가들과 많은 위인들을 배출했습니다. 그러나 나사렛 예수는 위대한 사람이 아니었습니다. 그분은 하나님이시자 사람이셨습니다!

그분이 2천 년이 지난 지금도 여전히 무시당하고 있다는 것은 섬뜩한 일입니다. 세상에는 항상 문제와 고통이 있었으며, 문명의 이야기는 언제나 자신의 문제를 풀려고 애쓰는 인류의 이야기였습니다. 헬라 역사와 위대한 철학자들의 글을 읽어 보십시오. 로마 역사와 위대한 로마 입법자들의 글을 읽어 보십시오. 이들은 제국과 지역을 다스리는 데 놀라운 능력을 보인 전문가들이었습니다. 그런데 이들이 무엇을 했습니까?

이들은 인류의 문제를 해결하려고 애썼으며, 전쟁을 끝내려고 애썼습니다. 이들은 사람들이 제대로 된 삶을 살고 누릴 수 있도록 삶의 질서를 잡으려고 애썼습니다. 그러나 이들은 모두 실패했습니다. 세상은 지금도 애쓰고 있고, 과거와 똑같은 종류의 사상에 눈을 돌리고 있습니다. 여전히 헬라 철학 등을 되돌아보고 있습니다. 오늘날의 인류는 이 한 가지, 나사렛 예수에 대해 귀 기울이는 것만 빼고는 모든 노력을 다 기울이고 있습니다.

히브리서 기자가 "너희는 삼가 말씀하신 이를 거역하지 말라"고 말하는 이유가 여기 있습니다. 하나님은 역사의 중요한 전환점에서 그분의 아들을 통해 우리에게 말씀하셨습니다. 영원하신 성자 하나님이 천국의 궁정을 떠나 이 세상에 오셨습니다! 여러분은 이 사실과 대면했습니까? 여러분은 나사렛 예수 사건을 대면했습니까? 여러분은 그분을 보았으며, 그분에게 귀를 기울였습니까? 그분이 누구입니까? 여러분에게 그분은 사람일 뿐입니까? 그분은 위

흔들리지 않는 나라 339

대한 선생 가운데 하나일 뿐입니까? 그렇지 않다면, 여러분은 그분이 "육신이 되어 우리 가운데 거하신"(요 1:14) 말씀이라는 것을 인정합니까? 여러분은 하나님이 세상의 문제를 해결하시려고 천국에서 나와 시간 속으로, 이 세상의 공간 속으로 친히 들어오셨다는 사실을 인정합니까?

제가 이 자리에 선 것은 한 인간의 가르침을 전하기 위해서가 아닙니다. 제가 복음을 전하면서 기초로 삼는 말씀이 있습니다. 지난 시간 우리가 살펴보았던 말씀입니다. "하나님이 세상을 이처럼 사랑하사 독생자를 주셨으니 이는 그를 믿는 자마다 멸망하지 않고 영생을 얻게 하려 하심이라"(요 3:16). 제가 복음을 전하는 이유는 오직 하나입니다. 복음만이 하나님이 구원을 이루시는 유일한 길이기 때문입니다. 복음을 전해야 할 다른 이유가 없다 할지라도 이것만으로 충분합니다.

여러분이 복음을 받아들이지 않았다면 복음을 거부하고 있는 것입니다. 여러분의 삶은 모두 하나님이 그분의 아들 안에서 하신 말씀에 기초합니까? 여러분은 하나님께서 여러분 자신에 대해서, 그리고 여러분의 문제와 필요뿐 아니라 그 문제를 해결하고 그 필요를 채우는 방법에 대해서, 여러분에게 말씀하셨다는 사실을 깨달았습니까? 여러분은 하나님이 온 세상과 삶과 죽음과 영원에 대해서, 여러분에게 말씀하셨다는 사실을 깨달았습니까? 우리는 "말씀하신 이"의 말씀, 살아 계신 하나님의 말씀을 듣고 있습니다!

히브리서 기자는 우리가 복음에 귀를 기울여야 하는 두 번째 이유를 제시합니다. "그때에는 그 소리가 땅을 진동하였거니와 이제는 약속하여 이르시되, 내가 또 한번 땅만 아니라 하늘도 진동하리라 하셨느니라. 이 또 한번이라 하심은 진동하지 아니하는 것을 영존하게 하기 위하여 진동할 것들 곧 만드신 것들이 변동될 것을 나타내심이라."

이것이 무슨 뜻입니까? 여기서 히브리서 기자는 옛 세대와 새 세대를 대조하고 있습니다. 그는 히브리 그리스도인들에게 편지하면서, 하나님께서 저 유명한 시내산 사건에서 모세를 통해 어떻게 율법을 주셨는지 상기시킵니다. 히브리서 기자는 "그때를 되돌아보고 생각해 보십시오"라고 말합니다. 그는 히브리 그리스도인들에게 그때의 놀라운 광경을 묘사합니다. "너희는 만질 수 있고 불이 붙는 산과 침침함과 흑암과 폭풍과 나팔 소리와 말하는 소리가 있는 곳에 이른 것이 아니라. 그 소리를 듣는 자들은 더 말씀하지 아니하시기를 구하였으니 이는 짐승이라도 그 산에 들어가면 돌로 침을 당하리라 하신 명령을 그들이 견디지 못함이라. 그 보이는 바가 이렇듯 무섭기로 모세도 이르되 내가 심히 두렵고 떨린다 하였느니라. 그러나 너희가 이른 곳은 시온 산과 살아 계신 하나님의 도성인 하늘의 예루살렘과 천만 천사와 하늘에 기록된 장자들의 모임과 교회와 만민의 심판자이신 하나님과 및 온전하게 된 의인의 영들과……"(히 12:18-23).

여기에도 성경 전체의 기본이 되는 큰 주제가 나옵니다. 왜 우리는 신약성경의 메시지에 귀를 기울여야 합니까? 우리는 날마다 조금씩 마지막 심판에 가까이 다가가고 있기 때문입니다. "만민의 심판자이신 하나님!" 성경은 처음부터 끝까지 이것을 말합니다. 히브리서 기자는 이것을 9장 끝에서 요약하면서 이렇게 말합니다. "한 번 죽는 것은 사람에게 정해진 것이요 그 후에는 심판이 있으리니 이와 같이 그리스도도 많은 사람의 죄를 담당하시려고 단번에 드리신바 되셨고 구원에 이르게 하기 위하여 죄와 상관없이 자기를 바라는 자들에게 두 번째 나타나시리라"(27-28절).

그러므로 우리가 복음에 귀를 기울여야 하는 두 번째 이유는, 우리가 사는 이 세상의 삶이 하나의 순례요 여행일 뿐이기 때문입니다. 이것을 깨닫는 것이 얼마나 어려운지 모릅니다! 우리는 이 세상의 삶에 안주하는 데 너무나 익숙해져 있어, 해가 바뀌어도 모든 것이 변하지 않고 그대로 있는 것같이 느낍니다. 그러나 세월은 빠르게 흐르고, 우리는 모든 시간의 의미와 중요성을 깨닫지 못합니다. 우리는 여행자일 뿐입니다. "거류민과 나그네"일 뿐입니다(벧전 2:11). 우리는 모두 여행자이며 체류자일 뿐입니다. 우리는 누구나 "오늘 있다가 내일 사라집니다"(마 6:30 참조).

성경에 따르면, 이보다 더 크고 더 중요한 사실은 인간이 책임 있는 존재라는 것입니다. 인간은 하나님의 형상으로 창조되었습니다. 인간은 하나님처럼 창조되었으며, 하나님은 인간이 이 세상에서 그분의 영광을 위해 살도록 큰 능력을 주셨습니다. 따라서 우리는 모두 자신의 삶에 책임을 지게 될 것입니다. 심판은 성경의 큰 주제입니다. 성경은 처음부터 끝까지 우리에게 심판을 생각하라고 요구합니다. 우리가 하나님 앞에 서서 각자 육체 가운데 있을 때 취했던 행동들이 선한지 악한지를 설명해야 한다고 말합니다. 모든 인간은 "만민의 심판자"이신 하나님 앞에 서야 합니다(히 12:23).

하나님은 태초에 인간을 창조하실 때 자신이 인간을 시험하신다는 것을 인간에게 아주 분명히 하셨습니다. 하나님은 인간이 해야 할 것과 하지 말아야 할 것을 인간에게 말씀하셨으며, 인간이 그분의 거룩한 법에 불순종할 때 일어날 결과도 말씀하셨습니다. 인간이 이 세상에서 사는 모든 삶은 하나님과의 관계 속에서 이루어지며, 그 후에는 엄청난 심판이 있습니다.

그러나 현대 세계는 이러한 사실을 전혀 생각하지 않습니다. 우리는 동물에서 진화한 인간이 살다가 죽으면 모든 것이 끝이라고 말하는 진화론을 신봉합니다. 진화론은 하나의 이론일 뿐입니다. 성경에 따르면, 이것은 마귀의 거짓말입니다. 그러므로 복음에 귀를 기울이는 것은 아주 긴급한 일입니다. 물론 인간이 죽으면 모든 것이 끝나고 꽃이나 동물처럼 사라진다면, 복음을 전할 필요가 없습니다. 복음의 중요한 목적은 세상에서 우리를 위한 일을 하는 것이 아닙니다. 앞으로 보겠지만, 복음이 이 세상에서 우리를 위한 일을 하기는 합니다. 그러나 이것이 복음을 주신 중요한 이유는 아닙니다.

복음을 주신 첫 번째 이유는, 우리 모두가 심판 때에 하나님 앞에 서야 한다는 사실입니다. 하나님은 만민의 심판자이십니다. 본문은 우리에게 하나님의 성품을 말해 줍니다. 마지막 부분에 주목하십시오. "우리 하나님은 소멸하는 불이심이라." 이 말은 하나님이 거룩하시다는 뜻이며, 하나님은 의로우시며 깨끗하시며 공의로우시다는 뜻입니다. 히브리서 기자는 계속해서 이것을 말하는데, 10장 31절에서도 이것을 말합니다. "살아 계신 하나님의 손에 빠져 들어가는 것이 무서울진저."

오늘날 세상의 문제는, 사람들이 주 예수 그리스도를 믿지 않는 것이 아니라 하나님을 믿지 않는 것입니다. 사람들이 그리스도를 믿지 않는 이유는, 하나님을 믿지 않기 때문입니다. 사람들에게 예수님께 나오라고 말해 봐야 소용이 없습니다. 사람들은 말합니다. "왜 내가 예수께 나가야 합니까? 나는 여러분의 예수가 필요 없습니다. 모든 것이 잘 되고 있고, 아주 좋은 시간을 보내고 있습니다. 지금보다 행복했던 적이 없습니다." 그래서 사람들은 예수께 나오지 않습니다! 여러분은 사람들에게 호소할 수 있지만 사람들은 거의 주목하지 않습니다. 왜냐하면 사람들이 하나님을 믿지 않기 때문입니다. 심판을 믿지 않기 때문이며, 장래의 삶을 믿지 않기 때문입니다. 사람들은 자신들의 믿음을 증명할 수 없으며, 그저 말할 뿐입니다. 사람들은 모든 것을 자신의 무지와 이론에 의존할 만큼 어리석습니다. 그러나 성경은 말합니다. "너희는 삼가 말씀하신 이를 거역하지 말라." 왜입니까? 바로 그분이 여러분을 심판하실 분이기 때문입니다.

히브리서 기자는 심판에 대해 말합니다. 하나님은 모세를 통해 이스라엘 자녀들에게 율법을 주실 때 시내산 꼭대기에서 주셨습니다. 이때 이스라엘 백성은 두려워 떨었습니다. 백성은 산에 올라갈 수 없었고 산 밑에서 기다렸습니다. 백성은 산에 접근할 수도 없었습니다. 누구든지 산에 접근하는 자는 죽임을 당했고 산에 접근하는 짐승도 돌에 맞아 죽었습니다. 갑자기 하늘에서 놀라운 광경이 펼쳐졌습니다. 불과 천둥과 지진이 일어나고 나팔 소리가 들렸습니다.

이 모든 광경이 출애굽기 19장에 생생하게 기록되어 있습니다. "나팔 소리가 점점 커질 때에 모세가 말한즉 하나님이 음성으로 대답하시더라"(19절). "시내산에 연기가 자욱하니 여호와께서 불 가운데서 거기 강림하심이라. 그 연기가 옹기 가마 연기같이 떠오르고 온 산이 크게 진동하며"(18절). 하나님이 산에 내려오셨기 때문에 산이 말 그대로 진동했습니다.

이것은 하나의 비유이며 상징입니다. 이것은 하나님의 능력과 하나님의 영광과 하나님의 거룩의 표현입니다. 하나님은 "소멸하는 불"이십니다! "하나님은 빛이시라. 그에게는 어둠이 조금도 없으시다는 것이니라"(요일 1:5). 여러분은 하나님 앞에 서 있는 자신의 모습을 그려 보았습니까? 여러분은 반드시 하나님 앞에 설 것입니다.

마태복음 24:29에도 최후의 심판에 관한 비슷한 말씀이 있습니다. "그날 환난 후에 즉시 해가 어두워지며 달이 빛을 내지 아니하며 별들이 하늘에서 떨어지며 하늘의 권능들이 흔들리리라." 본문에 나오는 "내가 또 한번 땅만 아니라 하늘도 진동하리라"는 말씀과 동일합니다. 우리가 이러한 것들을 깨닫는 것이 얼마나 어려운지 모릅니다. 그러나 우리가 오늘을 사는 것이 확실한 만큼, 심판 때 하나님 앞에 서는 것도 확실합니다. 우리 모두 하나님 앞에 서야 합니다.

성경 전체가 심판에 대해 말합니다. 그리스도께서 세상에 오신 이유도 여기 있습니다. 그리스도께서는 단순히 우리가 행복을 느끼게 하려고, 단순히 우리의 몸을 치유하고 우리에게 좋은 시간을 주려고 이 세상에 오신 것이 아닙니다. 그리스도께서 세상에 오신 것은, 우리와 하나님의 관계를 바로잡기 위해서입니다. 하나님은 심판자이며 재판장이시기 때문입니다. 그분은 "진동하시는" 분입니다. 그분은 인간을 진동하시며, 우주를 진동하시며, 하늘을 진동하실 것입니다. 그분은 말씀하십니다. "땅에서 경고하신 이를 거역한 그들이 피하지 못하였거든 하물며 하늘로부터 경고하신 이를 배반하는 우리일까보냐."

이 말씀은 이런 뜻으로 해석됩니다. 하나님은 모세에게, 모세를 통해 이스라엘 자녀들에게 율법을 주셨습니다. "나를 미워하는 자의 죄를 갚되 아버지로부터 아들에게로 삼사 대까지 이르게 하거니와"(출 20:5). 그분은 사실 이렇게 말씀하셨습니다. "나는 거룩한 하나님이며, 질투하는 하나님이다. 그러므로 너희의 삶에서 중요한 것은 나를 기쁘게 하는 것이다. 너희가 나를 기쁘게 하면 내가 너희를 축복하고, 너희가 나를 기쁘게 하지 않으면 내가 너희를 벌할 것이다."

하나님은 이렇게 말씀하셨고 말씀하신 대로 행하셨습니다. 하나님은 그분의 백성에게 율법을 주셨습니다. 하나님은 앞서 이들을 애굽의 노예에서 해방하셨고 이들에게 가나안 땅을 약속하셨습니다. 그러나 여러분은 두 사람을 제외하고 이스라엘의 모든 성인이 광야에서 죽어 가나안에 들어가지 못했다는 사실을 압니까? 이들이 왜 가나안에 들어가지 못했습니까? 이들이 범죄했기 때문이며, 하나님을 거역했기 때문이며, 하나님의 말씀을 받아들이지 않았기 때문입니다. 이들은 하나님의 백성이었습니다. 하나님이 친히 택하신 백성이었으며, 하나님이 상징적인 방법으로 놀라운 약속과 복을 주신 백성이었습니다. 그러나 이들조차도 갈렙과 여호수아만 빼고 모두 불순종하여 광야에서 죽었습니다. 하나님은 그분이 하겠다고 말씀하신 것을 행하십니다.

좀 더 말씀드리겠습니다. 모세를 보십시오. 이 위대한 하나님의 사람을 보십시오. 모세는 하나님과 "대면하여" 말했던 사람이며, 하나님이 세우신 지도자이며, 아주 특별한 복을 받은 사람입니다. 여러분은 하나님이 모세가 가나안 땅, 약속의 땅에 들어가도록 허락하지 않으셨다는 사실을 기억합니까? 모세는 이스라엘 백성을 애굽에서 인도해 내고 그들을 이끌고 홍해와 광야를 건너 요단강 바로 앞에까지 이르는 영광을 누렸습니다. 그런데 여기서 하나님은 그를 데려가셨습니다. 그가 하나님께 불순종했기 때문입니다. 하나님은 모세에게 "반석에게 명령하여 물을 내라"고 말씀하셨으나 모세는 반석을 쳤습니다. 이 때문에 하나님은 백성을 이끌고 요단을 건너 약속의 땅에 들어가는 크고 놀라운 특권을 모세에게 허락하지 않으셨습니다.

구약성경에 기록된 역사를 읽어 보십시오. 하나님은 "이것이 내 법이니 내가 집행하겠다"고 말씀하셨습니다. 실제로 하나님은 그분의 법을 집행하셨습니다. 하나님은 한번도 실패하지 않으셨습니다. 율법은 한번도 어긋난 적이 없습니다. 히브리서 기자는 말합니다. "그러므로 들어라. 그때 그러했다면 지금은 더더욱 그러하지 않겠는가." 우리가 복음에 귀를 기울여야 하는 두 번째 이유가 여기 있습니다. 우리가 모두 최후의 심판을 향해 가고 있기 때문입니다.

온 우주가 "진동할" 그날이 오고 있습니다. 지금 이것을 믿는 것은 과거보다 어렵지 않습니다. 그렇지 않습니까? 사람들은 하늘과 땅이 사라지며 "물질이 뜨거운 불에 풀어진다"는 말씀을(벧후 3:10) 비웃었습니다. 사람들은 이렇게 말했습니다. "이것은 성경의 난센스다. 당신들은 홍수를 믿고 세상이 마지막에 불탄다고 믿지. 당신들은 아직 어린아이들이다. 언제 자라서 의식을 가지며 과학적인 사람이 될 건가?"

여러분이 과학적인 사람이라면 물질이 뜨거운 불에 녹는다고 믿는 것이 그렇게 어렵지 않을 것입니다. 핵물리학은 세상이 흔들릴 수 있다고 믿으라고 가르칩니다. 핵실험 때, 여러 관측 도구들이 전 세계에 미동이 있다는 것을 보여줍니다. 여기서 성경은, 하나님이 온 우주를 진동하실 것이라고 말합니다. 인간이 영광스럽게 여기며 자랑하는 모든 것이 산산이 부서져 티끌이 될 것입니다.

> 근거 없는 환상처럼
> 구름 위로 솟은 탑들도, 멋진 궁전들도
> 엄숙한 사원들도, 위대한 지구 자체도
> 그렇다, 지구가 물려준 모든 것이 녹아 버릴 것이다.

모든 것이 허물어지고 사라질 것입니다.

주님은 언젠가 사람들에게 말씀하셨습니다. "내가 그를 심판하지 아니하노라. 내가 온 것은 세상을 심판하려 함이 아니요"(요 12:47). 그분은 "심판할 이가 있으니 곧 내가 한 그 말이 마지막 날에 그를 심판하리라"고 하셨습니다(요 12:48). 바꾸어 말하면 이렇습니다. 여러분은 심판에 관해 들었으며 심판의 용어들을 보았습니다. 심판은 여러분이 자신을 지으신 하나님 앞에, 여러분에게 어떻게 살아야 하는지 말씀하신 하나님 앞에 서는 것입니다. 여러분에게 그분의 영광을 위해 살라고 하셨으며 여러분이 마음을 다하고 뜻을 다하고 목숨을 다하고 힘을 다하여 그분을 사랑하며 여러분의 이웃을 여러분 자신처럼 사랑하기를 원하시는 하나님 앞에 서는 것입니다. 그때 하나님은 여러분에게 이렇게 물으실 것입니다. 너는 이렇게 살았느냐? 너는 나를 위해, 나의 영광을 위해 살았느냐? 아니면, 너는 이 세상의 자랑을 위해, 이 세상의 마실 것과 도박과 섹스와 쾌락을 위해 살았느냐? 너는 무엇을 위해 살았느냐? 우리는 이러한 견지에서 심판을 받을 것입니다.

그 다음으로, 히브리서 기자는 우리가 복음에 귀를 기울여야 하는 세 번째 이유를 제시합니다. 그 이유는, 복음에 귀를 기울이는 것이 우리가 심판을 통과할 수 있는 유일한 길이기 때문입니다. 하나님과 바른 관계를 갖고 심판을 준비할 수 있는 길은 하나뿐입니다. 그분의 말씀을 거역하는 것이 아니라, 그분의 말씀에 귀를 기울이고 그분의 말씀을 실천하며 그분의 나라에 들어가는 것입니다. 이것이 유일한 길입니다. 히브리서 기자는 이것을 이렇게 표현합니다. "내가 또 한번 땅만 아니라 하늘도 진동하리라 하셨느니라. 이 또 한번이라 하심은 진동하지 아니하는 것을 영존하게 하기 위하여 진동할 것들 곧 만드신 것들이 변동될 것을 나타내심이라."

앞에서 보았듯이, 히브리서 기자는 모세를 통해 주신 율법을 말하고 있습니다. 그는 사실 이렇게 말합니다. "여러분은 다시 율법으로 돌아가지 않았습니다. 여러분은 모세 율법조차 한쪽으로 치워졌다는 사실을 아십니까? 율법은 제거되었고 대체되었습니다." 모세 율법은 일시적인 수단이었을 뿐이며, 고대 이스라엘의 모든 교회 제도는 일시적인 것들, 즉 "만드신 것들"일 뿐이었습니다.

이것은 엄청난 일입니다. 흔들리는 모든 것이 사라졌습니다. 성전이 사라졌으며, 번제와 희생제사와 제사장과 대제사장이 사라졌습니다. 이것들은 일시적인 수단이었을 뿐 모두 사라졌습니다. 오직 하나, 곧 주 예수 그리스도의 복음만 남았습니다.

New English Bible은 이 부분을 "말씀이 한 번 더 오직 한 번 더 The words once again and only once"로 잘 옮겼습니다. 하나님은 학개 선지자를 통해 말씀하셨습니다. "내가 '한 번 더' 오직 한 번 더 흔들 것이며 더 이상은 절대로 하지 않으리라. 내가 율법과 성전을 폐하리라. 내가 번제와 희생제사를 폐하리라. 내가 이 모든 것을 다른 것으로 대신할 것이다. 그것이 영원할 것이며 그 이후에 다른 것이 없으리라"(학 2장). 하나님은 "한 번 더, 오직 한 번 더" 흔드실 것입니다. 왜냐하면 그 한 번으로 효과가 영원히 지속될 것이기 때문입니다.

우리가 복음을 믿어야 하는 큰 이유가 여기 있습니다. 복음만이 우리가 하나님의 심판을 준비하고 안전하게 해주는 유일한 길이기 때문입니다. 복음은 하나님의 마지막 말씀이며 마지막 준비입니다. "한 번"뿐입니다! 더 이상은 없습니다! 그 무엇도 복음을 대신하지 못할 것입니다. 복음은 하나님이 인류에게 주시는 마지막 말씀입니다. 하나님이 그분의 율법마저 치우시고 제거하셨다면, 인간의 이론과 생각과 철학은 말해 무엇하겠습니까? 하나님이 그분의 율법까지 흔들어 치워 버리셨다면 다른 것들은 말해 무엇하겠습니까? 오직 복음만 남았습니다.

이것이 복된 소식입니다. "너희는 만질 수 있고 불이 붙는 산과 침침함과 흑암과 폭풍과 나팔 소리와 말하는 소리가 있는 곳에 이른 것이 아니라." 그렇다면 여러분은 어디에 이른 것입니까? "그러나 너희가 이른 곳은 시온 산과 살아 계신 하나님의 도성인 하늘의 예루살렘과 천만 천사와 하늘에 기록된 장자들의 모임과……새 언약의 중보자이신 예수와……." 히브리서 기자는 이어서 말합니다. "및 아벨의 피보다 더 나은 것을 말하는 뿌린 피니라."

설명하면 이렇습니다. 새 언약이 있는데, 이 언약은 예수님을 통해 주어졌습니다. 예수님은 "새 언약의 중보자"이십니다. 하나님은 인류에게 한 가지 제안을 하고 계십니다! 만물 위에 계셔 우리 모두를 심판하실 전능하신 하나님이 새로운 기회, 새 언약을 하고 계십니다. 마지막 언약이자 마지막 제안을 하고 계십니다. 하나님은 그분의 아들을 통해 이 제안을 하셨습니다. 종을 통해서가 아닙니다. 선지자를 통해서도 아니며, 제사장을 통해서도 아닙니다. 그분의 아들이 하늘에서 세상으로 친히 오셨습니다. "하나님의 아들 예수님"이 오셨습니다!

옛 언약은 "이렇게 하라. 그러면 네가 살리라"고 했습니다. 무엇을 하라고 했습니까? "네 온 존재를 다해 너의 하나님을 사랑하라." "간음하지 말고, 살인하지 말고, 도적질하지 말고, 거짓 증언하지 말라." 그 외에 많은 것들을 말했습니다. "사람이 이를 행하면 그로 말미암아 살리라"(레 18:15). 그런데 아무도 이렇게 할 수 없었습니다. 그러나 여기 새 언약의 중보자가 계십니다. "주 예수를 믿으라. 그리하면 너와 네 집이 구원을 받으리라." 왜 그렇습니까? 바로 그가 "뿌린 피" 때문입니다.

여기 영원한 주제가 있습니다. 우리는 모두 가증스럽고 더럽습니다. 세상이 여러분의 상상과 생각을 안다면 어떻게 되겠습니까? 이웃이 여러분이 마음에 품는 것들을 안다면 어떻게 되겠습니까? 우리는 모두 추하고 길 잃은 죄인들이지만, "소멸하는 불"이신 거룩한 하나님 앞에 서야 합니다. 우리가 어떻게 그분 앞에 설 수 있겠습니까? 여러분의 영혼의 얼룩은 어떻게 하며, 여러분의 잃어버린 순결과 정결은 어떻게 하며, 여러분의 추함은 어떻게 하겠습니까? 여러분은 이것들을 어떻게 제거하고 지우겠습니까? 불가능합니다!

그러나 여기 하나님의 아들이 중보하신 새 언약이 있습니다. 그분은 갈보리 언덕의 십자가에서 보혈을 흘리셨습니다.

> 내 죄의 권세 깨뜨려 그 결박 푸시고,
> 이 추한 맘을 피로써 곧 정케 하셨네.
> —찰스 웨슬리*

* 찬송가 23장 4절.

우리는 이것을 히브리서 10:19-22에서 봅니다. "그러므로 형제들아, 우리가 예수의 피를 힘입어 성소에 들어갈 담력을 얻었나니 그 길은 우리를 위하여 휘장 가운데로 열어 놓으신 새로운 살 길이요 휘장은 곧 그의 육체니라. 또 하나님의 집 다스리는 큰 제사장이 계시매 우리가 마음에 뿌림을 받아 악한 양심으로부터 벗어나고 몸은 맑은 물로 씻음을 받았으니 참 마음과 온전한 믿음으로 하나님께 나아가자." 제 자신이 죄인이며 심판받을 자라는 사실을 아는데, 어떻게 제가 "소멸하는 불"이신 거룩한 하나님께 기도로 나아갈 수 있습니까? 어떻게 제가 확신으로 나아갈 수 있습니까? 여기 그 해답이 있습니다. 우리의 마음과 양심이 그리스도의 피로 뿌림을 받는 것입니다.

앞에서 보았듯이, 이것은 우리의 죄가 그분께 전가되었으며 하나님이 그분을 세상에 보내어 우리의 죄를 나무에서 친히 담당하게 하셨음을 믿는다는 뜻입니다. 히브리서 기자는 이것을 이렇게 표현합니다. "오직 우리가 천사들보다 잠시 동안 못하게 하심을 입은 자 곧 죽음의 고난받으심으로 말미암아 영광과 존귀로 관을 쓰신 예수를 보니 이를 행하심은 하나님의 은혜로 말미암아 모든 사람을 위하여 죽음을 맛보려 하심이라." 여기 새로운 중보자에 대한 새로운 메시지가 있습니다. 여러분의 죄가 무엇이든 간에, 그리스도께서 여러분의 죄를 위해 죽으셨습니다. 이것을 믿으면 그분의 피가 여러분에게 뿌려질 것입니다. "새 언약의 중보자 예수"께서 여러분의 양심을 깨끗하게 하실 것이며 여러분의 영혼을 씻으실 것입니다. 그러므로 여러분은 심판을 두려워할 필요가 없습니다.

그러나 우리가 말씀하시는 분을 거역하지 말아야 하는 마지막 이유를 말씀드리겠습니다. 그리스도께서 우리를 이끌어 들이시는 하나님 나라의 영광 때문입니다. "그러므로 우리가 흔들리지 않는 나라를 받았은즉……." 하나님께 감사드립시다! 이런 복음을 전하는 것이 얼마나 큰 특권입니까?

이렇게 생각해 봅시다. 무엇이 하나님 나라의 복입니까? 그 가운데 몇 가지는 이미 말씀드렸습니다. 여러분은 하나님 나라의 몇 가지 복을 이 세상에서 즉시 받습니다. 첫째는 용서입니다! 우리의 모든 죄가 제거되었다는 사실을 아는 것은 참으로 놀라운 일입니다! 우리는 우리가 한 일에 대해 더 이상 책임이 없습니다. 우리가 했지만 그리스도께서 우리를 대신해 형벌을 받으셨습니다! 우리는 용서받았습니다! 이 사실을 아는 것이야말로 얼마나 놀라운 일입니까? 여러분은 이 사실을 아십니까? 알지 못한다면, 여러분이 "말씀하신 이를 거역했기" 때문입니다. 그분은 여러분에게 "아벨의 피보다 더 나은 것을 말하는 뿌린 피"를 말씀하고 계십니다. 그 피는 여러분이 그분을 믿는 순간 이미 완전히, 절대적으로 용서받았다는 것을 의미합니다.

그뿐만이 아닙니다. 여러분은 하나님과 화해하게 되었습니다. 여러분은 하나님 앞에 나아갈 수 있습니다. "그러므로 형제들아, 우리가 예수의 피를 힘입어 성소에 들어갈 담력을 얻었나니." 바로 이것입니다. 여러분은 하나님께 말할 수 있으며 하나님과 교제할 수 있게 되었습니다. 더욱이 여러분은 하나님의 자녀가 되었습니다. 여러분은 이것을 아십니까? "그러나 너희가 이른 곳은 시온 산과 살아 계신 하나님의 도성인 하늘의 예루살렘과 천만 천사와 하늘에 기록된 장자들의 모임과……."

이것은 축복입니다! 모든 참된 그리스도인과 교회의 참된 구성원은 하나님의 "장자"입니다. 이것은 두 가지를 의미합니다. 이것은 여러분이 거듭났으며, 하나님의 자녀가 되었다는 뜻입니다. 그렇습니다. 또한 교회 안에 있는 모든 사람이 장자이기도 하다는 것입니다. 이것은 여러분이 상속자라는 뜻입니다. 장자는 상속자이며, 그에게는 장자의 특권이 있습니다. 하나님은 구약성경에서 "이스라엘은 내 아들 내 장자라"라고 말씀하십니다. 모든 그리스도인은 하나님의 장자입니다. 우리는 그저 또 한 사람이 아니라 그리스도와 함께하는 공동 상속자이며, 하나님이 우리를 위해 준비하신 모든 것의 상속자가 됩니다. 우리는 이 세상에 있을 동안에도 우리 아버지의 특별한 사랑을 누리며 날마다 그분의 복을 받습니다. 이 세상에서 말입니다.

내세는 어떻습니까? 그곳은 영광으로 가득합니다! 우리는 내세에서 그리스도와 함께하고, 그분처럼 되며, 그분과 함께 왕과 제사장으로 다스릴 것입니다. 바울은 고린도 교회 성도들에게 말합니다. "성도가 세상을 판단할 것을 너희가 알지 못하느냐? ……우리가 천사를 판단할 것을 너희가 알지 못하느냐?"(고전 6:2-3) 여러분, 이것을 깨달았습니까? 그리스도인 외에는 누구도 이것을 깨닫지 못합니다. 오늘날 사람들이 세상 가운데 안주하는 것은 다가오는 영광을 전혀 모르기 때문입니다. 사람들은 도시의 삶에 안주합니다. 사람들은 말합니다. "도시생활은 흥미진진하지! 활력 있고

흔들리지 않는 나라 355

즐겁잖아!" 그러나 이들은 곧 죽음을 맞을 것이며 더 이상 이것들을 누리지 못할 것입니다. 이들은 이것들을 두고 떠나야 하며, 아무것도 갖지 못할 것입니다. 모든 것이 흔들리고 이들도 흔들릴 것입니다. 여기 이들이 거부한 영광이 있습니다. 사람들이 그리스도인이 되지 않는 이유가 여기 있습니다. 사람들은 이 영광을 전혀 모릅니다. 사람들은 하나님과 함께하는 것, 그리스도와 함께하며 그분과 함께 왕노릇하는 것, 그분과 함께 승리하며 그분을 영원히 기뻐하는 것을 전혀 모릅니다. 하나님 나라의 복을 전혀 모릅니다!

또한 천국은 안전하고 확실합니다. "우리가 흔들리지 않는 나라를 받았은즉." 다른 모든 것은 제거될 수 있습니다. 이 세상에는 흔들리지 않는 것이 하나도 없습니다. 사람들은 대영제국이 흔들리지 않을 것이라고 생각했습니다. 그러나 지금 남아 있는 대영제국이 얼마나 됩니까? 영원한 산들이 흔들리지 않습니까? 물론, 산들도 흔들립니다. 산들은 항상 움직이고 있으며, 지진과 폭탄에 무너질 수 있습니다. 흔들리지 않는 것은 아무것도 없습니다. 온 세상이 마지막 격변 때 흔들릴 것이며, 아무것도 남지 않을 것입니다. 그러나 흔들리지 않는 나라가 있습니다.

사실입니까? 역사가 증명합니다. 그리스도께서는 "음부의 권세가 이기지 못하리라"고 말씀하셨고(마 16:18) 말씀하신 대로 되었습니다. 그리스도께서 교회를 세우신 후로 사람들은 죽어가지만 교회는 계속되고 있습니다. 그동안 온갖 대적들이 일어났습니다. 헤롯이, 로마제국이, 그 외 여러 세력들이 교회를 뿌리 뽑으려 했습니다. 교회는 항상 폭정과 압제 아래 있었으나 사라지지 않았습니다. 왜 그렇습니까? 교회는 흔들릴 수 없기 때문입니다.

이것이 과거의 역사이자 오늘의 현실입니다. 저는 공산주의나 그 어떤 사상도 두렵지 않습니다. 현대의 모든 이론은 잊혀질 것입니다. 그 누구도 우리 시대의 이론들을 기억하지 않을 것입니다. 현대의 이론들은 허공에 사라지겠지만, 교회는 계속되며 복음은 선포될 것입니다. 언제나 그럴 것입니다. "너를 치려고 제조된 모든 연장이 쓸모가 없을 것이라"(사 54:17). 이것이 "흔들리지 않는" 나라입니다. 다니엘 선지자는 이 나라를 보았습니다. 그는 큰 나라들이 일어나는 것을 보았습니다. 그 큰 나라들은 각각 금과 은과 철로 된 나라였습니다. 그가 보니 "손대지 아니한" 작은 돌 하나가 점점 커지더니 강력한 우주가 되어 온 세계를 채우고 신상을, 금과 은과 철과 동을 다 부셨으며 아무것도 남지 않았습니다(단 2:31-35).

이것이 무슨 뜻입니까? 하나님 나라는 영원하며 결코 끝나지 않는다는 뜻입니다. 바벨론은 위대했지만 사라졌습니다. 헬라 왕국도 위대했지만 사라졌습니다. 로마도 강한 제국이었지만 사라졌습니다. 애굽도 한때 큰 나라였으나 이제는 그 영광이 전혀 남아 있지 않습니다. 영국과 스페인과 그 외 모든 대국들이 왔다가 사라집니다. 그러나 결코 사라지지 않을 나라가 있습니다. 그것은 영광스러운 하나님 나라입니다! 이 세상 나라가 하나님 나라와 그리스도의 나라가 될 날이 오고 있습니다.

계시록은 이렇게 말합니다. "또 그들을 미혹하는 마귀가 불과 유황못에 던져지니 거기는 그 짐승과 거짓 선지자도 있어 세세토록 밤낮 괴로움을 받으리라"(계 20:10). 하나님 나라는 결코 사라지지 않을 것입니다. 왜 그렇습니까? 이 세상에 오신 하나님의 아들이 그 나라의 왕이시기 때문입니다. 그분은 자신의 우월성을 이미 보여주셨습니다. 그분은 모든 원수를 멸하셨습니다. 이 세상에서, 그분은 자신과 하나님을 대적하여 일어난 모든 권세를 이기고 정복하셨습니다. 그분은 마귀를 이기셨습니다. 그렇습니다. 그분은 마귀를 물리치셨습니다. 그분은 마지막 원수인 죽음까지도 정복하셨습니다. 부활은, 그분이 결코 패배하지 않을 "유명한 정복자 Conqueror renowned"라고 선포합니다.

> 햇빛을 받는 곳마다 주 예수 왕이 되시고
> 이 세상 끝날 때까지 그 나라 왕성하리라.
> —아이작 왓츠*

여러분은 "말씀하신 이"를 거역하지 않는 것이 얼마나 중요한지 아십니까? 여러분은 영원히 흔들리기를 원합니까? 이러한 제안이 여러분에게 영원한 영광과 기쁨과 행복을 줄 수 있음에도 굳이 영원한 비극과 어둠에 처하기를 원합니까? 여러분은 하나님의 나라 안에 있습니까? 그렇다면 여러분은 기꺼이 이렇게 노래할 것입니다.

> 반석 위에 세운 교회
> 흔들 자가 누구랴.

---

* 찬송가 52장 1절.

생명이 이것을 흔들 수 있습니까? 죽음이 이것을 흔들 수 있습니까? 없습니다! 여러분이 반석 위에 서 있다면 천사들이나 권세자들이나 현재일이나 장래일이나 그 무엇도 여러분을 흔들 수 없습니다. 하나님이 그분의 나라를 그분의 아들 안에 세우셨기 때문입니다. 그 나라 안에 있는 사람들은 반석에 속하며, 그 무엇도 그들을 흔들지 못합니다. 그 무엇도 그들을 내몰 수 없습니다.

> 모든 원수 에워싸도
> 아무 근심 없도다.

장래는 어떻습니까? 장래를 아는 이 누구입니까? 전쟁이 다가오고 있습니까? 저는 모릅니다. 제가 아는 것은 이것뿐입니다. 악인들은 가장 악하게 행할 것이며, 지옥이 열릴 것이며, 마귀가 마지막 발악을 할 것입니다. 그러나 하나님 나라의 시민이라는 저의 신분에는 결코 영향을 미칠 수 없습니다. 마귀는, 지금 하늘에 있으나 장차 이 땅에 임할 "새 예루살렘"에 속한 저를 건드릴 수 없습니다.

> 시온 성과 같은 교회 그의 영광 한없다.
> 허락하신 말씀대로 주가 친히 세웠다.
> —존 뉴턴*

---

* 찬송가 245장 1절.

사랑하는 여러분, 여러분은 말씀하신 이를 거역했습니까? 그분을 거역하지 마십시오. 하나님 나라의 영광스러운 메시지에 귀를 기울여야 할 이유를 새겨 보십시오. 여러분에게 말씀하시는 분은 하나님이시며, 여러분을 심판하실 하나님이십니다. 이 메시지는 그분의 마지막 제안이며, 유일한 제안이며, 단 하나뿐인 길입니다! 그 길은 놀라운 길이며, 영광이 우리를 기다리는 길입니다. 이 세상에서 여기에 비교할 만한 것이 있습니까? 움직일 수 없고 흔들릴 수 없는 하나님 나라의 영광을 다시 한번 보십시오. 그 나라의 복을 이제 누려 보십시오.

　방법은 간단합니다.……회개하십시오! 여러분의 죄를 인정하고, 여러분의 실패를 인정하며, 여러분의 무능력을 인정하십시오. 여러분은 잃어버린 자이며, 여러분은 하나님 앞에 설 수 없는 자임을 인정하십시오. 그런 다음 복음을 믿으십시오. 예수님이 하나님의 아들이시며, 예수님이 새 언약의 중보자로 오셨음을 믿으십시오. 그분이 여러분을 구원하시고 값없이 용서하시며, 영원한 나라의 영광 가운데 그분과 함께 누리는 새로운 생명과 상속권을 여러분에게 주시려고 죽기 위해 오셨음을 믿으십시오. 그분이 "해변에서 해변까지" 다스리시고, 여러분이 그분과 함께 말로 표현할 수 없는 영원한 영광을 함께 나누며, 그분의 얼굴 광채에 젖을 날을 보며 고대하십시오. "말씀하신 이를 거역하지 말고" 그분을 받아들이십시오. "주 예수를 믿으라. 그리하면 너와 네 집이 구원을 받으리라." 여러분은 즉시 구원받을 것이며, 영원히, 영원히 안전할 것입니다.